中国房地产金融报告 2016

China Real Estate Finance Report 2016

房地产金融市场分析小组

中国金融出版社

责任编辑：童祎薇
责任校对：刘　明
责任印制：程　颖

图书在版编目（CIP）数据

中国房地产金融报告. 2016（Zhongguo Fangdichan Jinrong Baogao. 2016）/房地产金融市场分析小组编. —北京：中国金融出版社，2016.12

ISBN 978-7-5049-8832-4

Ⅰ.①中…　Ⅱ.①房…　Ⅲ.①房地产金融—研究报告—中国—2016　Ⅳ.①F832.45

中国版本图书馆CIP数据核字（2016）第315274号

出版
发行 中国金融出版社
社址　北京市丰台区益泽路2号
市场开发部　（010）63266347，63805472，63439533（传真）
网 上 书 店　http://www.chinafph.com
（010）63286832，63365686（传真）
读者服务部　（010）66070833，62568380
邮编　100071
经销　新华书店
印刷　北京市松源印刷有限公司
尺寸　210毫米×285毫米
印张　12.75
字数　338千
版次　2016年12月第1版
印次　2016年12月第1次印刷
定价　68.00元
ISBN 978-7-5049-8832-4

房地产金融市场分析小组

组长：纪志宏

成员（按姓氏笔画排序）：

王长华　张其光　徐　忠　曹金彪　谭华杰

总纂：周永坤　江会芬

执笔并统稿：孟　萍　邱　杰　谷仕平　安　平　宋　平

其他执笔人（按姓氏笔画排序）：

王伟强　王胜军　王瑞娟　毛其正　叶翰清　田　原　吕潇潇　孙　俊

杜　源　李华伟　李晓霞　宋　睿　陈　聪　赵大林　胡云飞　徐晨涵

徐精文　郭　昊　崔　勇　彭　超　董　琪　程伯康　潘　伟　潘艾敏

内容摘要 NEIRONG ZHAIYAO

2015年，中国经济运行总体平稳，金融市场健康发展，新型城镇化稳步推进，城镇居民家庭收支状况稳步改善，为房地产业发展提供了良好的外部环境。随着税收等一系列支持居民住房消费的政策措施相继出台，房地产市场成交出现回暖迹象，商品房销售额创历史新高；但受库存高企等因素的影响，房地产开发投资增速持续下行，建筑、水泥等相关行业低迷，政府房地产相关收入增速继续回落。2015年，我国房地产业增加值4.1万亿元，同比增长8.7%，占GDP的比重为6.1%，比上年提高0.2个百分点。

土地供应及成交规模继续下降，全国商品住宅销售有所回暖，城市间房价表现继续分化，大中城市房价止跌回升。三、四线城市库存压力较大，住宅开发投资增速再创新低。全国保障性安居工程完成全年目标任务，基本建成772万套，新开工783万套。受经济增速放缓、电子商务冲击、部分区域空置率上升等的影响，2015年商业地产投资增速延续下行态势，一线城市写字楼仍维持一定规模的供应量，零售物业调整升级趋势明显，工业地产市场趋于活跃，星级酒店出租率有所下降。

地产开发贷款总体增长，但增速出现明显下滑；房产开发贷款增速全年维持在较高水平，经上半年小幅上升后，下半年有所回落。保障性住房开发贷款仍然保持快速增长，全年新增保障性住房开发贷款6 761.1亿元，同比多增2 642.6亿元，新增保障性住房开发贷款占同期住房开发贷款新增额的117.2%。2015年年末，全国地产开发贷款余额占当年土地出让收入的45.2%，较上年年末提高13.8个百分点。住宅销售额与住房开发贷款余额的比值为1.88，比上年降低0.03个百分点。

个人住房贷款增长较快，主要满足了居民家庭首次购买普通住房的贷款需求。截至2015年年末，商业银行累计发放6 851万笔共计19.9万亿元的个人住房贷款；个人住房贷款余额13.1万亿元，同比增长23.9%，占各项贷款余额的14%。总体来看，住房贷款借款人平均年龄上升较为明显，借款人所购住房总价和单价持续上升。平均房价收入比较2014年小幅上升，月供收入比持续回落，贷款风险总体可控。平均首付比例和贷款利率均值较2014年有所下降，借款人的贷款利率均值为基准利率的0.96倍，平均首付比例为38.9%。根据推算，目前约有14.3%的存量住房有尚未结清的个人住房贷款，个人住房贷款余额占存量住房市场价值的6.5%，远低于发达国家一般水平。

住房公积金制度改革加快推进，缴存覆盖面进一步扩大，资金使用效率明显提高，有效提高了缴存职工住房支付能力，促进了房地产市场去库存。2015年，住房公积金缴存人数、缴存额持续增加，缴存总额超过8万亿元，缴存余额4.1万亿元；提取额1.1万亿元，比上年大幅增长44.9%。2015年，全国共发放住房公积金个人住房贷款312.5万笔、1.1万亿元，分别比上年增长40.4%、68.1%。截至2015年年末，利用住房公积金贷款支持保障性住房建设试点城市87个，试点项目392个，累计已发放试点项目贷款841.3亿元。

2015年，受房地产企业债券融资限制的放松、国内利率下行、美元升值等因素的影响，部分房地产企业融资由境外回归境内，境内债券融资规模显著提高。从融资结构上看，债券市场成为房地产企业最重要的融资渠道，全年境内债券融资规模4 614.7亿元，境外债券融资规模174亿美元；股权融资方面，全年A股市场房地产企业共完成38单、金额1 475亿元定向增发，境外市场完成56.6亿美元的股本融资。房地产资金信托业务规模略有减少，截至2015年年末，投向房地产领域的资金信托业务规模为1.29万亿元，比年初减少192亿元，同比减少1.47%。另外，房地产企业不断创新融资工具，通过房地产私募基金等多种渠道和方式进行融资。

目录 CONTENTS

第一章

HONGGUAN JINGJI YU FANGDICHANYE

宏观经济与房地产业

2015年，中国经济运行总体平稳，金融市场健康发展，新型城镇化稳步推进，城镇居民家庭收支状况稳步改善，为房地产业发展提供了良好的外部环境。在各类调控政策回归常态化的作用下，房地产成交出现回暖迹象，商品房销售额创历史新高；但受库存高企等多种因素的影响，房地产投资增速持续放缓，进而导致建筑、水泥等相关行业相对低迷，以及政府房地产相关收入增速持续回落。

一、房地产发展的宏观经济环境

（一）宏观经济运行平稳

2015年，中国经济总体平稳。初步核算，全年实现国内生产总值（GDP）67.7万亿元，按可比价格计算，比上年增长6.9%。分季度看，四个季度同比分别增长7.0%、7.0%、6.9%和6.8%。

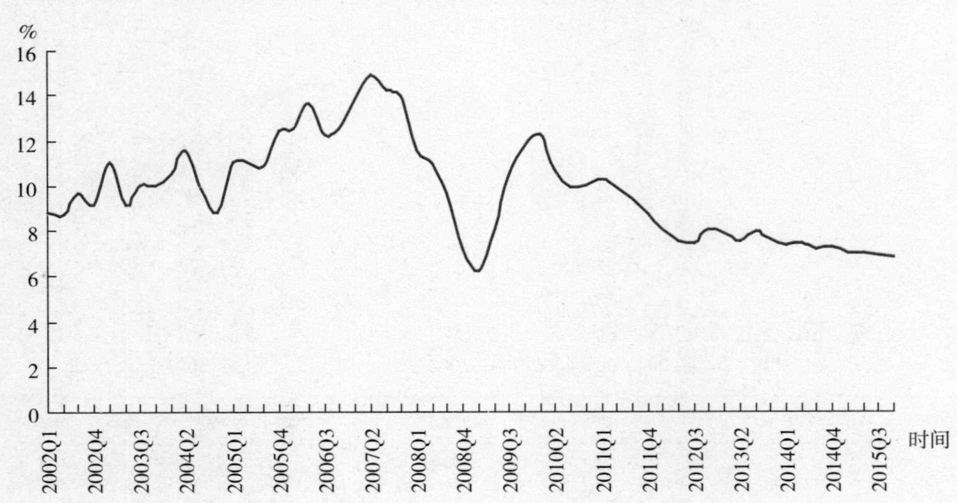

资料来源：国家统计局、CEIC数据库。

图1.1 2002～2015年我国GDP增长率

消费拉动作用增强。2015年，社会消费品零售总额为30.1万亿元，同比增长10.7%，增速比上年低1.3个百分点。分城乡来看，城镇消费增速低于乡村，城镇消费品零售额为25.9万亿元，比上年增长10.5%；乡村消费品零售额为4.2万亿元，比上年增长11.8%。

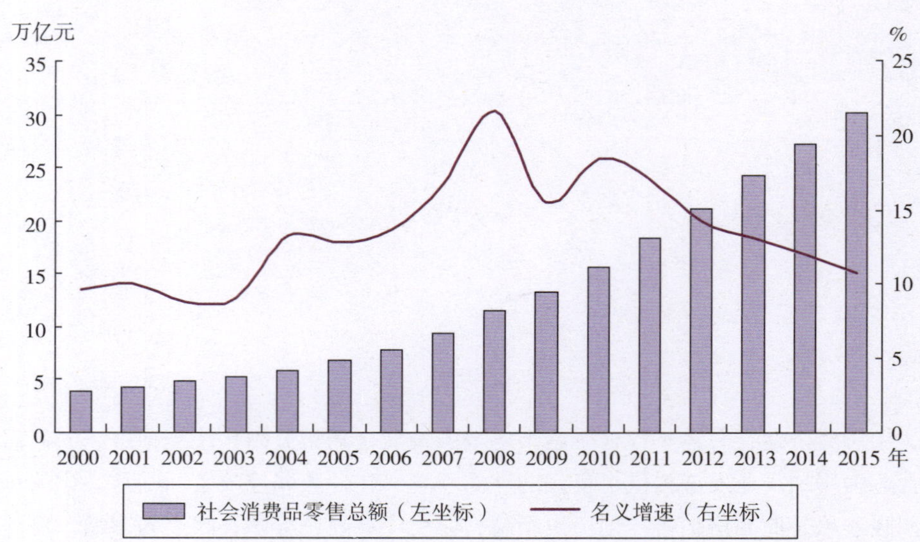

资料来源：国家统计局，Wind数据库。

图1.2 2000～2015年我国社会消费品零售总额及增速

固定资产投资增速放缓。2015年，固定资产投资（不含农户）55.2万亿元，比上年增长10.0%，增速比上年低5.7个百分点。分地区看，东、中、西部地区固定资产投资分别比上年增长12.7%、15.7%和9.0%；分产业看，三次产业投资分别比上年增长31.8%、8.0%和10.6%。

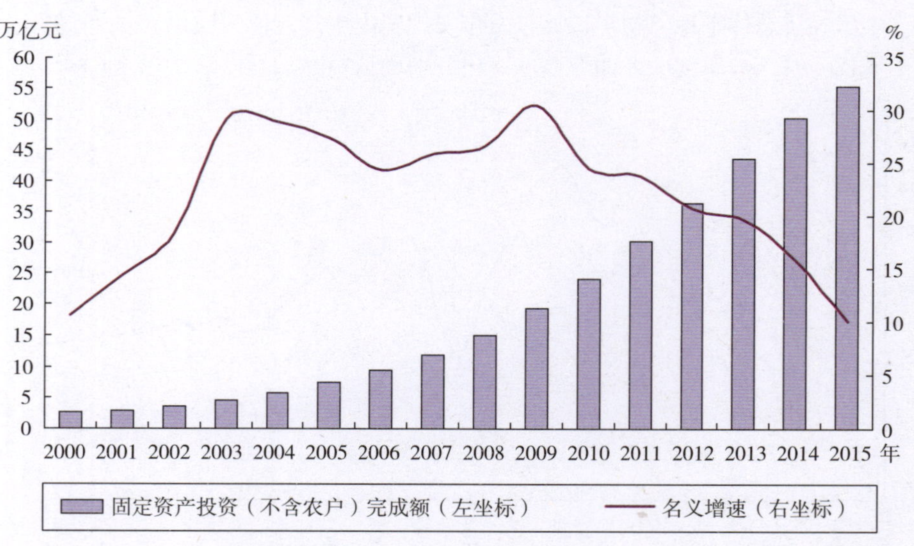

资料来源：国家统计局，Wind数据库。

图1.3 2000～2015年我国固定资产投资（不含农户）完成额及增速

物价总体低位运行。2015年，居民消费价格指数（CPI）同比上涨1.4%，涨幅比上年回落0.6个百分点，创2009年来的新低，其中，各季度涨幅分别为1.2%、1.4%、1.7%和1.5%。工业生产者出厂价格指数（PPI）同比下降5.2%，降幅比上年扩大3.3个百分点，接近2009年时–5.4%的水平，其中，各季度分别下降4.6%、4.7%、5.7%和5.9%。

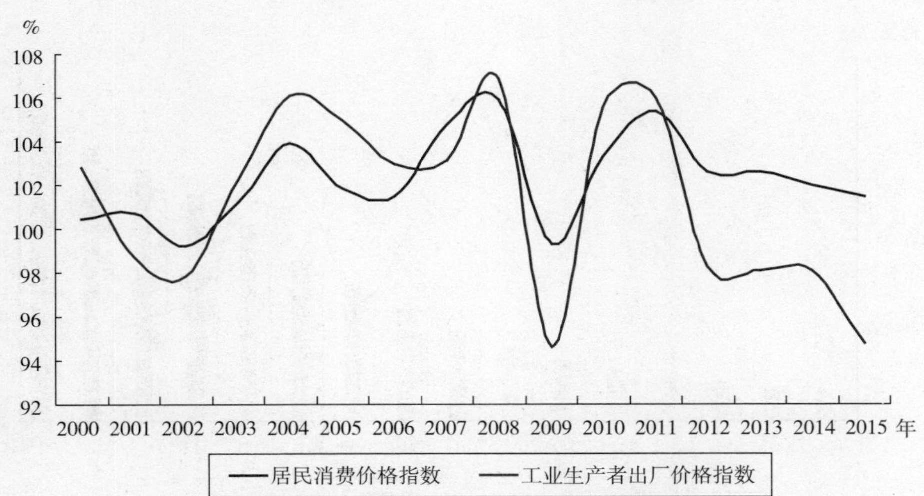

资料来源：国家统计局、CEIC数据库。

图1.4 2000～2015年居民消费价格指数及工业生产者出厂价格指数

就业形势总体稳定。2015年年末，全国就业人员7.8亿人，比上年年末增加198万人；其中，城镇就业人员4.0亿人，比上年年末增加1 100万人。全年城镇新增就业人员1 312万人，超过全年预期目标。全年全国人户分离的人口为2.9亿人，比上年年末减少400万人；其中，流动人口为2.5亿人，比上年年末减少600万人。

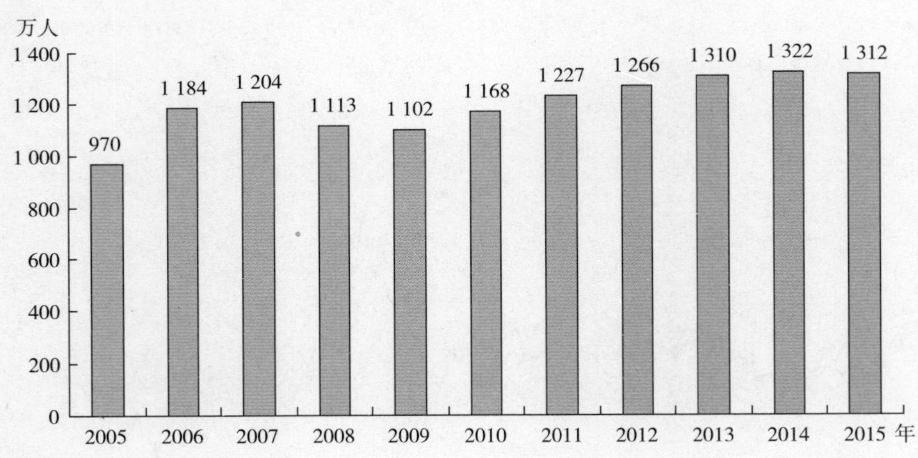

资料来源：国家统计局、Wind数据库。

图1.5 2005～2015年我国城镇新增就业情况

财政收入低速增长，支出增幅继续扩大。2015年，全国一般公共财政收入15.2万亿元，按可比口径比上年增长5.8%，增速比上年低2.8个百分点；其中税收收入12.5万亿元，比上年增长4.8%，增速比上年低3.0个百分点。全国一般公共财政支出17.6万亿元，比上年增长13.2%，增速比上年高4.9个百分点。全年收支相抵，财政支出大于收入2.4万亿元，两者之差首次突破2万亿元，比上年多1.2万亿元。从支出结构来看，财政支出增长较快的有节能环保支出、交通运输支出、医疗卫生与计划生育支出、社会保障和就业支出，同比分别增长26.2%、17.7%、17.1%和16.9%。

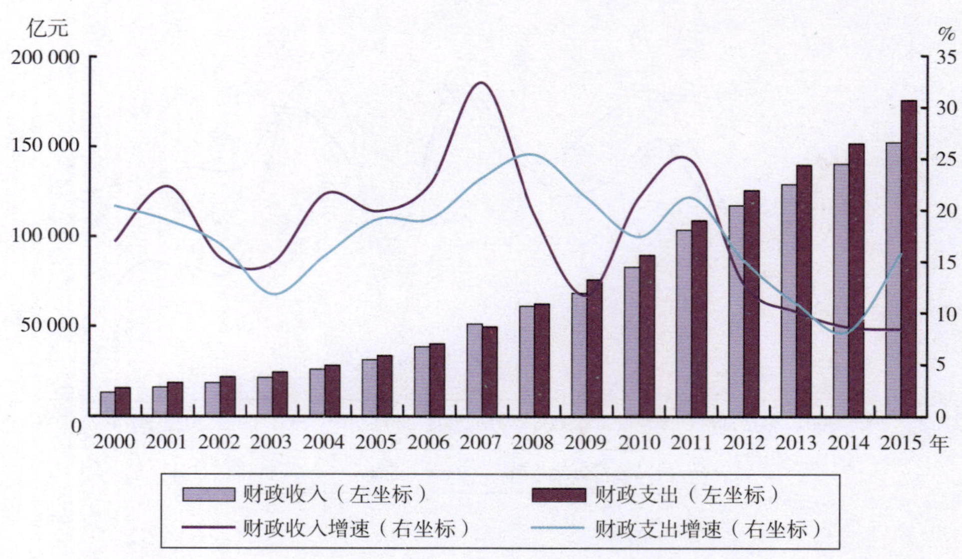

资料来源：国家统计局、Wind数据库。

图1.6 2000～2015年我国财政收支情况

（二）金融市场平稳健康运行

货币供应量增长较快。2015年年末，广义货币供应量M2余额为139.2万亿元，同比增长13.3%，增速比上年年末高1.1个百分点。狭义货币供应量M1余额为40.1万亿元，同比增长15.2%，增速比上年年末高12.0个百分点。总体来看，稳健货币政策取得了较好效果，保持了流动性合理充裕。

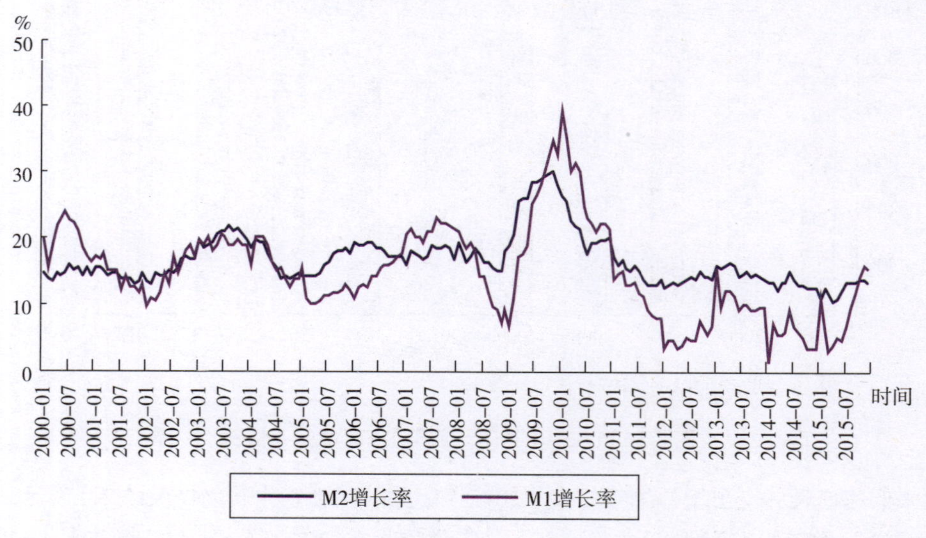

资料来源：中国人民银行、Wind数据库。

图1.7 2000～2015年我国M1及M2增长情况

存款增长总体平稳。2015年年末，金融机构本外币各项存款余额为139.8万亿元，同比增长12.4%，增速比上年年末低0.2个百分点，比年初增加15.3万亿元，同比多增1.6万亿元。人民币各项存款余额为135.7万亿元，同比增长12.4%，增速比上年末高0.3个百分点，比年初增加15.0万亿元，同比多增1.9万亿元。

贷款平稳较快增长。2015年年末，金融机构本外币贷款余额为99.3万亿元，同比增长13.4%，增速与上年年末基本持平，比年初增加11.7万亿元，同比多增1.3万亿元。人民币贷款余额为94.0万亿元，同比增长14.3%，增速比上年年末高0.6个百分点，比年初增加11.7万亿元，同比多增1.8万亿元。

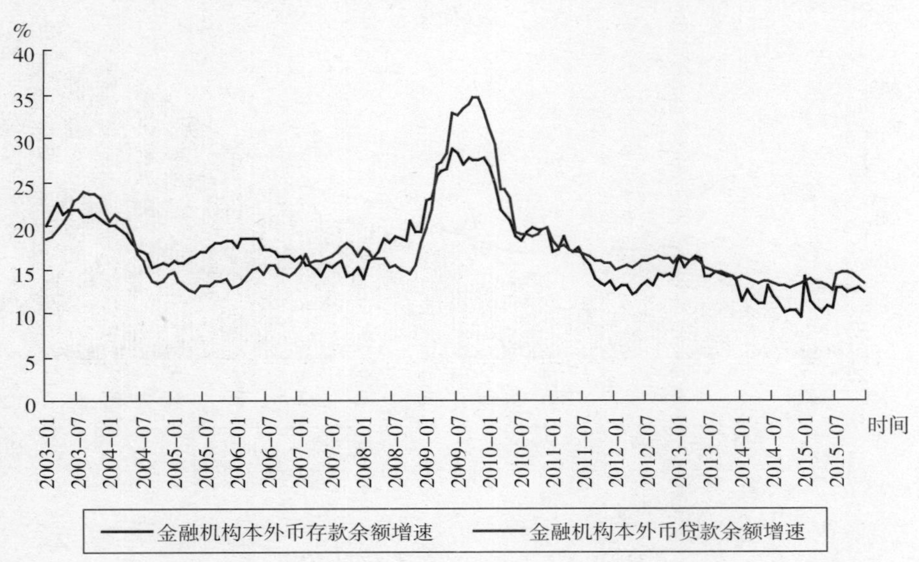

资料来源：中国人民银行、CEIC数据库。

图1.8　2003～2015年金融机构本外币存贷款增长情况

贷款利率明显下降。2015年12月，非金融企业及其他部门贷款加权平均利率为5.27%，比上年12月下降1.51个百分点。其中，一般贷款加权平均利率为5.64%，比上年12月下降1.28个百分点；票据融资加权平均利率为3.33%，比上年12月下降2.34个百分点。个人住房贷款利率稳步下行，12月加权平均利率为4.70%，比上年12月下降1.55个百分点。

2015年，人民银行按照党中央、国务院统一部署，主动适应经济发展“新常态”，坚持稳中求进的总基调，继续实施稳健的货币政策，保持货币政策松紧适度，做好与供给侧改革相适应的总需求管理。一是优化政策工具组合和期限结构。根据流动性供求格局变化，2015年以来，五次调整存款准备金率，累计普遍下调金融机构存款准备金率2.5个百分点，累计额外定向下调金融机构存款准备金率0.5个至6.5个百分点，支持“三农”和小微企业等重点领域、支持重大水利工程和基础设施建设等。同时，以逆回购为主搭配短期流动性调节工具（SLO）灵活开展公开市场操作，运用再贷款、常备借贷便利（SLF）、中期借贷便利（MLF）、抵押补充贷款（PSL）等工具，适时向银行体系提供流动性。全年公开市场累计开展逆回购操作32 380亿元，SLO操作累计投放流动性5 200亿元，累计开展常备借贷便利操作3 348.35亿元。二是发挥利率杠杆调节作用。先后五次下调人民币存贷款基准利率，1年期贷款及存款基准利率分别降至4.35%和1.5%；先后九次引导7天期逆回购操作利率下行，年末操作利率为2.25%。三是完善宏观审慎政策框架。将差别准备金动态调整机制“升级”为宏观审慎评估体系（MPA），从资本和杠杆、资产负债、流动性等七个方面建立宏观审慎政策框架，并将外汇流动性和跨境资金流动纳入宏观审慎管理范畴。

（三）新型城镇化稳步推进，劳动年龄人口比重持续下降

新型城镇化稳步推进。统计局数据显示，截至2015年年末，我国大陆城镇常住人口为7.7亿人，占总人口比重为56.1%，比上年年末提高1.3个百分点，比2000年年末提高19.9个百分点。

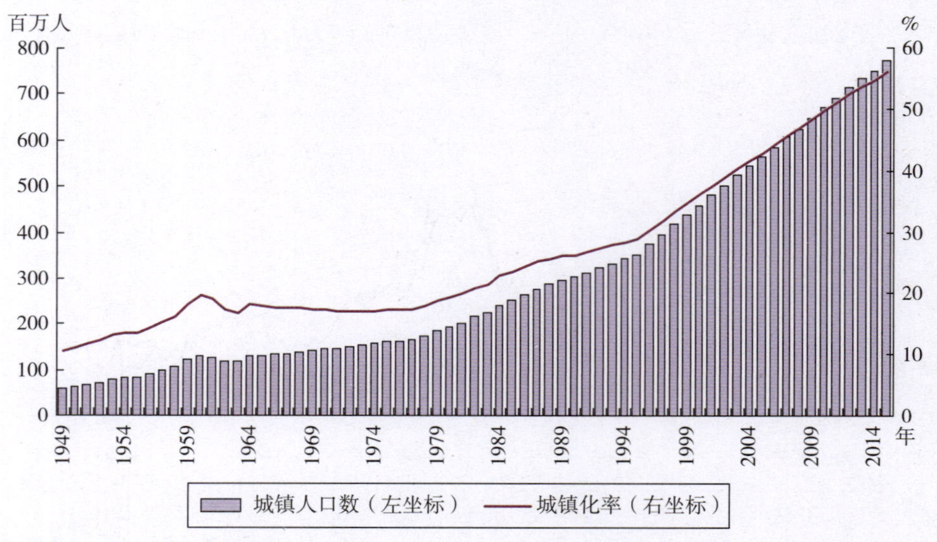

资料来源：国家统计局、Wind数据库。

图1.9 1949～2015年我国城镇化率

劳动年龄人口比重持续下降。国家统计局数据显示，截至2015年年末，在全国总人口中，15～64岁年龄段人口比重为71.9%[①]，较上年年末低1.5个百分点，连续五年下降。

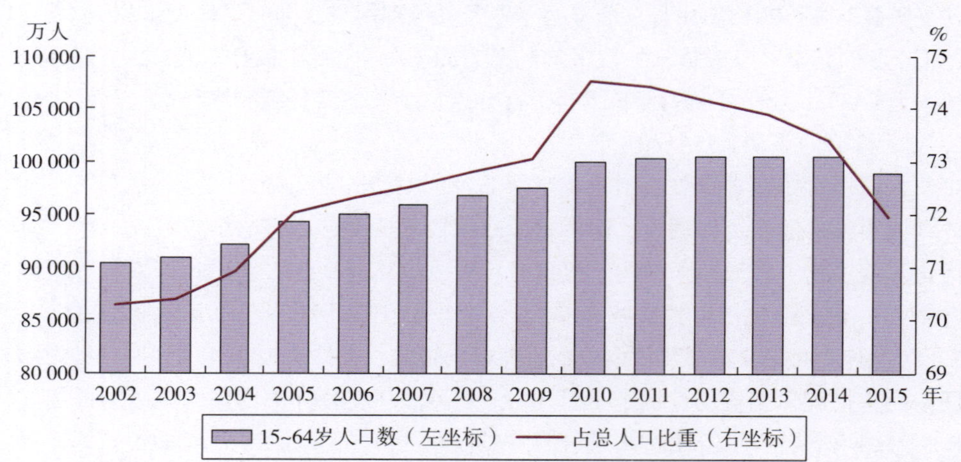

资料来源：国家统计局、Wind数据库。

图1.10 2002～2015年全国劳动力人口及占总人口比重情况

① 按照联合国统计指标，15～64岁年龄段人口定义为劳动适龄人口。

适婚年龄人口购房置业需求较为突出。新中国成立以来，我国人口经历过几次较为明显的生育高峰，最近的一次是1981～1991年，目前这部分群体已进入20～35岁的婚育年龄，购房置业需求较为突出。

结婚登记对数持续高位，2014年，我国结婚登记对数达1 307万对，自2008年以来连续七年超过1 000万对。家庭数略有降低，户均人口有所增加。根据国家统计局抽样调查数据显示，2015年年末，全国31个省、自治区、直辖市共有家庭户4.43亿户，平均每个家庭户的人口为3.10人。家庭户数量比2014年年末降低3.9%，户均人口数略高于2014年年末的2.97人。

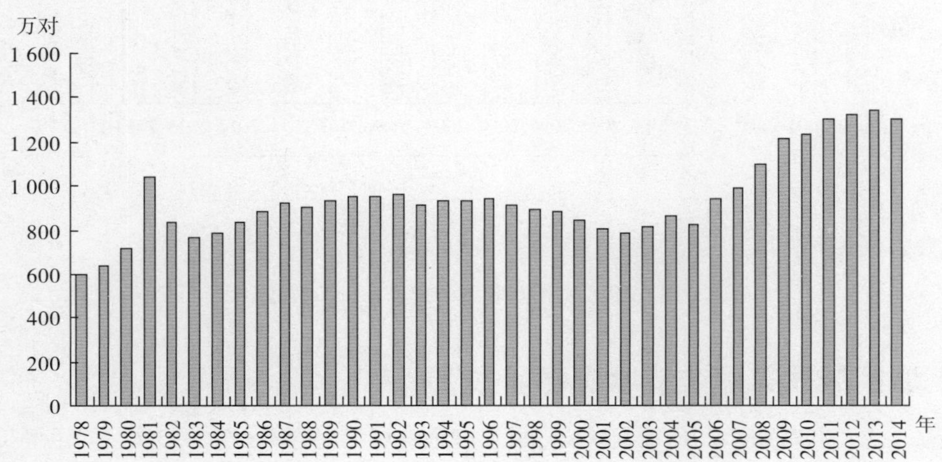

资料来源：国家统计局、CEIC数据库。

图1.11 1978～2014年我国结婚登记情况

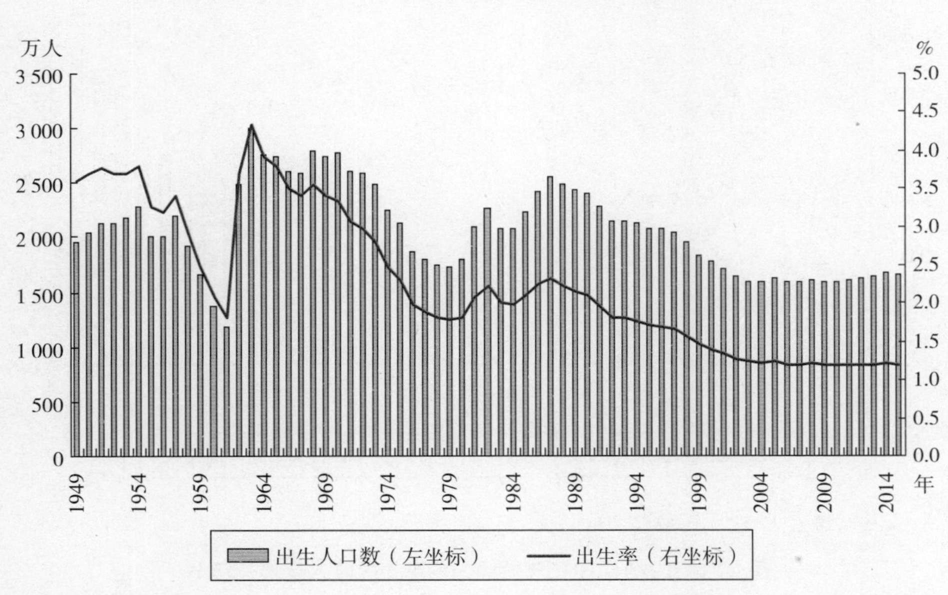

注：出生人口数根据国家统计局公布的年度总人口数、出生率计算所得。

资料来源：国家统计局、CEIC数据库。

图1.12 1949～2015年我国每年新出生人口情况

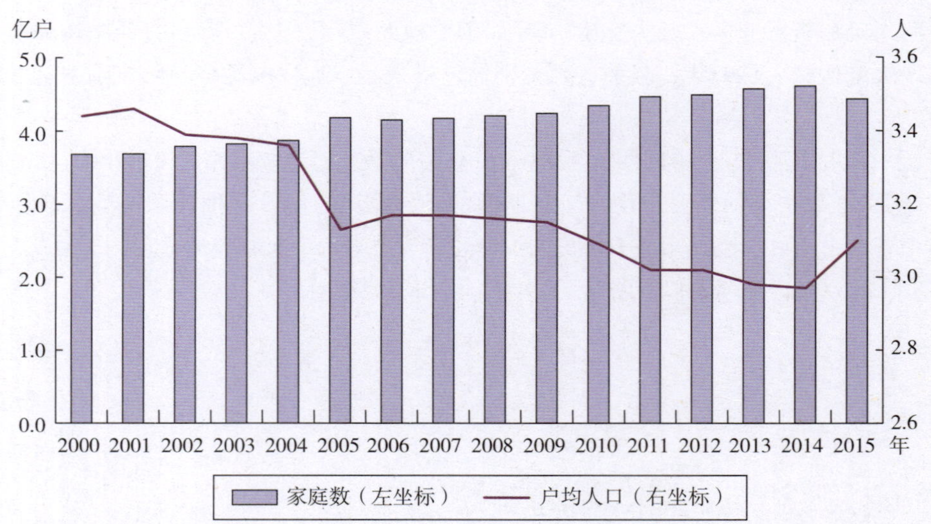

资料来源：CEIC数据库。

图1.13　2000～2015年我国户均人口和家庭总数

（四）城镇居民家庭收支状况稳步改善

城镇居民收入稳步增长。2015年，城镇居民家庭人均可支配收入为31 195元，同比增长8.2%，扣除价格因素实际增长6.6%。地区发展差距仍然较大，收入最高的上海市是收入最低的甘肃省的2.2倍。

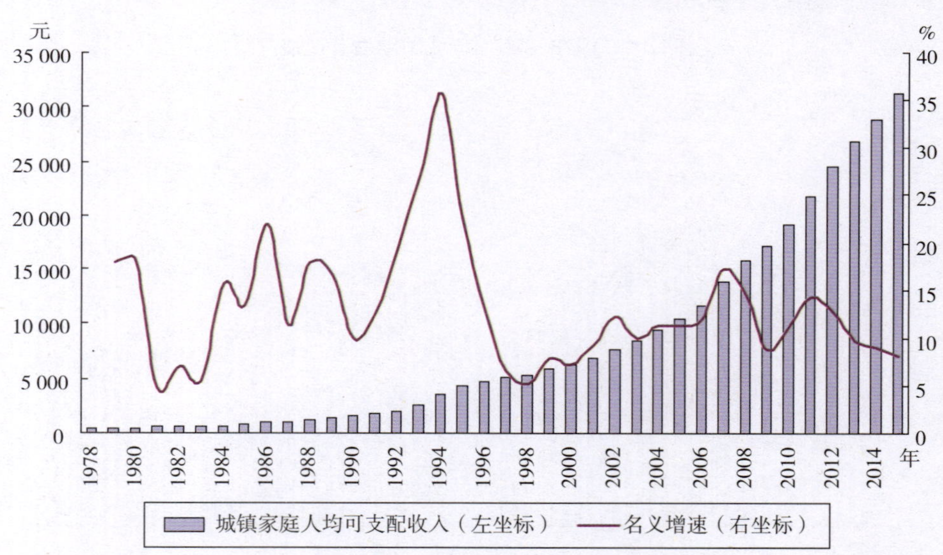

资料来源：国家统计局、CEIC数据库。

图1.14　1978～2015年城镇人均可支配收入及增长情况

城镇居民消费支出持续增长。2015年，我国城镇居民家庭人均消费性支出为21 392元，比上年增长7.1%，扣除价格因素，实际增长5.5%；城镇居民家庭人均消费性支出占城镇家庭人均可支配收入的68.6%，比上年略低0.6个百分点。

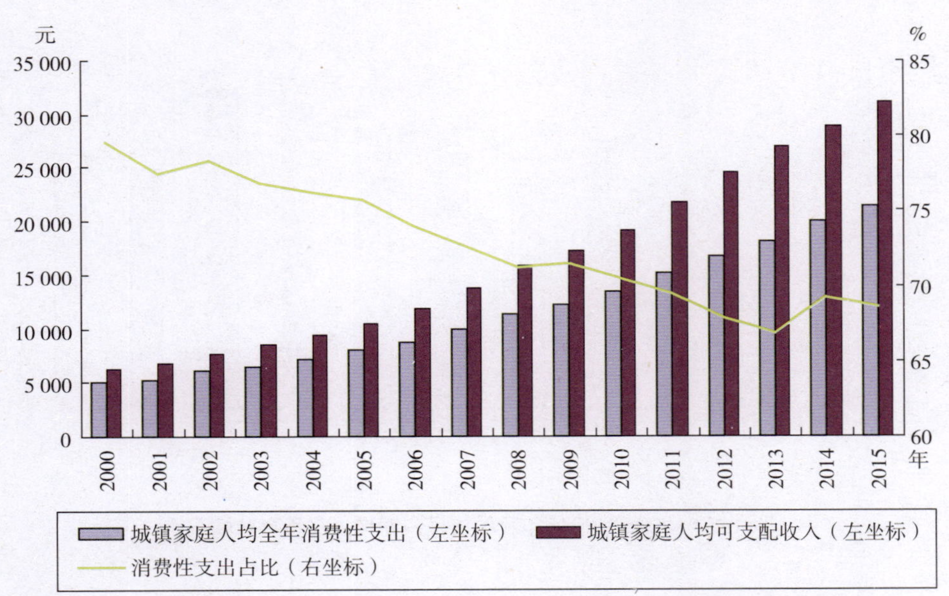

资料来源：CEIC数据库。

图1.15 2000～2015年城镇家庭人均全年消费性支出

2015年年末，个人投资者持有A股流通市值总额约为12.4万亿元①，较上年年末大幅增长57.8%。

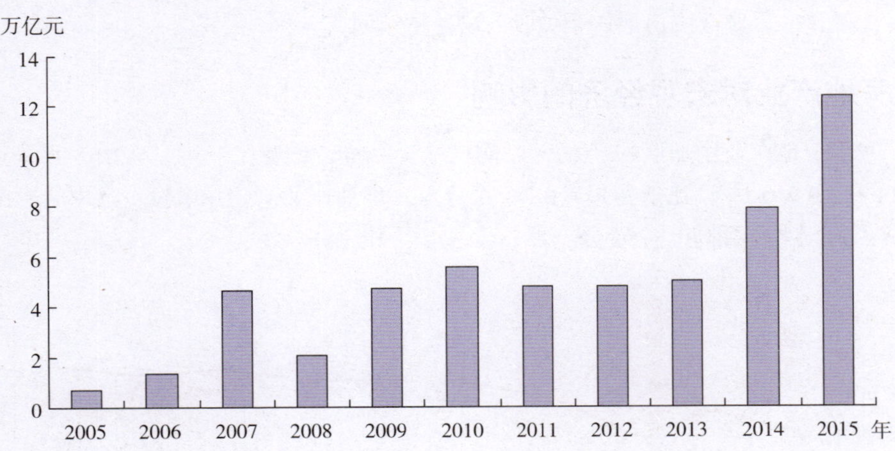

资料来源：CEIC数据库、中国证监会。

图1.16 2005～2015年个人投资者持有A股流通市值总额

住户存款增长平稳。2015年年末，住户人民币存款余额54.6万亿元，同比增长8.7%，增速与上年年末基本持平。当年新增住户存款4.4万亿元，同比多增0.3万亿元。

① 个人投资者持有A股流通市值总额=A股流通市值总额×个人投资者持有流通市值占比。2015年个人持有流通市值根据2015年个人投资者持有流通市值占比（29.82%）测算，数据来源于《2016中国金融稳定报告》。

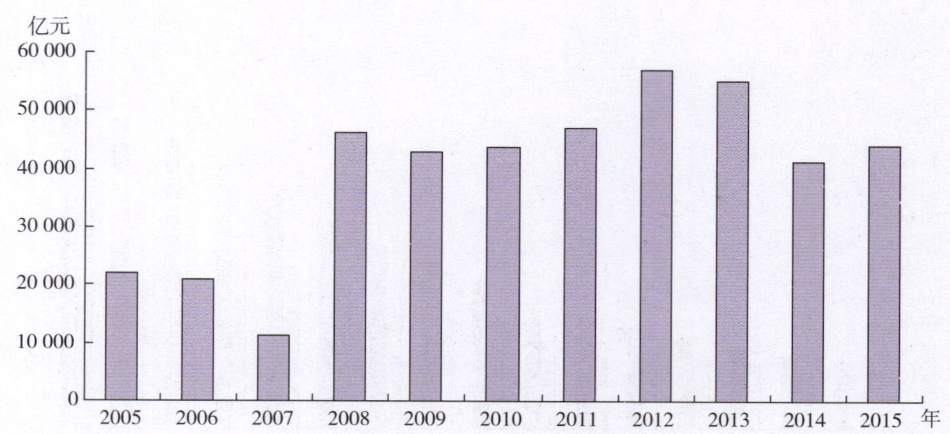

资料来源：中国人民银行、CEIC数据库。

图1.17　2005～2015年我国居民户新增人民币存款情况

二、房地产发展对宏观经济运行的影响

2015年，随着税收等一系列支持居民住房消费的政策措施相继出台，房地产市场成交出现回暖迹象，商品房销售额创历史新高。但受高库存等因素的制约，房地产投资增速再创新低，进而导致上下游相关行业持续低迷，以及政府房地产相关收入增速持续回落。

（一）房地产业对宏观经济的影响

2015年，我国房地产业增加值4.1万亿元，同比增长8.7%，增速比上年提高3.1个百分点；房地产业增加值占GDP的比重为6.1%，比上年提高0.2个百分点。房地产业对GDP增长贡献率为3.2%，拉动GDP增长0.2个百分点，比上年提高0.1个百分点。

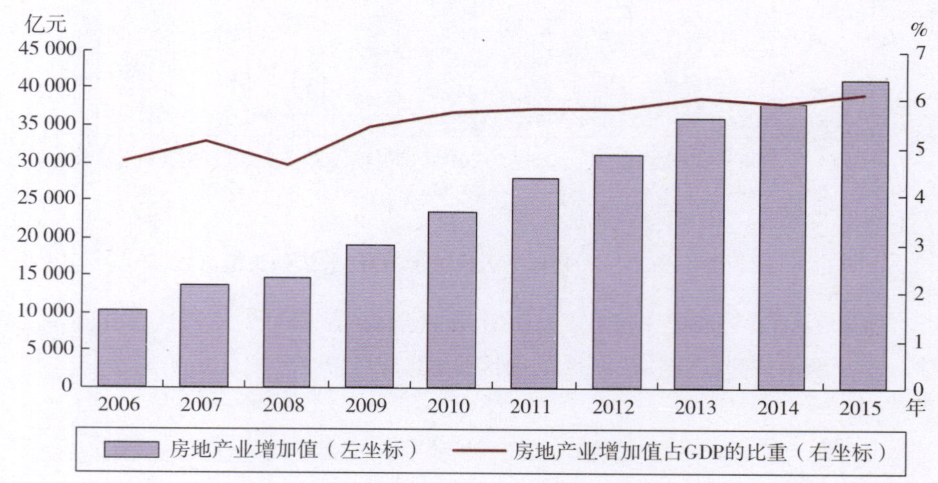

数据来源：国家统计局。

图1.18　2006～2015年房地产业增加值及其占GDP的比重

全国房地产开发投资9.6万亿元，同比增长1.0%，增速比上年回落9.5个百分点，创1998年来的新低。房地产开发投资占城镇固定资产投资的比重为17.4%，比上年回落1.6个百分点。

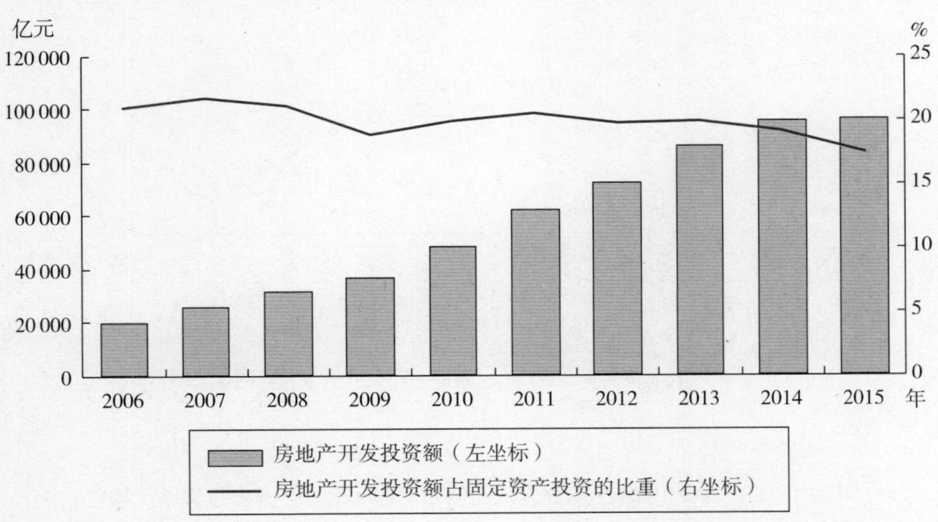

数据来源：国家统计局。

图1.19 2006～2015年全国房地产开发投资额及其占城镇固定资产投资的比重

（二）房地产业对建筑业的影响

2015年，全国商品房施工面积为73.6亿平方米，同比增长1.3%，增速比上年回落7.9个百分点；占建筑业房屋施工面积的59.2%，比上年提高1.1个百分点。

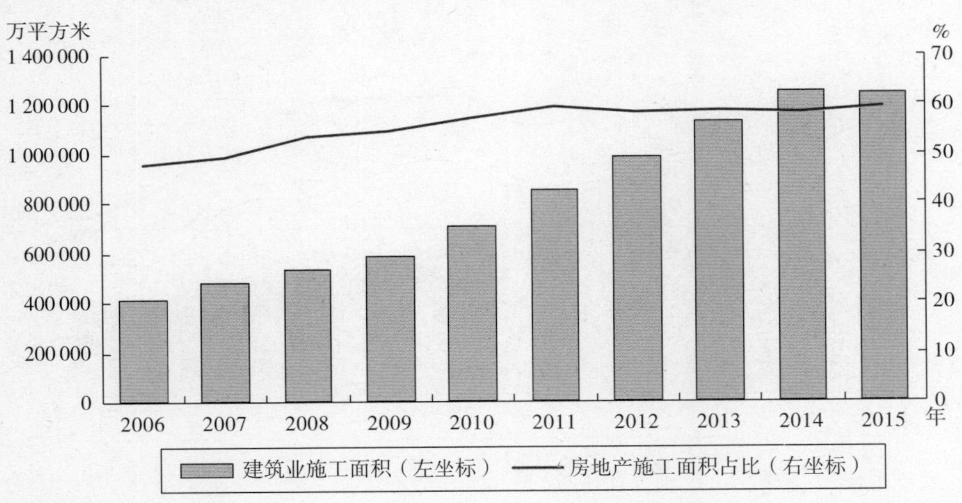

数据来源：国家统计局。

图1.20 2006～2015年全国房地产施工面积占建筑业比例

2015年，全国建筑行业新签合同额为18.4万亿元，同比下降0.2%，为近十年来首次出现下降。分季度来看，建筑业前三个季度新签合同额持续负增长，第四季度同比增长14%。

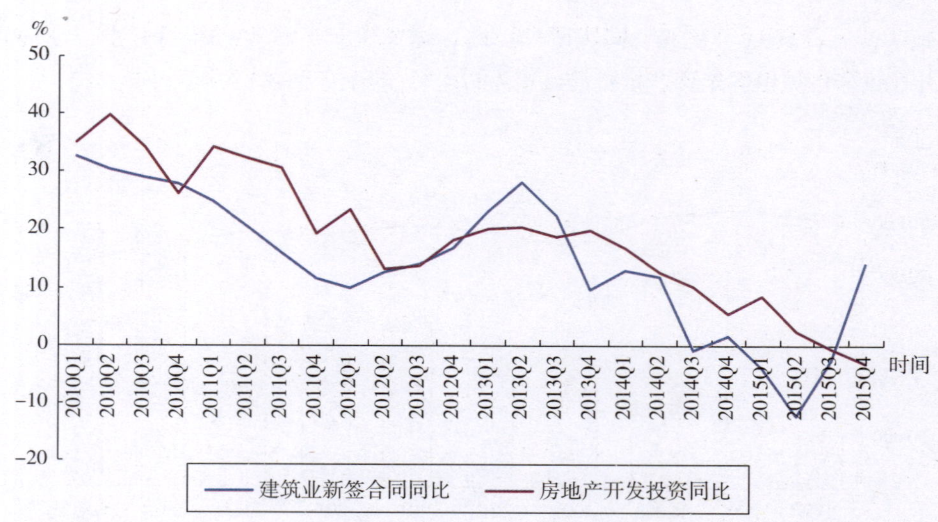

数据来源：国家统计局。

图1.21　2010～2015年全国建筑业新签合同额和房地产开发投资同比增速

（三）房地产业对其他相关行业的影响

受房地产投资增速持续下降等因素的影响，全国水泥、钢材产量出现近二十年来首次下降。2015年，全国水泥产量为23.5亿吨，同比下降5.2%。钢材产量为11.2亿吨，同比下降0.2%。

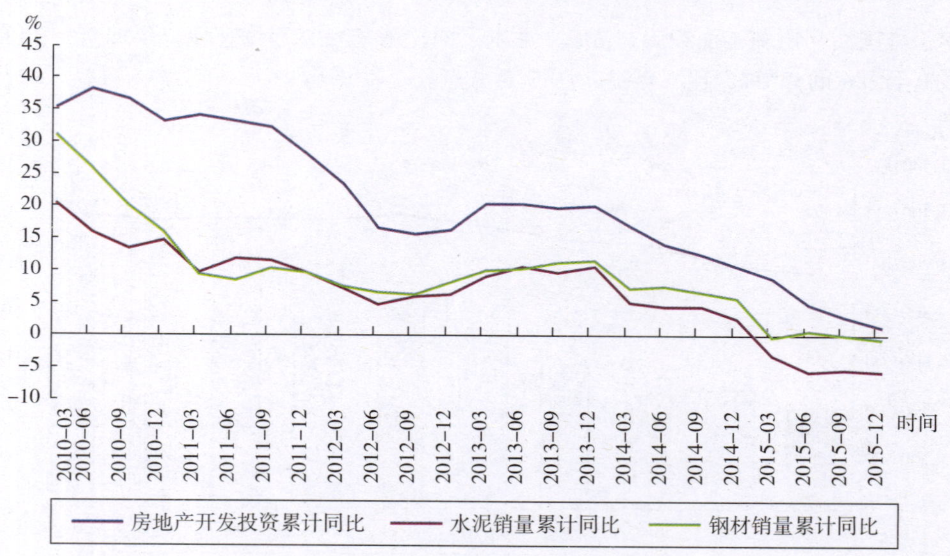

数据来源：国家统计局、中国钢铁工业协会、Wind数据库。

图1.22　2010～2015年全国房地产开发投资额、水泥、钢材产量累计同比

（四）房地产业对政府财政收入的影响

2015年，受经济增长放缓、房地产投资增速下降等因素的影响，房地产相关税收增速继续放缓，

土地出让收入大幅减少。全年全国房地产相关税收金额合计2.4万亿元，同比增长3.0%，增速比上年回落5.9个百分点；占全国公共财政收入的比例为15.6%，占比比上年回落0.8个百分点。

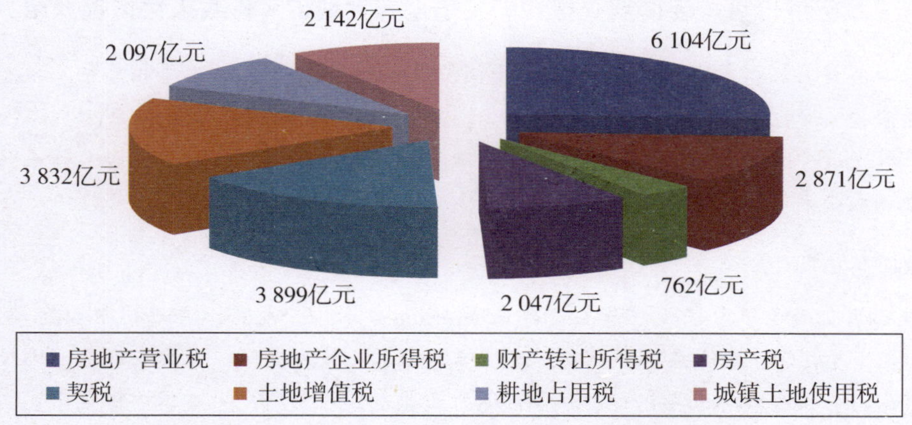

数据来源：财政部。

图1.23　2015年全国房地产相关税收

2015年，全国土地出让收入为3.4万亿元，同比下降21.6%；占全国政府性基金收入的79.4%，占比与上年基本持平。从全年走势来看，前三个季度全国土地出让收入持续下降，第四季度开始实现增长，当季同比增长9.5%。

2015年，全国土地出让支出为3.4万亿元。其中，征地拆迁补偿和补助被征地农民支出为17 936亿元，占总支出的53.2%；土地开发支出为6 534亿元，占总支出的19.4%；支付破产或改制企业职工安置费等其他支出为2 375亿元，占总支出的7%；城市建设支出为3 532亿元，占总支出的10.5%；农业农村支出为2 528亿元，占总支出的7.5%；保障性安居工程支出为823亿元，占总支出的2.4%。

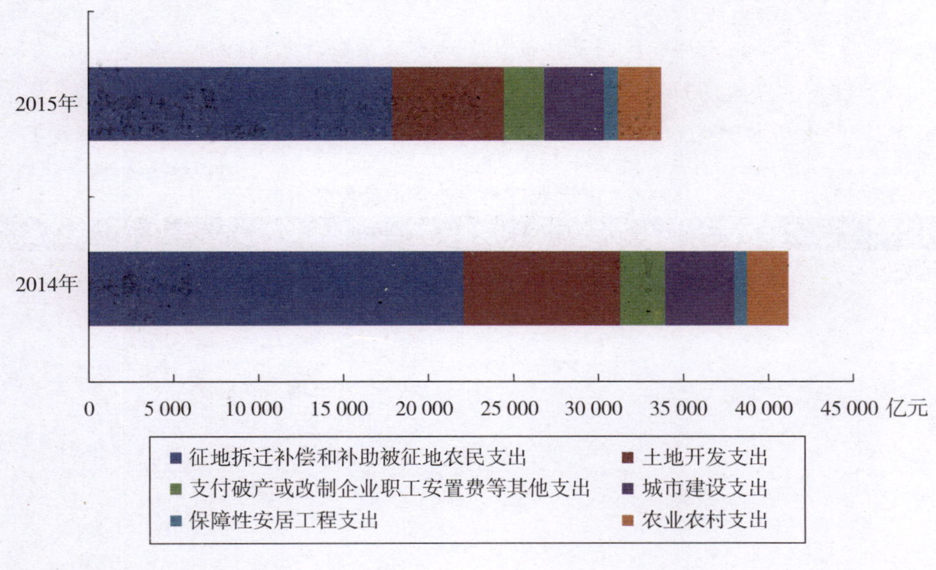

数据来源：财政部。

图1.24　2014～2015年全国土地支出情况

专栏一

《国际房价可承受度调查报告》关于全球大城市房价收入比情况介绍

美国人口调查统计机构Demographia（以下简称Demographia）自2004年起每年发布《国际房价可承受度调查报告》（以下简称《报告》）。《报告》主要通过“中位数倍数”来比较不同城市住房价格可承受度（Housing Affordability或“房价负担”）。本专栏简述《报告》的主要方法和结论，以及全球主要城市房价收入比的情况[①]。

一、方法及指标

《报告》只使用了“中位数倍数（Median Multiple）”一个指标，即房价中位数/家庭收入中位数[②]，比较不同城市住房价格可承受度。该指标经济意义较为直观，并且在评估、比较房地产市场时应用较广。《报告》称世界银行、联合国等机构推荐，住房研究中心、哈佛大学、国际货币基金组织等也应用此指标。根据中位数倍数大小，Demographia将其划分为4档（表1.1），并以此来评判样本城市的房价负担。

表1.1　房价负担评价表

房价可承受度类别	中位数倍数范围
可以承受（Affordable）	3.0及以下
较难承受（Moderately Unaffordable）	3.1~4.0
很难承受（Seriously Unaffordable）	4.1~5.0
极难承受（Severely Unaffordable）	5.1及以上

数据来源：《国际房价可承受度调查报告2016》。

二、样本概况及数据结果

《报告》称其是迄今为止调查范围最广的研究城市房价负担的国际调查报告。《报告》共覆盖9个国家、367个城市（人口均超过20万），其中，87个大城市（或城市圈）人口超过100万人，而87个城市中有5个特大城市圈（纽约、东京—横滨、大阪—神户—京都、洛杉矶、伦敦）。

表1.2　87个大城市房价负担数量分布表

国家（地区）	可以承受	较难承受	很难承受	极难承受	合计	房价收入比中位数
澳大利亚	0	0	0	5	5	6.4
加拿大	0	2	2	2	6	4.2
中国香港	0	0	0	1	1	19.0
爱尔兰	0	0	1	0	1	4.5
日本	0	1	1	0	2	3.9
新西兰	0	0	0	1	1	9.7

① 如需更多报告详细内容，请参考原文：http://www.demographia.com/index.html。

② 编者注：从统计学上看，使用“中位数”而不是“均值”的好处在于，既能够反映房价、收入的平均水平，又不太易于受到异常样本点的干扰。

续表

国家（地区）	可以承受	较难承受	很难承受	极难承受	合计	房价收入比中位数
新加坡	0	0	1	0	1	5.0
英国	0	1	10	6	17	4.6
美国	13	24	5	11	53	3.7
合计	13	28	20	26	87	4.2

数据来源：《国际房价可承受度调查报告2016》。

表1.3 367个城市房价负担数量分布表

国家（地区）	可以承受	较难承受	很难承受	极难承受	合计	房价收入比中位数
澳大利亚	2	4	12	33	51	5.6
加拿大	9	14	6	6	35	3.9
中国香港	0	0	0	1	1	19.0
爱尔兰	3	1	1	0	5	2.8
日本	0	1	1	0	2	3.9
新西兰	0	0	2	6	8	5.2
新加坡	0	0	1	0	1	5.0
英国	0	2	14	17	33	5.1
美国	75	90	37	29	231	3.5
合计	89	112	74	92	367	3.9

数据来源：《国际房价可承受度调查报告2016》。

三、结论及原因分析

结论1：从全球范围来看，《报告》调查的9个国家（地区）房价负担较2014年略有加重。与2014年相比，房价“极难承受”的都市圈由2014年的24个增加为2015年的26个；房价“可以承受”的都市圈由2014年的14个减少为2015年的13个。

结论2：从大城市来看，美国房价负担最轻。《报告》指出美国房价负担中位数是3.7（表1.2），并且13个房价可承受的城市全部位于美国、28个房价较难承受的城市中有24个位于美国。

结论3：中国香港地区房价负担最重。《报告》指出中国香港地区（中位数倍数为19）是87个大城市中房价负担最重的地区，这是香港连续第六年位列房价负担最重城市榜首。

表1.4 房价负担最重的十大城市

排名	国家	城市名	中位数倍数
1	中国	香港	19.0
2	澳大利亚	悉尼	12.2
3	加拿大	温哥华	10.8
4	澳大利亚	墨尔本	9.7
5	新西兰	奥克兰	9.7
6	美国	圣何塞	9.7
7	美国	旧金山	9.4
8	英国	伦敦	8.5
9	美国	洛杉矶	8.1
9（并列）	美国	圣迭戈	8.1

数据来源：《国际房价可承受度调查报告2016》。

结论4：土地供应不足是大城市房价收入比过高的主要原因。《报告》没有全面深入地进行论证，只是考察了房价负担很重的大城市是否具有严格的“土地使用限制政策”（见图1.25）。图1.25中，横轴是“中位数倍数”，纵轴是各大都市圈“有无土地使用限制政策”。显然，倍速高的大城市普遍实施了“土地使用限制政策”。

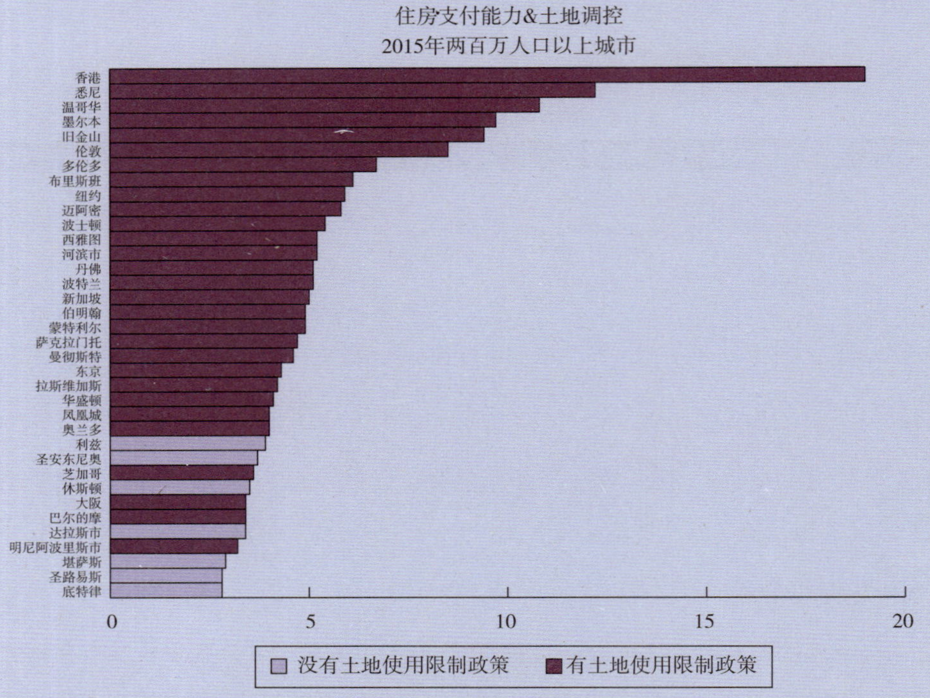

数据来源：《国际房价可承受度调查报告2016》。

图1.25　土地使用限制政策与中位数倍数关系图

《报告》还对相关各国的城市中位数倍数、历史进行了简要分析。总结来看，报告的核心结论是：

1. 不同地区的房价负担差异很大；

2. 房价负担较重的城市，通常对土地供应进行了严格限制，高房价是政策选择的结果。

四、政策建议

《报告》认为居者有其屋有诸多好处，并且政府制定公共政策的首要目的是提高生活品质、降低贫困，因此建议政府将恢复住房的承受能力至合理区间作为当下最重要、最优先的事情。

第二章
FANGDICHAN SHICHANG
房地产市场

2015年，随着税收等一系列支持居民住房消费的政策措施相继出台，全国商品住宅销售有所回暖，城市间房价表现有所分化，大中城市房价止跌回升。受全国整体库存水平较高、主要城市地价上涨较快、企业开工意愿低的影响，房地产开发投资增速延续2014年调整回落的走势。全国保障性安居工程进度加快，圆满完成全年目标任务，基本建成772万套，新开工783万套。受经济增速放缓、电子商务冲击、部分区域空置率上升等的影响，2015年商业地产投资增速延续下行态势，一线城市写字楼仍维持一定规模的供应量，零售物业调整升级趋势明显，工业地产市场趋于活跃，星级酒店出租率有所下降。由于我国各地经济发展水平、城市化水平、人口结构、居民财富情况各异，房地产市场周期也不一样，房地产市场区域分化日益明显。

一、土地市场

（一）全国土地供应和成交情况

国有建设用地供应面积继续下滑。2015年，全国国有建设用地供应面积53.4万公顷，同比减少17.7%。

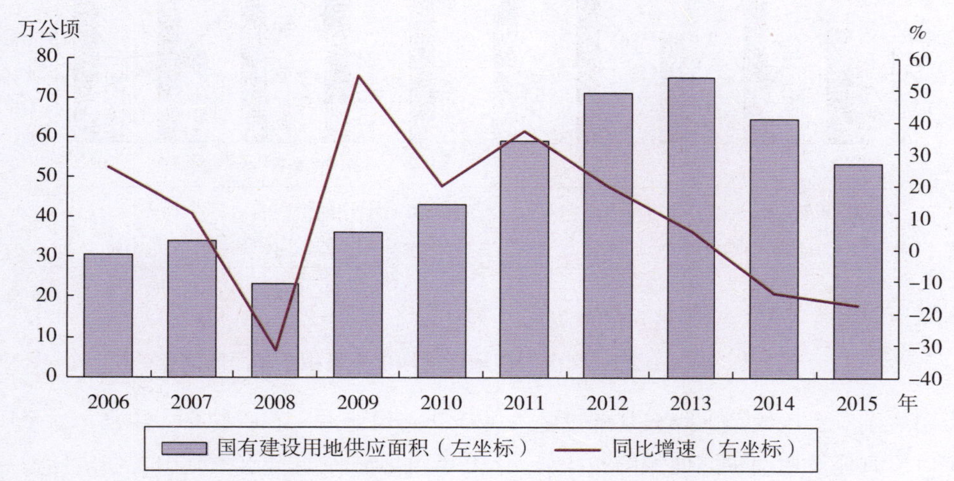

数据来源：国土资源部、Wind数据库。

图2.1 2006～2015年全国国有建设用地供应面积及其同比增速

国有建设用地出让成交金额继续下降。2015年，全国出让国有建设用地22.1万公顷，出让成交金额为3.0万亿元，同比分别减少20.2%和13.3%。其中，招标、拍卖、挂牌出让国有建设用地面积20.4万公顷，同比减少20.3%；占出让总面积的比例为92.3%，比上年回落0.2个百分点。

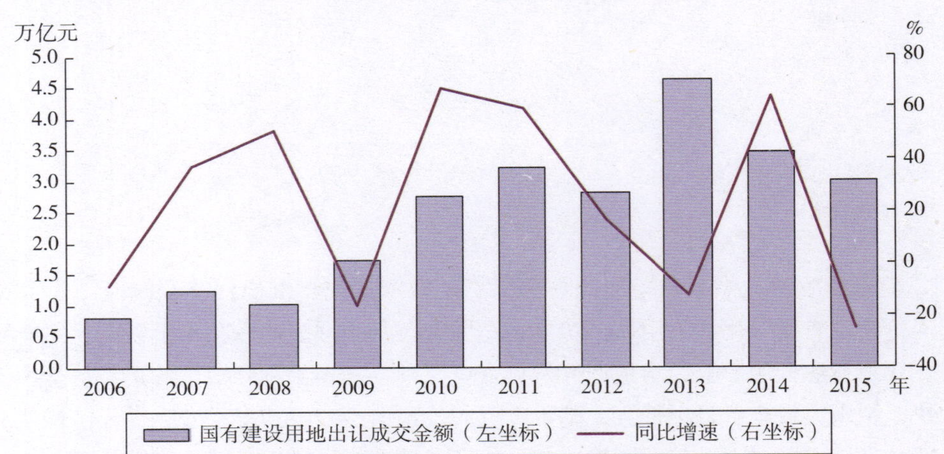

数据来源：各地国土局、Wind数据库。

图2.2 2006～2015年全国国有建设用地出让成交金额及其同比增速

房地产用地供应规模下滑尤为显著。2015年，房地产用地供应12.0万公顷，同比减少22.6%，降幅超过国有建设用地5.0个百分点。其中，商服用地供应3.7万公顷，同比减少26.1%；住宅用地供应8.3万公顷，同比减少21.0%。

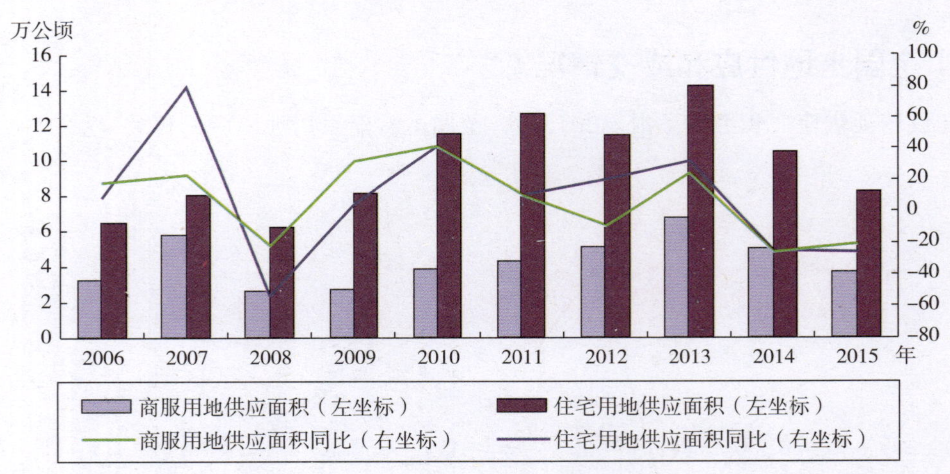

数据来源：国土资源部、Wind数据库。

图2.3 2006～2015年全国房地产用地供应面积及其同比增速

房地产用地供应占比继续下降，基础设施、工矿仓储用地占比有所提高。2015年，全国房地产用地供应面积占国有建设用地供应面积的22.4%，比上年回落1.4个百分点。其中，住宅用地和商服用地分别占全部国有建设用地供应面积的15.5%和7.0%，分别比上年回落0.6个和0.8个百分点。基础设施等其他用地、工矿仓储用地占比分别提高1.1个、0.3个百分点至54.2%、23.4%。

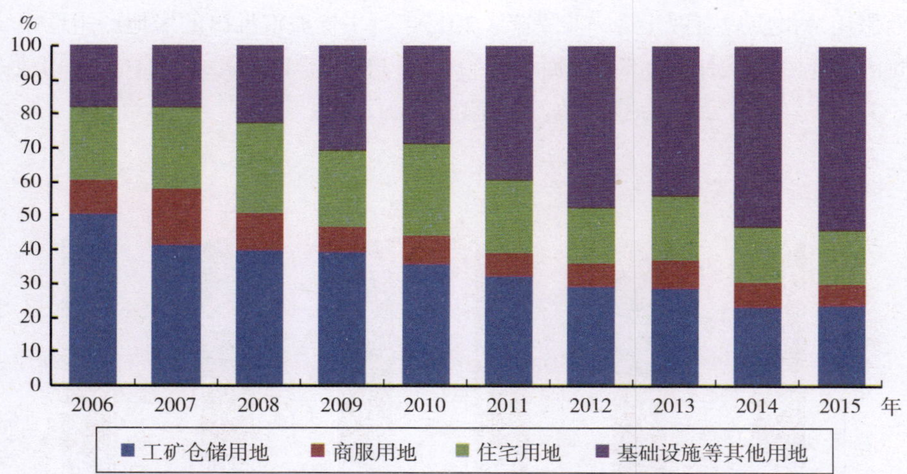

数据来源：国土资源部、Wind数据库。

图2.4 2006～2015年全国国有建设用地供应结构

（二）主要城市[①]土地供应和成交情况

主要城市土地供应规模持续萎缩。2015年，主要城市推地面积为2.8万公顷，同比减少16.9%，连续第四年出现下降。其中，房地产用地面积1.4万公顷，同比减少15.3%，连续第五年下降。房地产用地面积占全部推地面积的48.8%，比上年小幅提高0.9个百分点。

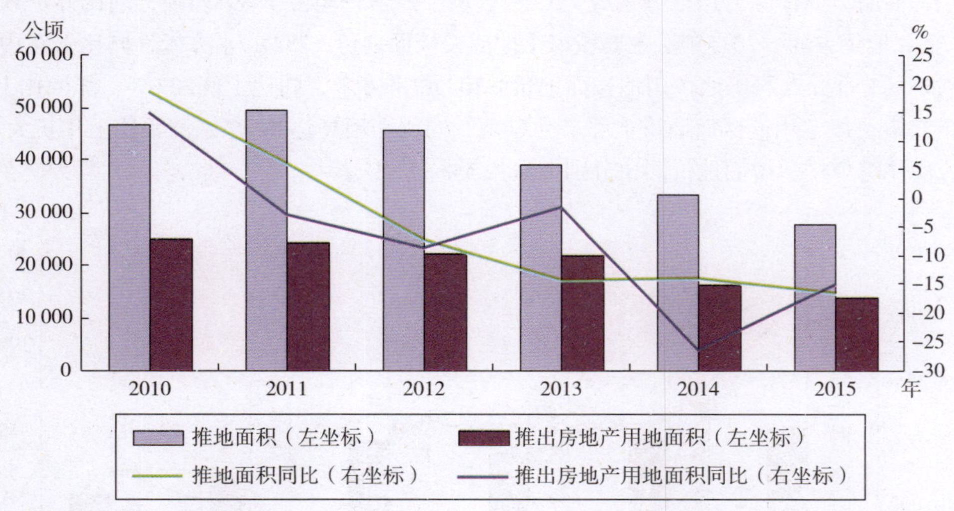

数据来源：各地国土局、Wind数据库。

图2.5 2010～2015年主要城市推地规模及其同比增速

① 主要城市包括一线和区域中心城市。一线城市包括北京、上海、深圳和广州，区域中心城市包括重庆、天津、成都、杭州、宁波、南京、苏州、武汉、福州、青岛、沈阳、无锡、郑州、大连、厦门、哈尔滨、西安、济南、石家庄、长沙、太原、长春、合肥、南宁、昆明和南昌，下同。

住宅和商服用地供应规模占比进一步下降。2015年，主要城市推出的房地产用地中，住宅用地、商服用地、商住综合用地分别占全部推地面积的20.4%、11.6%、16.8%，住宅、商服用地占比分别比上年回落0.7个、1.1个百分点，商住综合用地占比提高2.7个百分点。

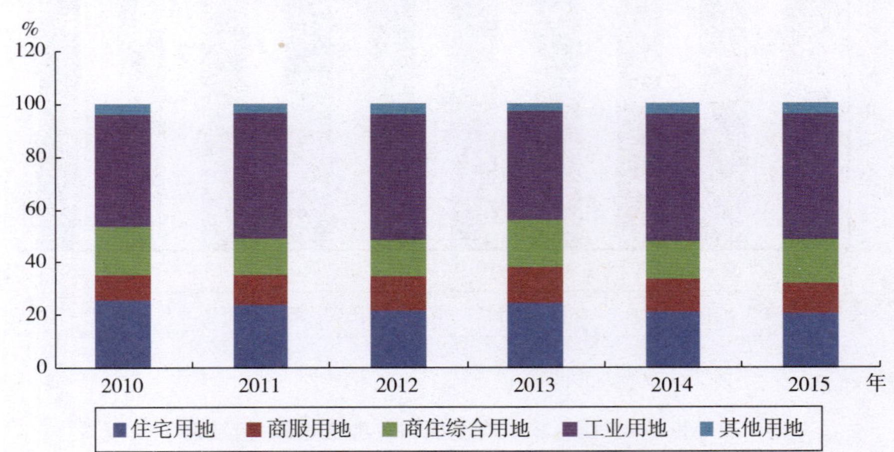

数据来源：各地国土局、Wind数据库。

图2.6　2010～2015年主要城市推地结构

主要城市土地成交面积下降较为显著，地价涨幅明显扩大。2015年，主要城市土地成交面积2.4万公顷，同比减少18.4%，连续第四年出现下降。房地产用地成交面积1.2万公顷，同比减少19.0%。其中，住宅、商服、商住综合用地分别成交5 131公顷、2 583公顷、3 898公顷，同比分别减少18.4%、32.4%、7.7%。地价方面，2015年，主要城市土地成交楼面地价2 782元/平方米，同比上涨19.5%，涨幅比上年扩大14.8个百分点。房地产用地楼面地价4 202元/平方米，同比上涨22.0%，涨幅比上年扩大6.4个百分点。其中，住宅用地楼面地价上涨最为显著，同比涨幅高达38.6%，涨幅比上年扩大23.6个百分点；商服、商住综合用地楼面地价同比分别上涨12.4%、7.4%。

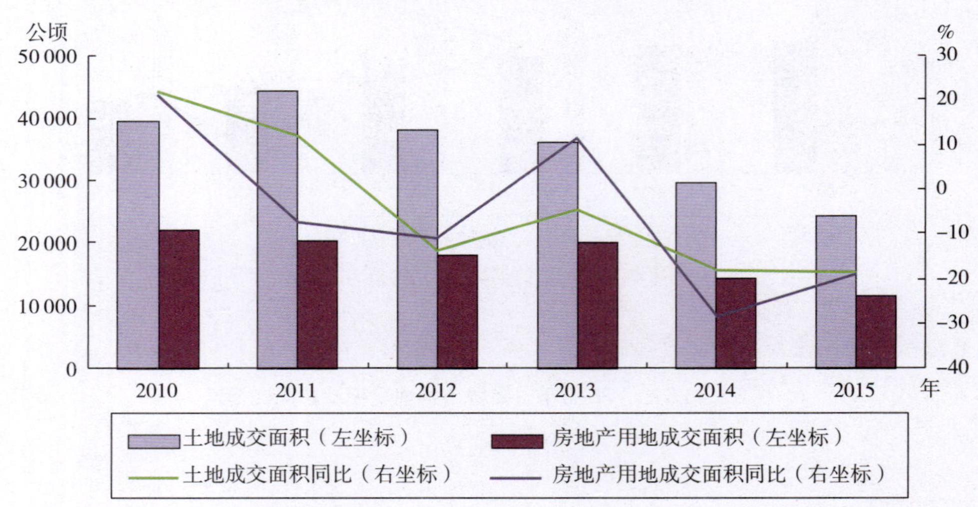

数据来源：各地国土局、Wind数据库。

图2.7　2010~2015年主要城市土地、房地产用地成交面积及其同比增速

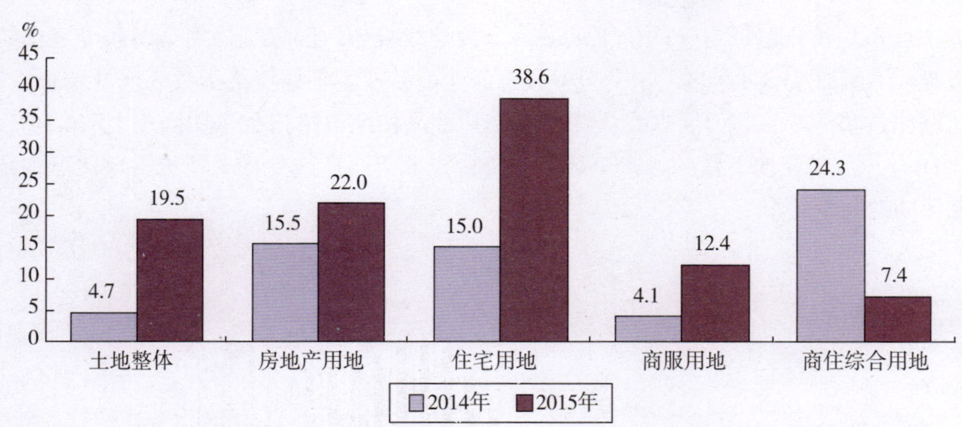

数据来源：各地国土局、Wind数据库。

图2.8 2014～2015年主要城市地价涨幅情况

二、商品住宅市场

（一）新建商品住宅市场

1. 全国商品住宅市场运行情况

全国商品住宅销售状况有所改善。2015年，全国商品住宅销售面积11.2亿平方米，同比增长6.9%，增速比上年提高16个百分点；商品住宅销售金额创历史新高达7.3万亿元，同比增长16.6%，增速比上年提高24.4个百分点。

分季度来看，随着税收等一系列支持居民住房消费的政策措施相继出台，商品住宅成交自第二季度以来持续回暖。第一季度商品住宅销售面积同比下降9.8%，第二至第四季度同比分别增长14.8%、14.4%和4.5%，第四季度同比增速有所收窄。

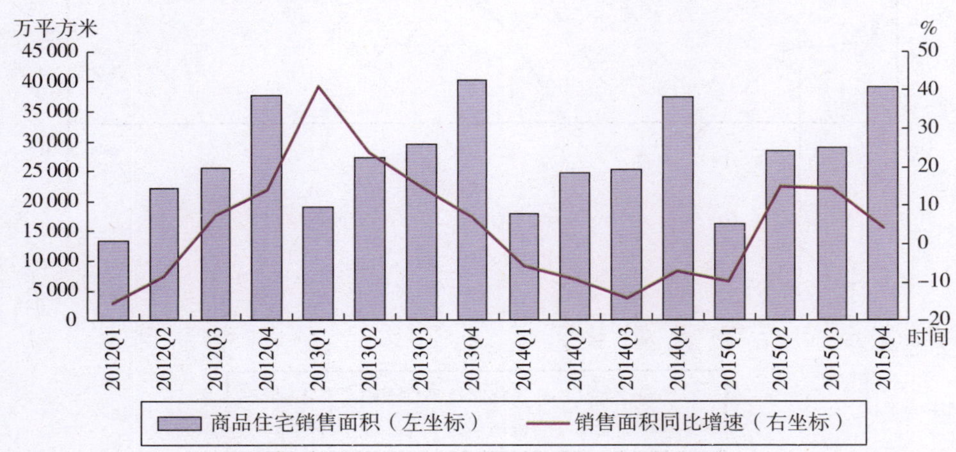

数据来源：国家统计局、Wind数据库。

图2.9 2012～2015年全国商品住宅销售面积及其同比增速

70个大中城市房价止跌回升，房价下跌城市个数持续减少。国家统计局全国70个大中城市住宅销售价格指数显示，自2015年4月起，70个大中城市新建商品住宅平均价格指数环比开始止跌回升，从5月开始同比跌幅逐步缩小。12月，70个大中城市新建商品住宅价格指数平均同比上涨0.3%，平均环比上涨0.2%。同时，价格同比下跌的城市个数为49个，比上年同期减少19个；价格环比下跌城市个数为27个，比上年同期减少39个。

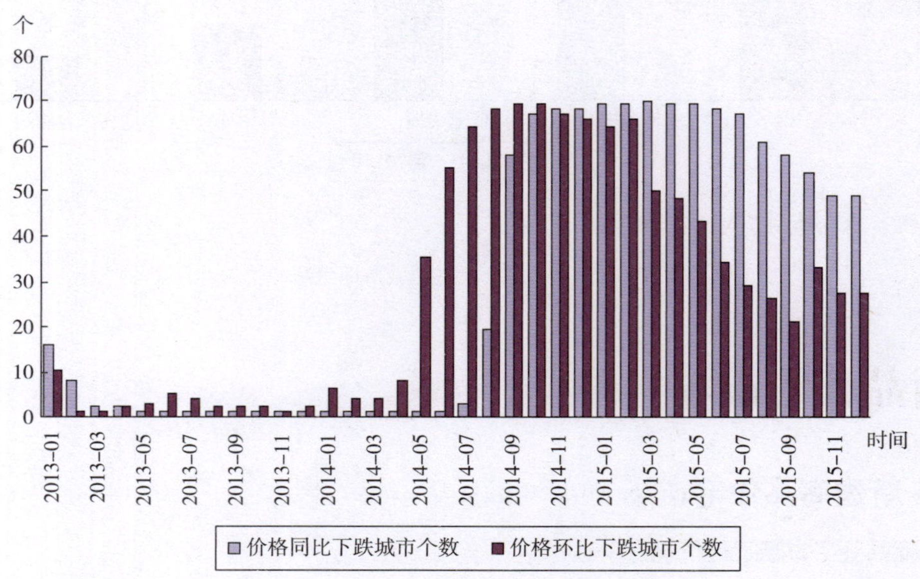

数据来源：国家统计局。

图2.10　2013～2015年全国70个大中城市新建商品住宅价格变动情况

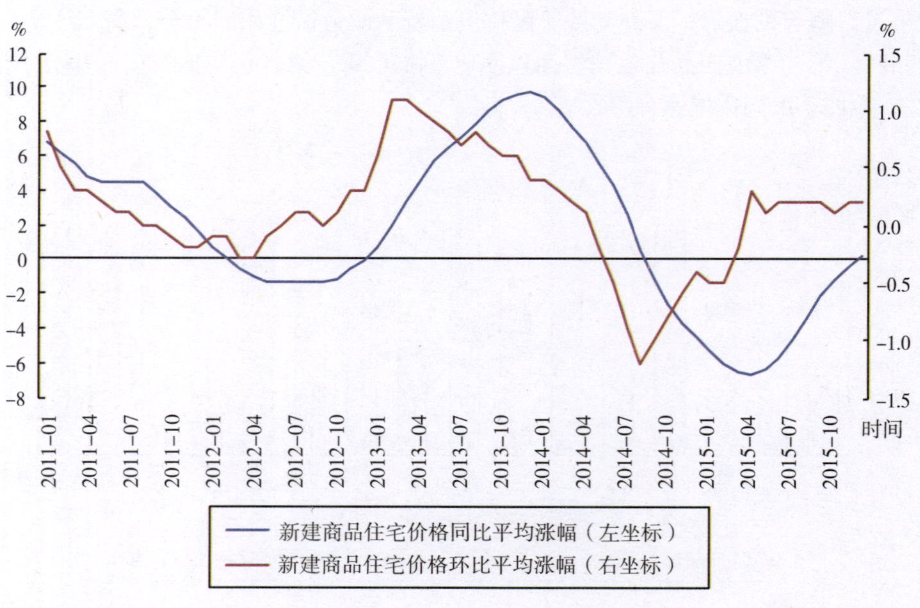

数据来源：国家统计局。

图2.11　2011～2015年全国70个大中城市新建商品住宅价格指数同比及环比平均涨幅

受整体库存水平较高的影响，房地产企业继续大幅缩减开工。2015年，全国住宅新开工面积10.7亿平方米，同比下降14.6%，连续两年大幅下降。分季度来看，第一至第四季度商品住宅新开工面积分别同比下降20.9%、15.1%、7.5%和17.6%。

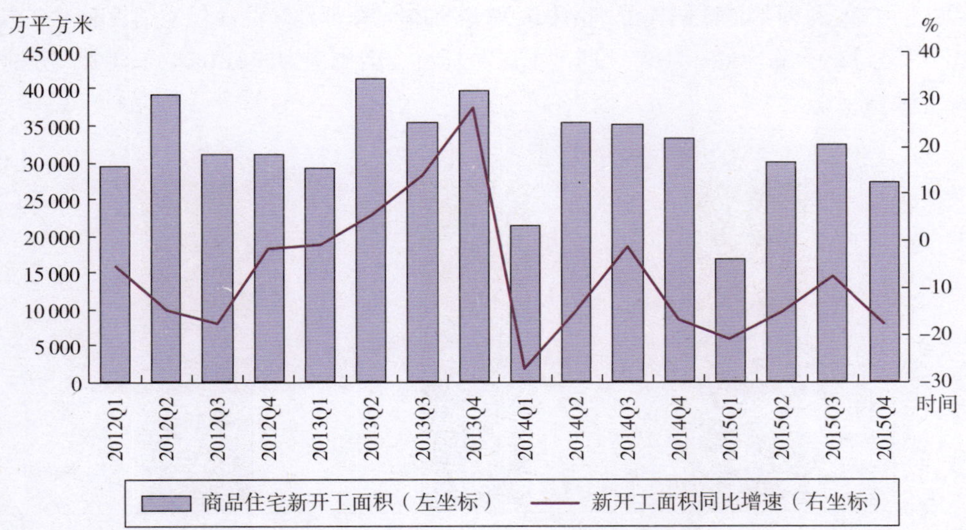

数据来源：国家统计局。

图2.12 2012~2015年全国商品住宅新开工面积及其同比增速

全国住宅开发投资增速再创新低。2015年，全国商品住宅开发投资额6.5万亿元，同比增长0.4%，增速比上年回落8.8个百分点，再创历史新低。分季度来看，第一、第二季度住宅开发投资同比分别增长5.9%、1.1%，增速逐季度回落；第三季度开始出现连续下降，第三、第四季度同比分别下降0.2%、3.0%。

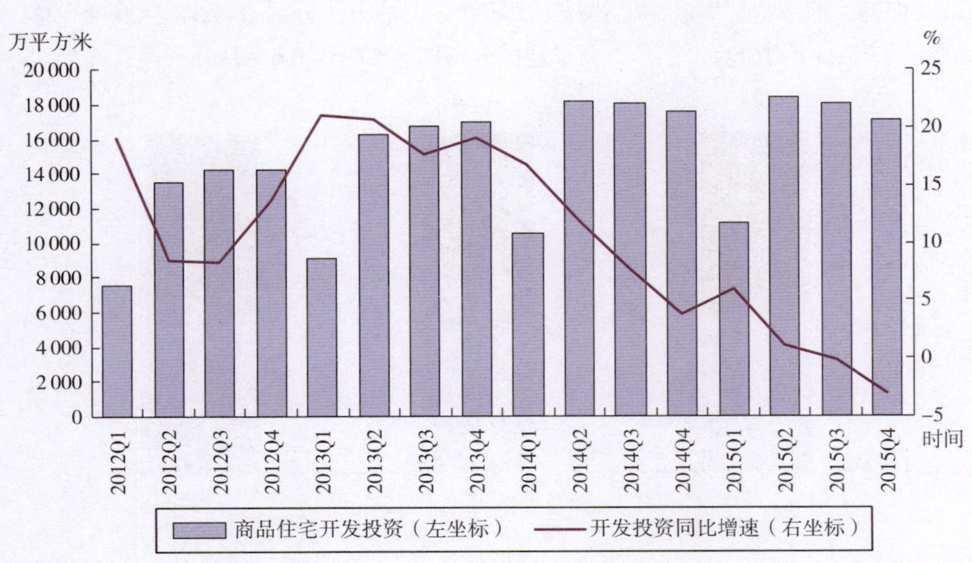

数据来源：国家统计局。

图2.13 2012~2015年全国商品住宅开发投资完成额及其同比增速

2. 分区域商品住宅市场运行情况

东部地区商品住宅销售增长相对较快。分地区看，2015年，东部、中部、西部地区商品住宅销售均实现增长。其中，东部地区增长较快，销售面积、销售额同比分别增长9.9%、22.3%；中部地区同比分别增长6.7%、13.3%；西部地区同比分别增长1.9%、3.7%。东部地区商品住宅销售额占全国的比例为61.0%，比上年提高2.9个百分点；中部、西部地区分别占全国比例为的21.0%、18.0%，分别比上年回落0.6个、2.2个百分点。

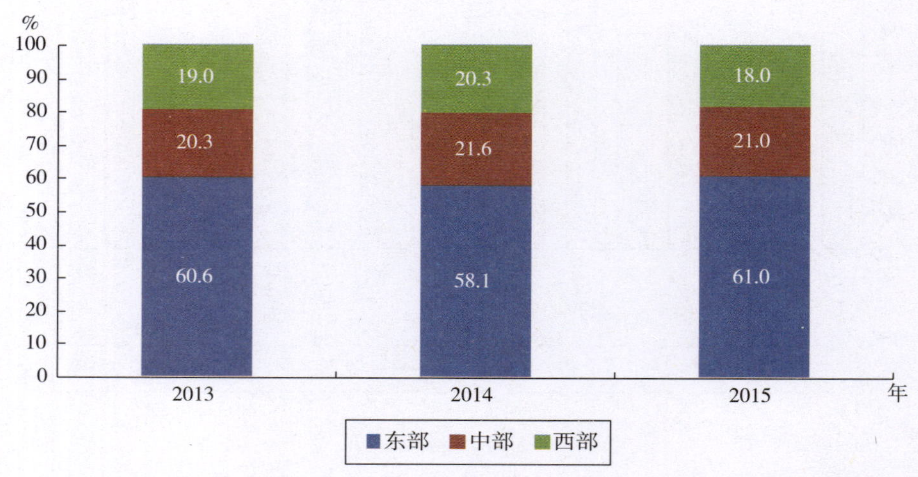

数据来源：国家统计局。

图2.14　2013～2015年东部、中部、西部地区商品住宅销售额占全国的比重

中部地区商品住宅新开工面积占比有所回升。2015年，东部、中部、西部地区商品住宅新开工面积均继续下降。其中，中部地区同比降幅相对较小，为10.8%；东部、西部地区同比分别下降15.9%、16.6%。东部、中部、西部地区商品住宅新开工面积在全国的占比分别为45.5%、29.7%和24.8%；中部地区占比比上年上升1.3个百分点，东部、西部地区分别回落0.7个、0.6个百分点。

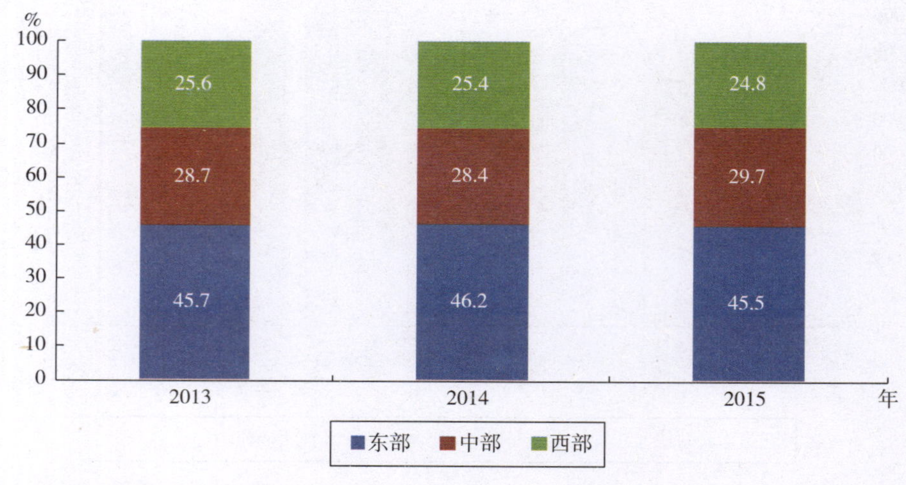

数据来源：国家统计局。

图2.15　2013～2015年东部、中部、西部地区商品住宅新开工面积占全国的比重

西部地区商品住宅开发投资出现负增长。2015年，东部、中部、西部地区商品住宅开发投资增速均大幅回落，其中，西部地区出现负增长，同比下降0.9%，而上年同期为增长10.3%；东部、中部同比分别增长0.5%、1.3%，分别比上年回落8.0个、8.4个百分点。东部、中部地区商品住宅开发投资额占全国的比例分别为55.2%、22.8%，分别比上年提高0.1个、0.2个百分点；西部地区占比为22.0%，比上年下降0.3个百分点。

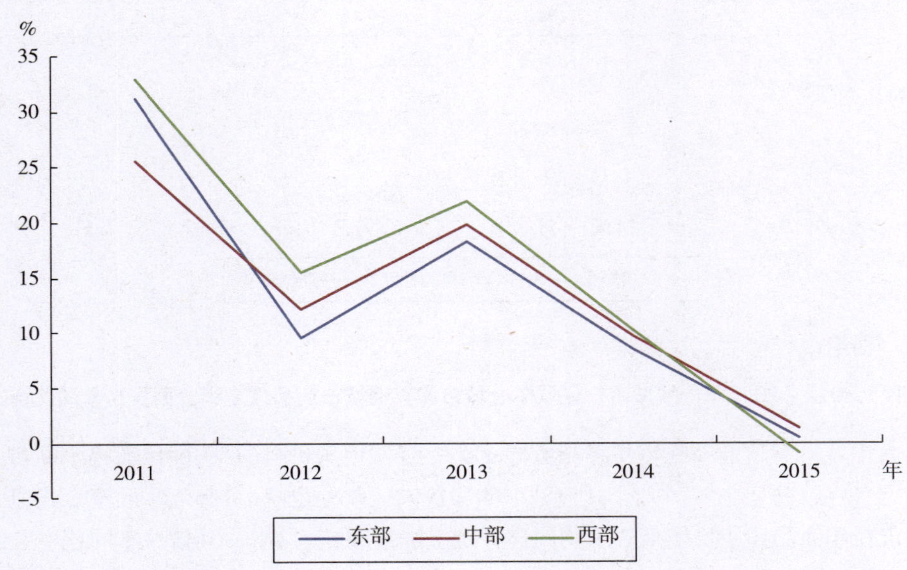

数据来源：国家统计局。

图2.16 2011～2015年东部、中部、西部地区商品住宅开发投资额同比增速

3. 分城市商品住宅市场运行情况

一线城市、区域中心城市和其他城市[①]的商品住宅销售面积均实现增长，同比增速分别为14.0%、8.7%和5.6%，其中，一线城市增长较为显著。分季度看，第二季度一线城市同比增速高达41.7%，区域中心和其他城市同比分别增长15.8%、12.7%；第三季度，一线城市和区域中心城市同比增速有所回落，其他城市小幅提高；第四季度，一线城市同比下降5.4%，区域中心城市和其他城市同比分别增长10.2%、2.9%，分别较第三季度回落2.8个和10.8个百分点。

① 其他城市为除一线城市和区域中心城市以外的其他所有城市。

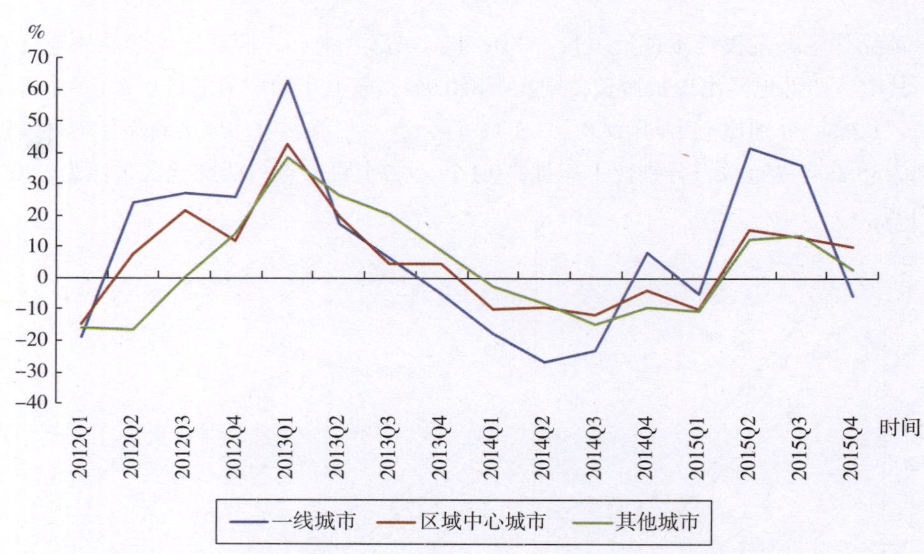

数据来源：国家统计局、CEIC数据库。

图2.17　2012～2015年一线城市、区域中心城市和其他城市商品住宅销售面积当季同比增速

全国70个大中城市新建商品住宅价格指数显示，一线城市房价自6月起同比涨幅不断扩大，区域中心城市房价同比自11月开始止跌回升，其他城市的房价同比跌幅也从6月起逐步收窄。12月，一线城市和区域中心城市新建商品住宅价格指数平均同比分别上涨21.3%、1.6%；其他城市同比下跌2.2%，但跌幅较5月收窄4.7个百分点。

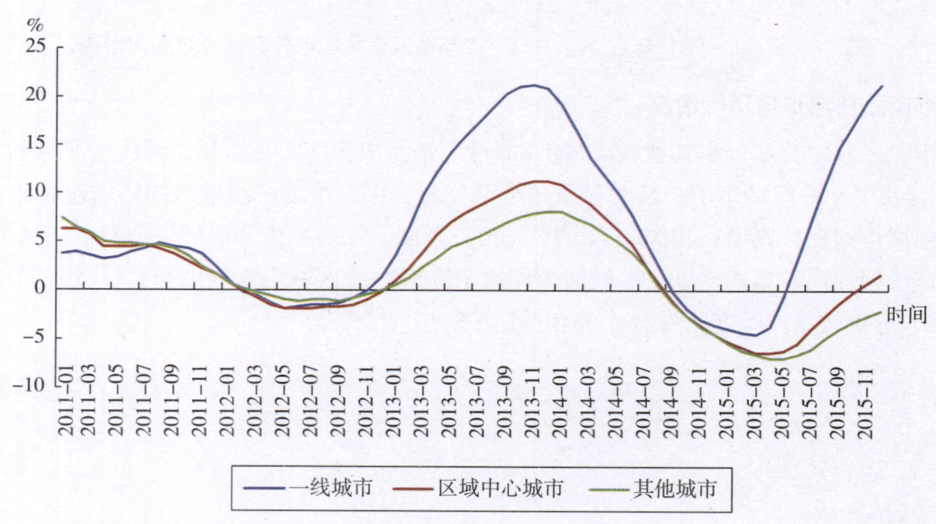

数据来源：CEIC数据库。

图2.18　2011～2015年一线城市、区域中心城市和其他城市新建商品住宅价格同比涨幅情况

一线城市、区域中心城市、其他城市商品住宅新开工面积同比分别下降6.2%、15.2%和14.8%，一线城市和其他城市同比降幅分别比上年收窄7.7个、0.5个百分点，区域中心城市降幅比上年扩大3个百分点。商品住宅开发投资方面，一线城市同比增长12.0%，增速比上年提高3.5个百分点；区域中心城市同比增长0.2%，增速比上年回落10.2个百分点；其他城市同比下降1.3%，上年同期为增长8.4个百分点。

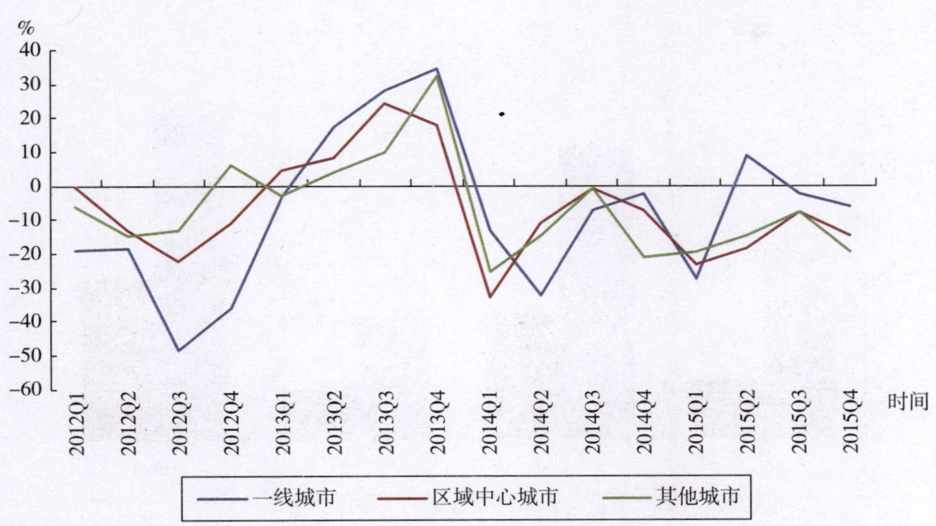

数据来源：国家统计局、CEIC数据库。

图2.19　2012～2015年一线城市、区域中心城市和其他城市商品住宅新开工面积同比增速

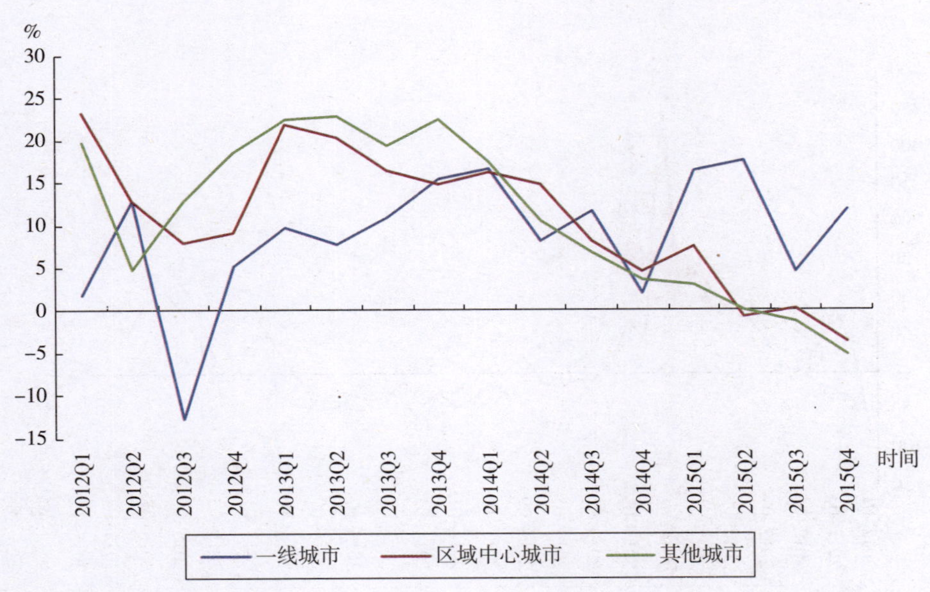

数据来源：国家统计局、CEIC数据库。

图2.20　2012～2015年一线城市、区域中心城市和其他城市商品住宅开发投资额同比增速

（二）一线城市二手住宅市场

1. 一线城市二手住宅销售情况

二手住宅销售面积同比增速远超新建商品住宅。2015年，北京、上海、广州、深圳四个一线城市

二手住宅销售面积均出现快速增长，同比分别增长69.0%、106.7%、43.5%和118.3%，增速分别超出新建商品住宅47.8个、60.6个、25.6个和59.7个百分点。

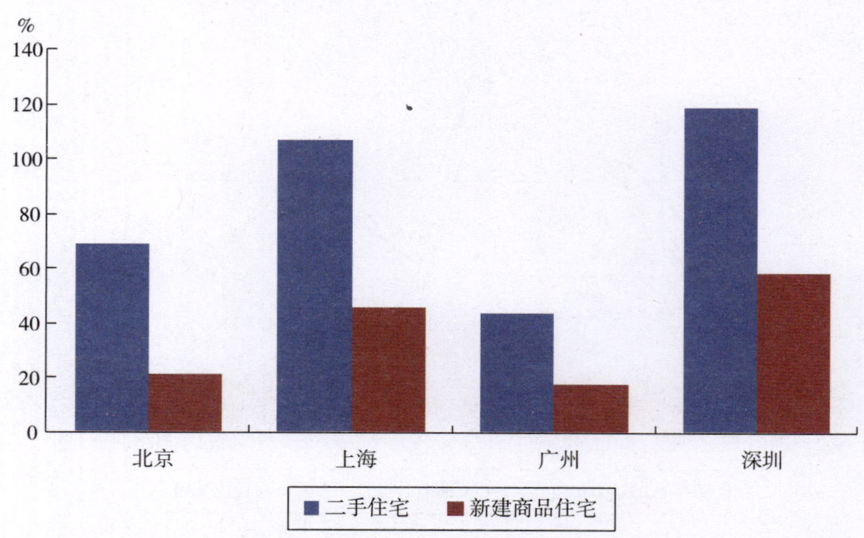

数据来源：各地房管局、中房指数研究院。

图2.21 2015年一线城市二手住宅、新建商品住宅销售面积同比增速

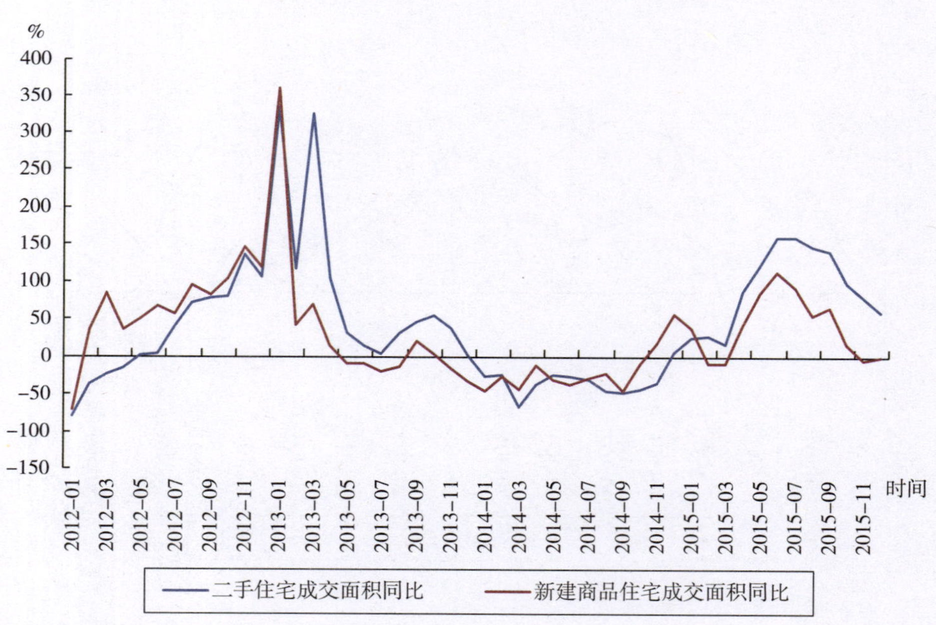

数据来源：各地房管局、中房指数研究院。

图2.22 2012～2015年一线城市二手住宅、新建商品住宅销售面积当月同比增速

二手住宅价格有所上涨，深圳涨幅最为显著。二手住宅成交量的大幅增长，带动二手住宅价格明显回升，其中，深圳的涨幅最大。2015年12月，北京、上海、广州和深圳二手住宅价格同比分别上涨20.8%、11.7%、11.7% 和42.6%。与新建商品住宅相比，北京、广州二手住宅价格涨幅高于新建商品住

宅，上海、深圳二手住宅价格涨幅低于新建商品住宅。

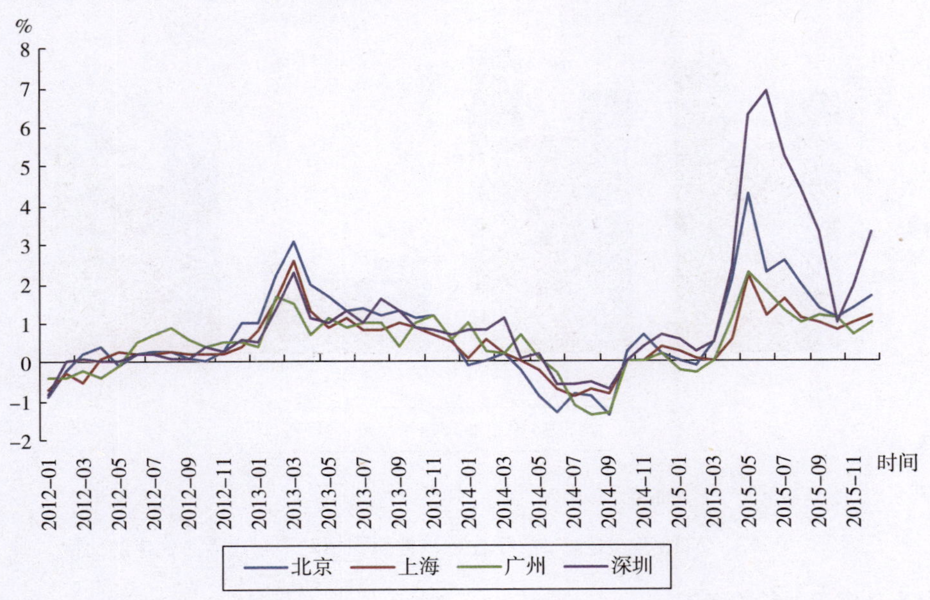

数据来源：国家统计局、Wind数据库。

图2.23 2012～2015年一线城市二手住宅价格环比变化情况

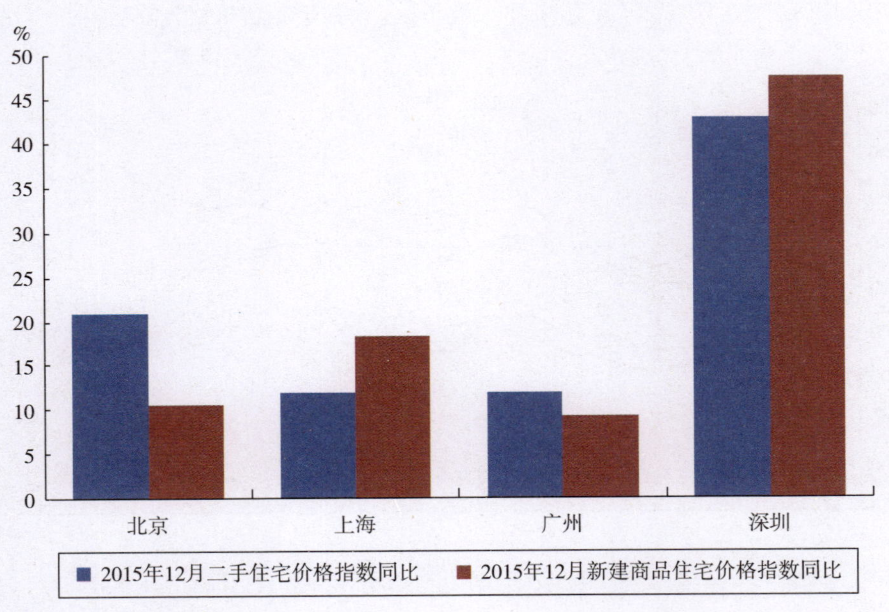

数据来源：国家统计局、Wind数据库。

图2.24 2015年年底一线城市二手住宅和新建商品住宅价格同比变化情况

二手住宅销售面积相对于新建商品住宅的比值有所上升。2015年，北京、上海、广州、深圳的二手住宅销售面积分别是新建商品住宅销售面积的2.0倍、2.1倍、0.6倍、1.6倍，均高于2014年。其中，北京、上海已高于2013年的峰值水平。

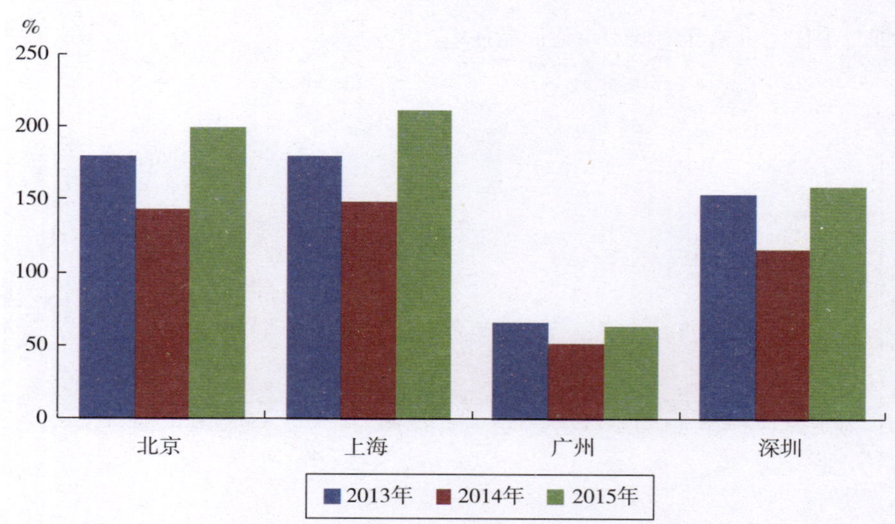

数据来源：各地房管局、中房指数研究院。

图2.25　2013～2015年一线城市二手住宅销售面积相对于新建商品住宅的比例

2.一线城市住宅租赁价格情况

住宅租赁价格整体较为平稳。2015年12月，北京、上海、广州和深圳的住宅租金同比分别上涨3.7%、7.1%、0.1%和6.0%。北京、上海和深圳的租金增速比上年同期提高3.2个、0.3个和3.3个百分点，广州比上年回落3.2个百分点。从全年来看，北京、上海住宅租赁价格先降后升，广州自9月开始持续小幅下降，深圳呈小幅波动上行趋势。

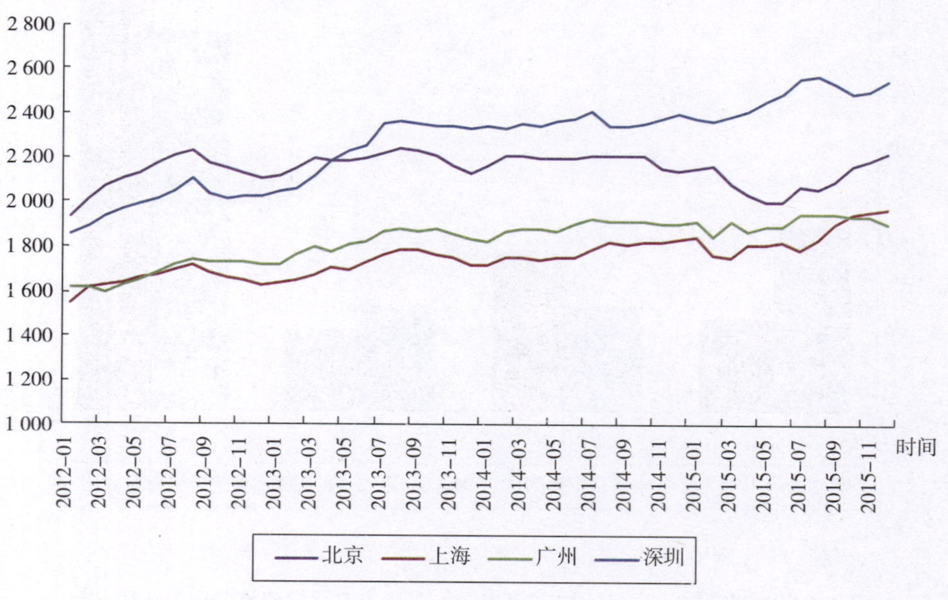

数据来源：中房指数研究院。

图2.26　2012～2015年一线城市住宅租赁价格指数

（以北京市2005年12月为基期，基期指数为1 000）

三、保障性住房

国务院高度重视以棚户区改造为重点的住房保障工作。2015年6月，李克强总理主持召开了国务院常务会议，讨论确定了棚改三年计划。会后，国务院印发了《关于进一步做好城镇棚户区和城乡危房改造及配套基础设施建设有关工作的意见》（国发〔2015〕37号）。10月，张高丽副总理召开全国电视电话会议，对推进棚改工作进一步提出了明确要求。

（一）多措并举推动保障性住房相关工作

多渠道落实棚改资金。2015年，国家发展改革委、财政部共安排下达棚改和公租房中央补助资金2 180亿元，国家发展改革委安排棚改专项建设基金905亿元，人民银行对国家开发银行发放抵押补充贷款（PSL）6 564亿元。与此同时，人民银行、中国银监会等部门明确了国家开发银行、中国农业发展银行等金融机构信贷支持棚改政策，全年国家开发银行发放棚改贷款7 509亿元，中国农业发展银行发放棚改贷款313亿元。此外，截至2015年年末，银行间债券市场累计发行棚户区改造债务融资工具591亿元，涉及98个棚改项目；保障房债务融资工具1 482.0亿元，涉及387个募投项目，91.6万套保障房。

加强监督检查。国务院督查组组织有关部门赴河南、山东对公租房分配入住情况进行督查。10月，根据国务院领导的批示要求，住房城乡建设部和国家发展改革委会同相关部门对部分地区开展了棚改专项督查，督促加快建设进度、提高贷款资金使用效率、规范资金使用等。

大力推进棚改货币化安置。住房城乡建设部经与国家开发银行积极协商，取消了贷款资金用于货币补偿的比例不能超过40%的限制。发展改革委在安排配套基础设施补助时，明确对棚改货币化安置项目予以支持。此外，住房城乡建设部分别与国家开发银行、中国农业发展银行联合印发文件，督促各地努力提高棚改货币化安置比例，并加大对货币化安置项目的贷款支持。

推进政府购买棚改服务工作。为落实国发〔2015〕37号文件精神，住房城乡建设部、财政部、国家发展改革委等部门积极创新棚改融资方式，采取有效措施启动政府购买棚改服务工作。住房城乡建设部联合国家开发银行，建立政府购买棚改服务半月报制度、启动2016～2017年度政府购买棚改服务项目贷款评审工作，部署各地全面实施政府购买棚改服务，总结吉林、河南等地区推行政府购买棚改服务的经验做法要求各地学习借鉴。

（二）保障性住房建设工作进展及下一年目标

2015年《政府工作报告》明确，保障性安居工程新安排740万套，其中，棚改580万套，较2014年增加了110万套。全年实际新开工783万套，基本建成772万套，完成投资1.54万亿元，圆满完成年度目标任务。其中，各类棚户区改造开工601万套，完成投资1.2万亿元，棚改货币化安置180万套，占任务总量的29.9%。下一步，将按照2016年《政府工作报告》的要求，实现全年棚户区改造600万套，并指导各地切实提高棚改货币化安置比例。

四、商业地产市场

1999年以来，商业营业用房开发投资同比增速长期维持在较高水平，表现一直优于房地产整体开发投资增长情况。2015年，受经济增速放缓、电子商务冲击、部分区域空置率上升等的影响，商业地产投资增速自2014年起逐渐下行，2015年延续下行态势，已接近零增长。

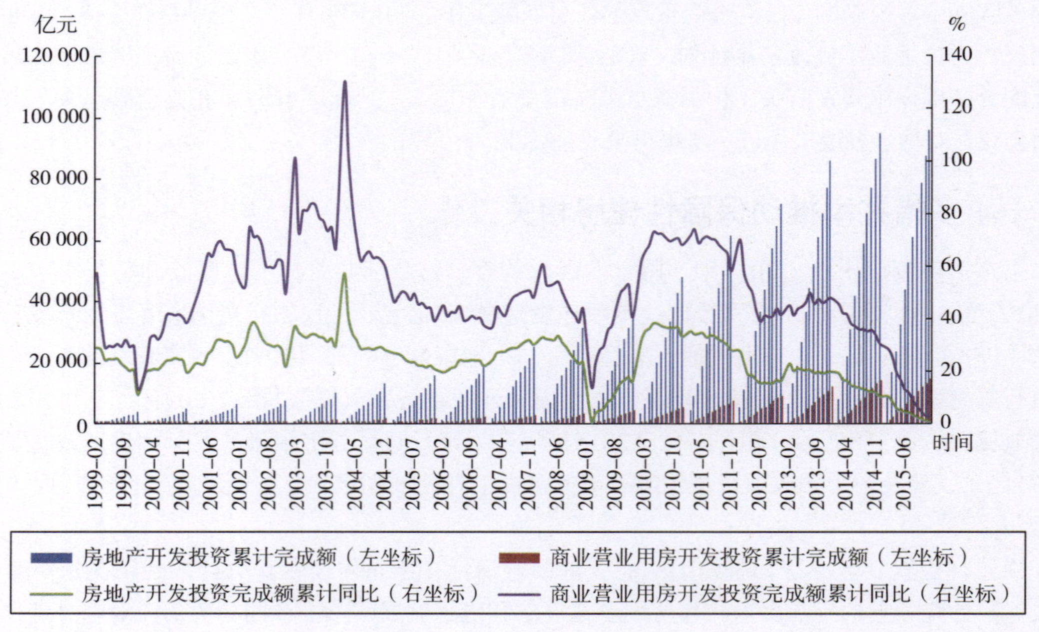

数据来源：国家统计局。

图2.27　1999～2015年全国房地产和商业营业用房开发投资完成情况

根据使用用途划分，商业地产分为写字楼、零售物业（含购物中心等大型商业及普通商铺）、工业物业及酒店物业。

（一）写字楼市场

1. 供需分析

据世邦魏理仕统计，2013～2015年，全国一线城市及主要区域中心城市①的优质写字楼合计新增供应量分别为481万平方米、444万平方米和733万平方米。其中，区域中心城市新增占比较高，2014年、2015年占比分别为70.5%和56.7%。分城市来看，2015年，深圳优质写字楼新增供应量110万平方米，为一线城市中的最高，北京新增40万平方米，为一线城市中的最低；在主要区域中心城市中，成都、重庆、沈阳新增供应规模相对较高，2015年分别达97万平方米、90万平方米和70万平方米。

① 据世邦魏理仕，10个主要区域中心城市包括天津、沈阳、大连、南京、杭州、青岛、武汉、重庆、成都、宁波10个城市，世邦魏理仕根据地段、配置、升值空间等标准评价优质写字楼资源。

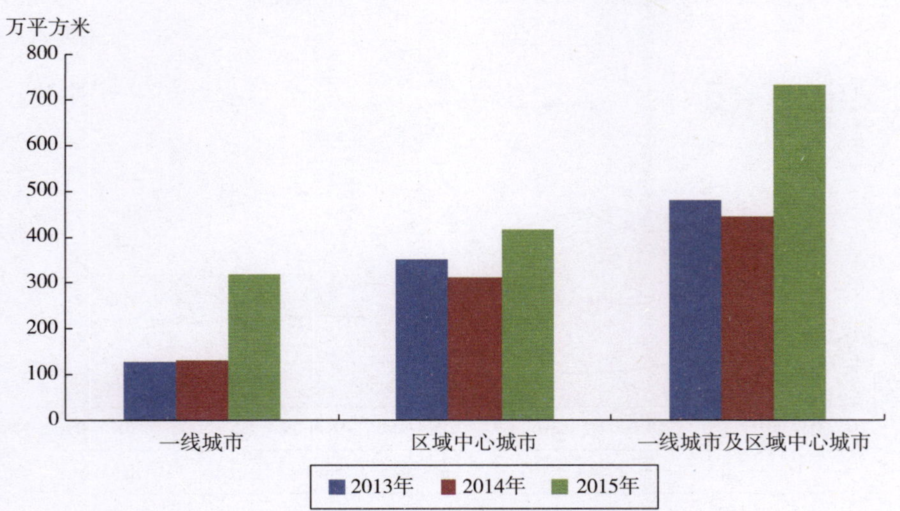

数据来源：世邦魏理仕。

图2.28 2013～2015年一线城市及区域中心城市优质写字楼新增供应量

写字楼空置情况一线城市与区域中心城市表现差异较大。近年来，一线城市空置率始终保持在相对较低水平并呈现一定下降趋势。据世邦魏理仕统计，2015年一线城市优质写字楼平均空置率为7.4%，分别较2014年和2013年下降0.1个和0.4个百分点。其中，北京、上海、深圳、广州写字楼空置率分别为6.1%、5.3%、7.0%和11.2%。主要区域中心城市空置率相对较高。2015年，10个区域中心城市平均空置率为22.5%，整体出租情况弱于一线城市，其中，大连、南京的优质写字楼需求相对较好，空置率分别为7.8%和10.5%，而重庆、成都、沈阳因新增供应较多，空置率分别高达39.1%、36.8%和33.2%。

写字楼①销售情况有所改善，库存压力仍存。2015年，全国办公楼销售面积及销售额同比分别上升16.2%和26.9%，销售情况有所改善，但待售库存规模仍然较大，库存压力仍存。2015年年末，全国办公楼待售面积3 276.1万平方米，同比增长24.7%。城市方面，一线城市库存增速较缓，2015年年末，北京、上海、深圳、广州办公楼待售面积分别为332.5万平方米、285.6万平方米、14.7万平方米、80.3万平方米，其中，北京、上海办公楼待售面积分别同比增长8.2%、8.9%，深圳、广州则分别同比下降8.5%和10.1%，区域中心城市办公楼库存分化较大，例如，2015年杭州、重庆办公楼待售面积分别同比增长37.5%和39.0%，而天津、武汉则同比下降20.3%和28.5%。

① 为统一称呼，此处写字楼指代办公楼。

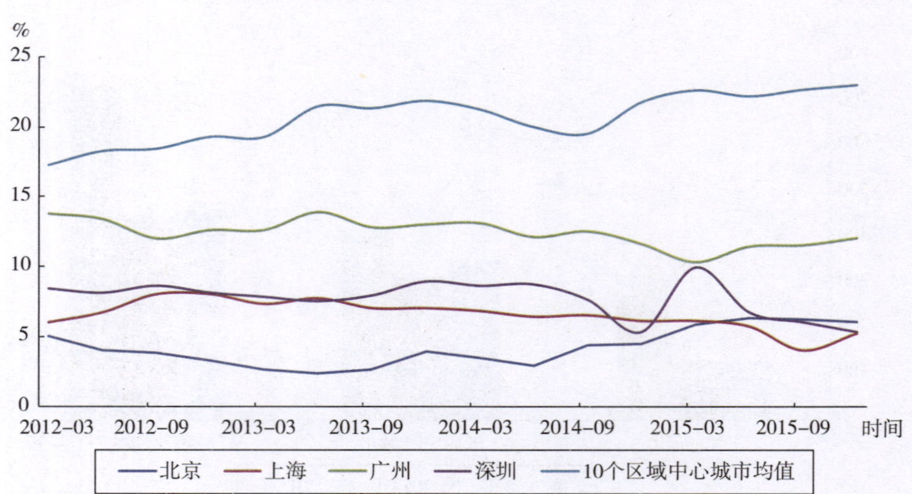

数据来源：世邦魏理仕。

图2.29　2012～2015年一线城市及10个区域中心城市优质写字楼空置率

2. 租金分析

2015年，全国写字楼租金水平整体相对平稳，但呈现一定分化，其中，一线城市处相对高位并小幅上涨，区域中心城市仍处低位，存在小幅波动。2015年第四季度，北京、上海、广州和深圳四个一线城市优质写字楼平均租金分别为425元/平方米/月、288元/平方米/月、136元/平方米/月和196元/平方米/月，广州同比小幅下降0.3%，北京、上海、深圳同比分别上涨0.2%、5.4%和7.0%。区域中心城市平均租金同比上涨0.2%，其中，天津、沈阳、大连、成都同比分别下降2.4%、0.9%、0.5%和7.5%，武汉与上年同期持平，而南京、杭州、青岛、重庆、宁波租金水平则同比分别上涨5.5%、1.8%、1.2%、1.7%和2.3%。

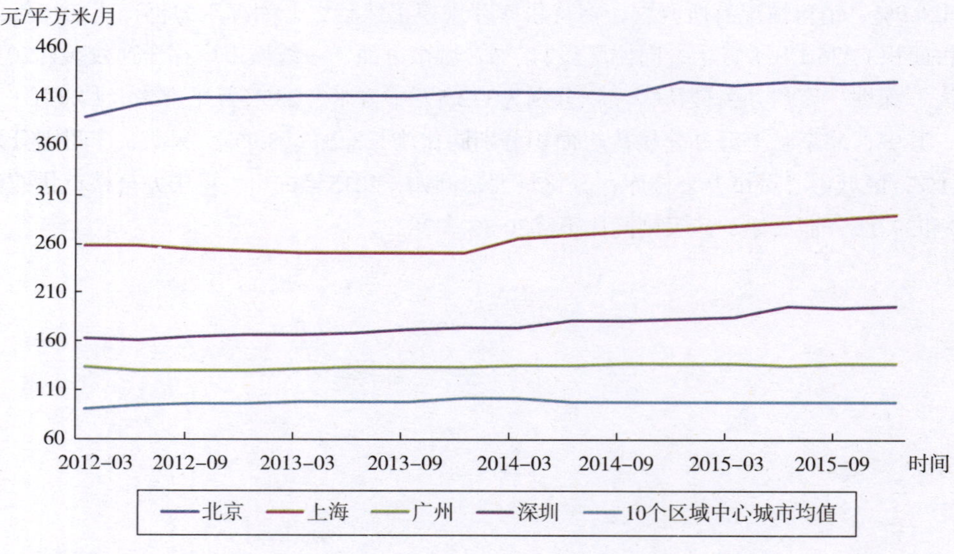

数据来源：世邦魏理仕。

图2.30　2012～2015年一线城市及10个区域中心城市优质写字楼租金水平

（二）零售物业市场

1. 供需分析

2015年，部分区域中心城市零售物业新增供应赶超一线城市。一线城市中广州、深圳优质零售物业新增供应量分别为48.5万平方米和47.0万平方米，在区域中心城市中，武汉、重庆、青岛的优质零售物业新增供应量分别为87.0万平方米、63.1万平方米和58.5万平方米。

近年来，零售物业调整升级趋势明显，新兴零售业态发展较快，在前期深度调整的基础上，2015年传统零售关店数量有所减少。根据零售专业网站联商网统计，2015年，全国主要传统零售企业（百货、超市）关店138家，较2014年减少63家。仲量联行统计数据显示，在过去的五年里，国内购物中心总量以年均20%左右的速度增长，其中，二三线城市增长更快，传统百货正逐步让位于购物中心等新兴零售业态。2015年全国大中型购物中心开业407家，其中，华东地区开业183家。

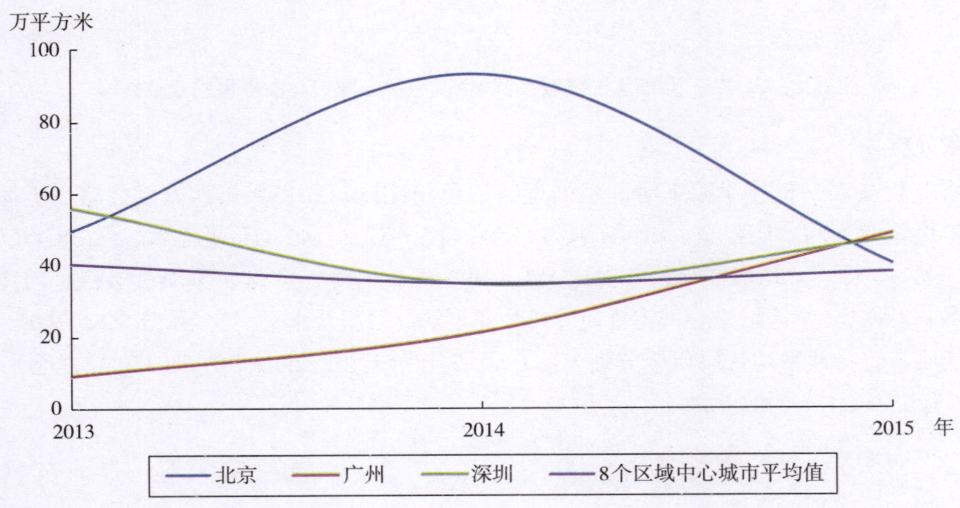

数据来源：世邦魏理仕。

图2.31 2013~2015年部分一线城市及8个区域中心城市[①]
优质零售物业新增供应量

零售物业空置率小幅上升，城市分化显著。2015年年末，4个一线城市及8个区域中心城市优质零售物业平均空置率为7.8%，比上年同期上升0.29个百分点。在一线城市中，北京、深圳的空置率分别为4.8%、6.6%，比上年同期分别下降2.2个、0.1个百分点；上海、广州的空置率分别为7.1%、9.6%，比上年同期分别上升0.5个、4.4个百分点。区域中心城市平均空置率为8.1%，比上年同期上升0.11个百分点，其中，重庆、天津的空置率比上年同期分别上升2.8个、3.6个百分点，沈阳空置率有所下降，但仍维持在13.9%的相对高位。

① 8个区域中心城市：考虑到数据充足性，此处样本中心城市相对于上文10个区域中心城市样本剔除了大连市、成都市。

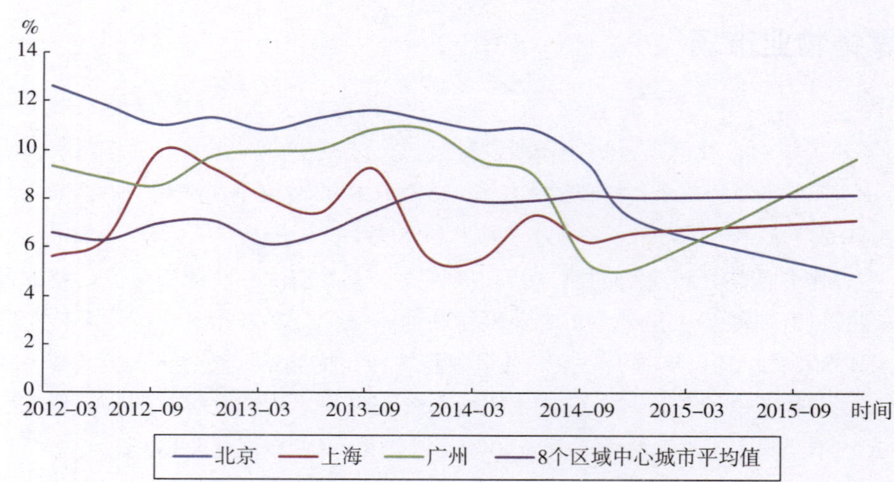

数据来源：世邦魏理仕。

图2.32　2012～2015年一线城市及8个区域中心城市优质零售物业空置率

2. 租金分析

零售物业租金水平整体小幅下滑。根据世邦魏理仕统计，2015年第四季度北京、上海、广州、深圳优质零售物业平均首层租金①水平分别为35.9元/平方米/天、42.4元/平方米/天、38.4元/平方米/天和26.3元/平方米/天，除北京首层租金同比上升1.99%外，上海、广州、深圳首层租金同比分别下降3.2%、6.6%和2.6%。8个区域中心城市优质零售物业平均首层租金水平同比下降2.5%，其中，天津、宁波、武汉优质零售物业平均首层租金分别为18.0元/平方米/天、22.6元/平方米/天和13.2元/平方米/天，同比分别下降6.3%、8.1%和9.0%。

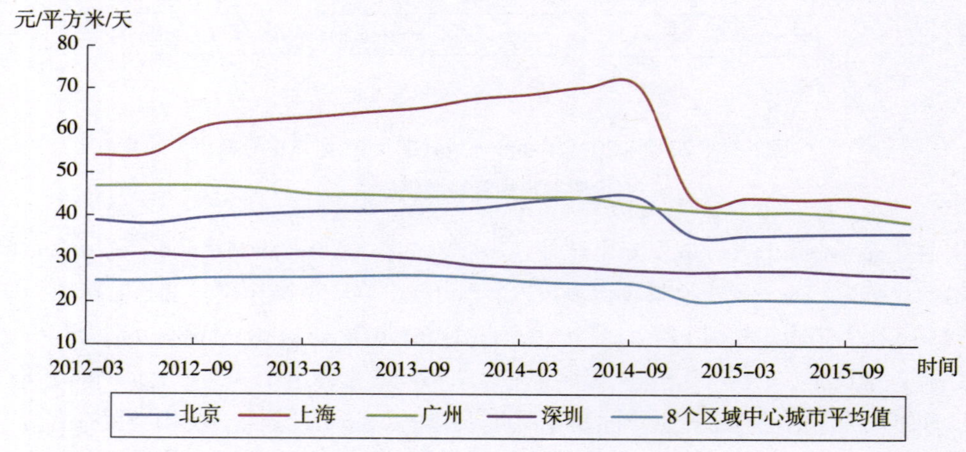

数据来源：世邦魏理仕。

图2.33　2012～2015年一线城市及8个区域中心城市优质零售物业首层租金

① 首层租金是指商铺首层（地上临街第一层）的租金。商铺的不同楼层租金差异明显，其中，首层租金最高，较为典型地代表了商铺的租金水平，二层租金低于首层租金，地下一层租金更低。

（三）工业地产市场

近年来，伴随各地工业产业园区的蓬勃发展以及房地产企业加快进入工业地产领域，我国工业地产市场趋于活跃。据国土资源部数据，2015年，全国100个大中城市工业用地供应数量6 887宗，占地面积3.01亿平方米，分别占全部土地供应的50.3%和51.2%；工业用地成交5 645宗，成交土地占地面积2.4亿平方米，分别占全部土地成交的49.1%和49.8%；工业用地月平均价格为299.9元/平方米，同比小幅上涨0.8%。

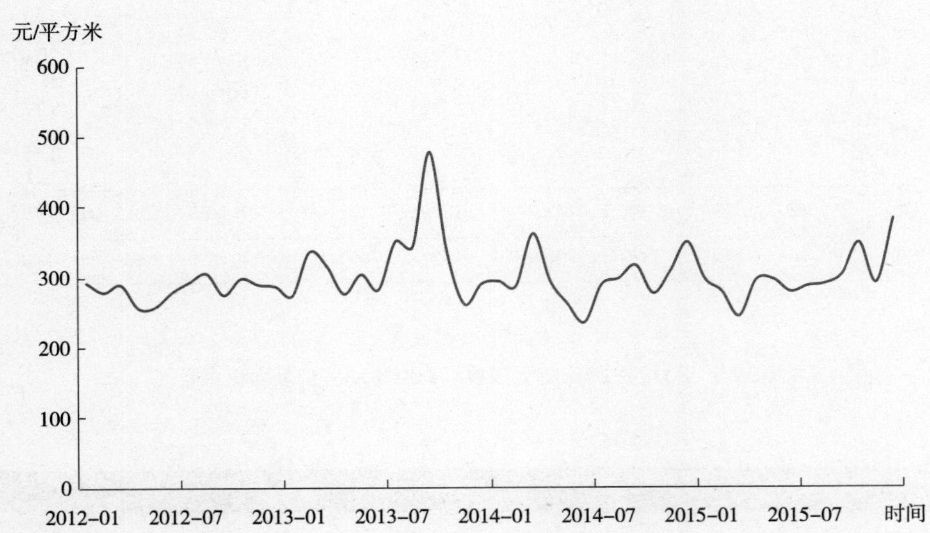

数据来源：各地国土局。

图2.34　2012～2015年100个大中城市工业用地楼面均价

（四）酒店物业市场

国家旅游局星级饭店统计管理系统数据显示，截至2015年年末，全国共有星级酒店12 327家，比上年同期减少476家。在一线城市中，上海星级酒店数量较上年持平，北京、广州、深圳星级酒店数量分别比上年同期减少94家、37家、3家。

星级酒店总量减少的同时，酒店企业也在积极调整结构。其中，国际品牌三星级及以上标准酒店新开业93家，国内三星级及以上标准酒店新开业56家；经济型酒店中的龙头企业扩张加快，如家、汉庭快捷酒店分别新开业313家、355家，截至2015年年末，分别在全国355个城市和352个城市拥有2 922家酒店和2 003家酒店。

星级酒店平均房价小幅上涨，但平均出租率有所下降。2015年第四季度，星级酒店平均房价同比上涨1.7%。其中，四星级和五星级酒店平均房价同比分别下降1.7%、2.9%，二星级和三星级酒店平均房价则同比分别增长2.7%、0.6%。星级酒店平均出租率有所下降。第四季度平均出租率降至55.6%，比上年同期下降0.4个百分点。分城市看，一线城市星级酒店出租率均高于全国平均水平，其中，深圳、上海星级酒店平均出租率位列全国50个重点旅游城市中的前10名，其余城市中长沙、福州等城市表现较好，分别位居第1名、第2名，拉萨、西宁等城市则位列最后，星级酒店出租率分别为36.7%、37.6%。

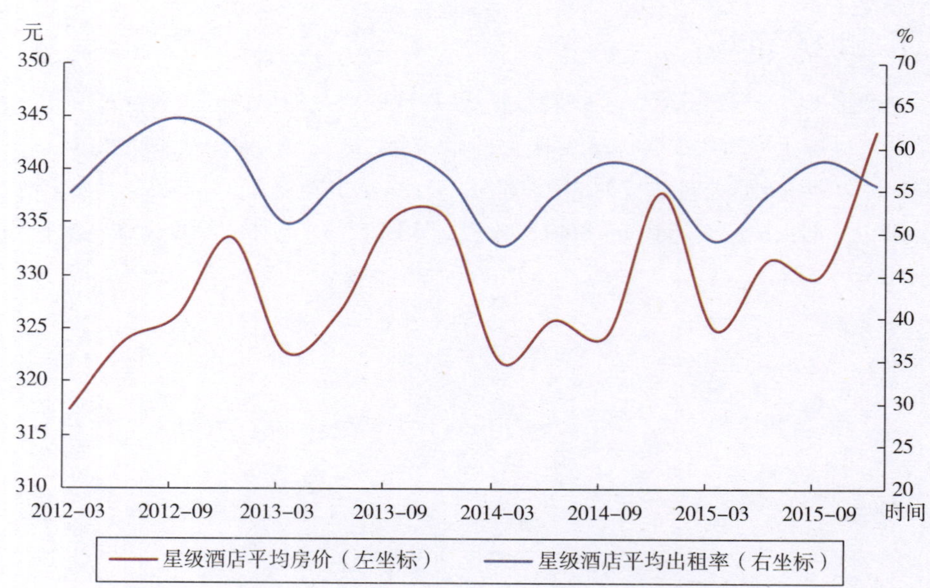

数据来源：国家旅游局。

图2.35　2012～2015年全国星级酒店平均房价及出租率表现

专栏二

宏观审慎管理框架下各国（地区）LTV政策比较

一、LTV政策概述

LTV①是与我国购房贷款首付比相对应的概念。具体计算方法为：LTV=100%-购房贷款首付比例。比如，我国银行如果执行30%的房贷首付比例要求，那么相应的LTV为70%。为叙述方便，后文遵照国际惯例，使用LTV一词。

从国际经验来看，调整LTV是宏观审慎监管政策的重要组成部分。相对于以往单纯抑制或刺破房地产泡沫的货币、财政政策而言，LTV政策既降低了房地产泡沫发生的可能性，又强化了金融体系应对房地产市场冲击的能力。不仅如此，部分国家还利用这一政策工具支持低收入群体购房。实证研究表明，LTV对抑制贷款（特别是房地产部门贷款）的过快增长和以房地产为主导的资产价格上涨具有重要作用。另外，此类政策工具基本不会引起实体经济衰退，极大地降低了调控成本（IMF，2011）。

二、主要发达国家（地区）LTV政策执行情况

（一）英国

自1980年起，英国购房者可获得的贷款额度长期处于较高水平，LTV比例至少在90%以上。其

① LTV是英文Loan to Value的缩写，即贷款价值比。

中，1980～1997年，平均LTV比例高达95%，甚至一度出现零首付购房。2008年国际金融危机后，商业银行和放贷机构收紧了放贷条件，取消了零首付。2009～2010年，LTV平均比例迅速降至75%左右（Dmitry Kuvshinov，2010）。此后，受不断蔓延的欧债危机的影响，英国经济持续低迷，房地产市场不断萎缩。为帮助数以万计的家庭购买住房，刺激低迷的房地产市场，英国政府先后推出针对首次购房者和二次购房者的“新购”政策。英国目前自住购房执行的LTV最高为95%，而投资购房的LTV相对较低，至多不超过75%。商业银行对不同的客户有不同的首付比要求，常见的比例有90%、85%、80%等。此外，英国政府为以5%首付购买住房的购房者向银行提供贷款担保。如果购房者无法按照合同规定偿还贷款，政府将分担部分风险。

（二）加拿大

在发达国家中，加拿大明确将LTV政策作为宏观审慎管理的重要工具之一。1950年左右开始，加拿大房贷LTV一般在75%～80%。为资助个人贷款购房，1975年左右，政府鼓励金融机构以95%的LTV向首次购置低价住房的家庭提供35年期的贷款，并由政府提供担保。1992年，加拿大通过“首次购房贷款保险项目”，为LTV为95%的住房贷款提供担保。2008年国际金融危机后，加拿大房贷LTV有所下降。2010年4月，加拿大政府规定投资购房的LTV最高为80%。2013年加拿大政府进一步收紧房贷政策。

目前，加拿大对于不同借款人有不同的LTV要求：有稳定工资收入的借款人LTV最高可达95%；有自雇收入证明或营业证明的自雇人士最高可达90%；但常见的比例水平是80%，执行这一比例只要求提供商业银行认可的收入证明即可；对于自由职业者、留学生和新移民，如果没有充分的收入证明，银行一般要求的LTV最高为65%，并可能附加其他条件；外籍人士则通常需要接受最低可达50%的LTV。在加拿大，若购房LTV超过80%，通常还需要购买政府规定的贷款保险。保费额度因借款金额和LTV的不同存在差异（Ivo Krznar 和 James Morsink，2014）。此外，从2013年开始，为了限制降低首付人士的最高借款额，加拿大政府将最长偿还期从三十年减少到二十五年（IMF，2013）。

（三）韩国

2000年以来，韩国房地产市场经历了两个完整的周期，房价和住宅抵押贷款规模同时出现大幅波动，考虑到房地产价格上涨具有很强的部门性和区域性特征，使用基准利率这样的传统货币政策工具难以收到很好的效果，韩国于2002年起逐渐将包括LTV、DTI比例在内的审慎监管手段引入房地产市场。表2.1列示了韩国政府于2002年引入LTV工具以来至2012年的历次LTV调整情况。

表2.1 韩国LTV调整时间表

调整时点	LTV	政策适用范围	调整方向
2002年9月	执行比例为60%	商业银行	引入政策
2003年6月	对贷款期限在3年以下，且所购房屋位于投机严重地区的贷款执行比例为50%	商业银行	收紧
2003年10月	对贷款期限在10年以下，且所购房屋位于投机严重地区的贷款执行比例为40%	商业银行	收紧

续表

调整时点	LTV	政策适用范围	调整方向
2004年3月	对贷款期限10年以上的房贷；即将在1年内到期且仅剩利息需要支付的贷款执行比例为70%	所有金融机构	放松
2005年6月	对贷款期限在10年以下，且所购房屋位于投机严重地区、价值6亿韩元以上的贷款执行比例为40%	商业银行	收紧
2006年11月	对贷款期限在10年以下，且所购房屋位于投机严重地区、价值6亿韩元以上的贷款执行比例为50%	所有金融机构	收紧
2008年11月	除“江南三区”外，其他区域不再被视为“投机严重地区”	所有金融机构	放松
2009年7月	在市中心区域购买价值6亿韩元以上的贷款执行比例为50%	商业银行	收紧
2009年10月	将2009年7月的政策适用范围扩大至所有金融机构	所有金融机构	收紧

资料来源：IMF研究报告，2012。

（四）中国香港

中国香港LTV政策演变历史可以分为四个阶段：

第一阶段1997年以前。1991年以前，经香港金融管理局授权，金融机构发放的住房按揭贷款LTV上限可达到90%。1991年11月，为防范住房抵押贷款的潜在风险，金融管理局发布指引，将LTV降至70%。香港银行同业经过协商自愿接受70%的LTV上限。此后LTV最高70%的规定被当时的中国香港政府确立为银行审慎经营的一项标准；1995年11月，正式通过立法将LTV最高比例70%确定为一项长期监管政策。

第二阶段1997～1999年。1996年中国香港房地产价格迅速攀升，地产投机行为和住房按揭贷款规模激增。在此背景下，为应对潜在的金融风险，香港金融管理局于1997年1月28日发布指引，要求商业银行将市值1 200万港元以上的豪华型住宅的LTV最高比例降至60%。

第三阶段1999～2008年。为了稳定亚洲金融危机后的香港楼市，中国香港政府于2001年10月宣布将豪华型住宅的LTV再次提高到70%。同时，香港金融管理局还允许商业银行对负债率达100%的住房按揭贷款人贷款。尽管政策有所放松，但是这并未改变LTV最高比例70%这一长期的审慎监管标准。

由于亚洲金融危机以后居民收入出现大幅下降，为了保证香港居民的住房购买力，1999年香港按揭贷款公司（Hong Kong Mortgage Corporation，HKMC）①开展了按揭贷款保险项目（Mortgage Insurance Programme，MIP）：对于满足MIP要求并投保的借款人，LTV可以提高到90%。

第四阶段2009年至今。自2009年开始，受世界主要国家央行宽松货币政策和外资流入迅速增加的影响，中国香港房地产价格再次大幅上涨。对此，香港金融管理局于2009年10月发布指引，要求商业银行将价值2 000万港元以上的豪华型住宅的LTV降至60%。2010年8月，香港金融管理局将LTV60%这一要求扩大至市值1 200万港元以上的豪华型住宅。11月，香港金融管理局提出以下

① 该机构设立于1997年，隶属于中国香港政府，其成立目的在于：（1）缓解银行住房按揭贷款的流动性风险、降低住房按揭贷款集中度；（2）帮助更多居民拥有住宅；（3）推动MBS业务发展。

要求：（1）将市值1 200万港元以上的豪华型住宅的LTV最高值由60%降至50%；（2）将市值800万～1 200万港元的住宅的LTV最高值由70%降至60%；（3）市值800万港元以下的住宅LTV最高值维持70%的水平；（4）将非居住用房的LTV最高值一律降至50%。

第三章

FANGDICHAN KAIFA DAIKUAN

房地产开发贷款

按照房地产信贷政策导向及商业银行房地产开发贷款管理要求，2015年，商业银行在防范风险的前提下，继续支持资质良好、诚信经营的房地产企业开发建设普通商品住房以及政府土地储备机构收购、整治土地。同时，科学配置信贷资源，重点满足符合条件的棚户区改造和保障房建设项目的合理信贷需求，房地产开发贷款业务保持平稳增长。截至2015年年末，主要金融机构[①]房地产开发贷款余额为6.5万亿元，同比增长16.1%，其中，地产开发贷款余额为1.5万亿元，房产开发贷款余额为5.0万亿元，分别占各项贷款余额的1.6%和5.3%。

地产开发贷款主要由土地储备贷款构成，土地储备机构借入贷款资金用于土地收购、储备和前期开发。2015年，商业银行继续加强土地储备融资管理，在省级财政部门核准的年度可融资规模之内，向列入名录的土地储备机构发放并管理土地储备贷款；在房产开发贷款上继续支持符合条件的普通商品住房、棚户区改造和保障房等住房项目建设。2015年，地产开发贷款平稳增长，但增速出现明显下滑，年末地产开发贷款余额同比增长12.8%，增速比上年年末下降12.9个百分点；房产开发贷款增速全年维持在较高水平，上半年小幅上升后，下半年有所回落，年末房产开发贷款余额同比增长17.9%，增速比上年同期回落3.8个百分点。

一、地产开发贷款

（一）全国情况

1. 余额及增长情况

地产开发贷款余额平稳增长。2015年年末，地产开发贷款余额为1.5万亿元，同比增长12.8%，比上年同期低12.9个百分点。其中，政府土地储备机构贷款余额为1.4万亿元，同比增长13.4%。

① 主要金融机构（下同）包括中资银行（不含村镇银行）、城市信用合作社、农村信用合作社和外资银行。

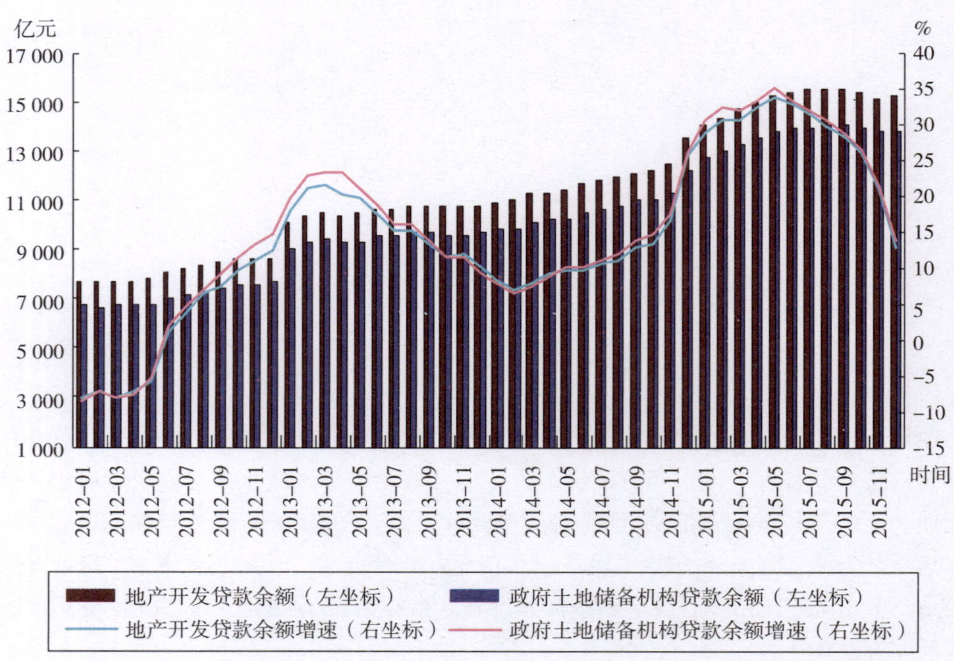

数据来源：中国人民银行。

图3.1　2012～2015年全国地产开发贷款余额及其增速

分月度来看，2015年地产开发贷款余额增速与各项贷款余额增速相比，呈现先高后低的趋势。前11个月，地产开发贷款余额始终高于各项贷款增速；但年末地产开发贷款余额增速低于各项贷款增速1.5个百分点。

2015年，新增地产开发贷款1 684.5亿元，同比少增1 052.5亿元。从月度新增额来看，1月新增额最高为455.1亿元，10月新增额最低为–208.4亿元。

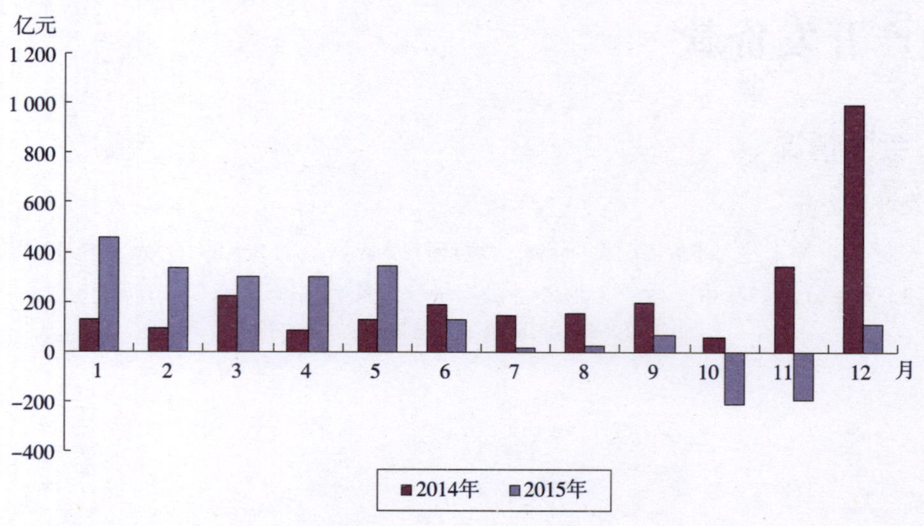

数据来源：中国人民银行。

图3.2　2014～2015年全国地产开发贷款月度新增额

2015年年末，中资大型银行[①]地产开发贷款余额为5 084.2亿元，占全国的33.4%，比2014年年末低3.3个百分点；中资中型银行[②]地产开发贷款余额为8 328.5亿元，占全国的54.8%，比2014年年末高3.6个百分点；中资小型银行[③]地产开发贷款余额为1 761.4亿元，占全国的11.6%，比2014年年末低0.2个百分点；城市和农村信用社及外资银行地产开发贷款余额为27.7亿元，占全国的0.2%，与2014年年末基本持平。

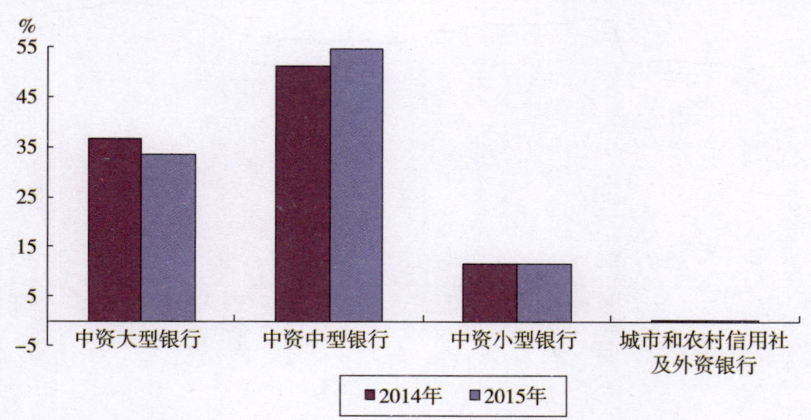

数据来源：中国人民银行。

图3.3 2014～2015年各类金融机构地产开发贷款余额分布情况

2015年年末，有3家商业银行地产开发贷款余额超过1 000亿元，其贷款余额合计为5 898.5亿元，占全国的38.8%。2015年，主要金融机构的地产开发贷款余额增速明显分化，其中，9家商业银行地产开发贷款余额同比下降，最大降幅为22.4%；7家商业银行地产开发贷款同比增速在30%以上。

2. 余额占比情况

2015年，土地储备机构贷款占地产开发贷款的比重较为稳定，全年基本维持在90%～91%。

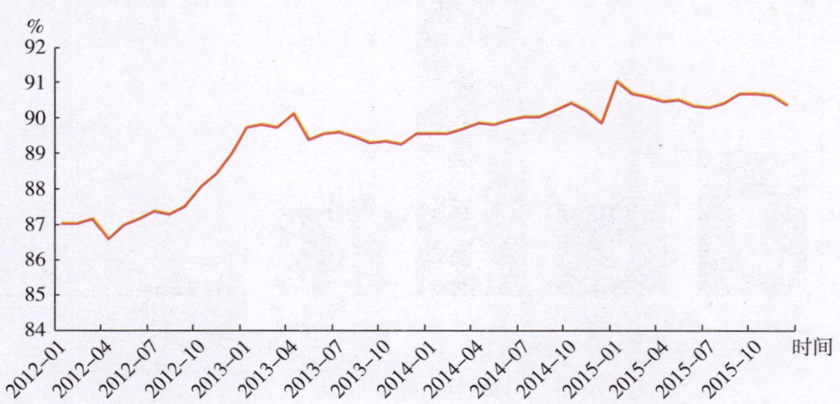

数据来源：中国人民银行。

图3.4 2012～2015年土地储备机构贷款在地产开发贷款余额中占比情况

① 中资大型银行是指本外币资产总量超过2万亿元的中资银行（以2008年年末各金融机构本外币资产总额为参考标准）。

② 中资中型银行是指本外币资产总量小于2万亿元且大于3 000亿元的中资银行。

③ 中资小型银行是指本外币资产总量小于3 000亿元的中资银行。

2015年，地产开发贷款占各项贷款的比重总体保持平稳。2015年年末，主要金融机构地产开发贷款余额占各项贷款余额的1.6%，比上年年末降低0.03个百分点。

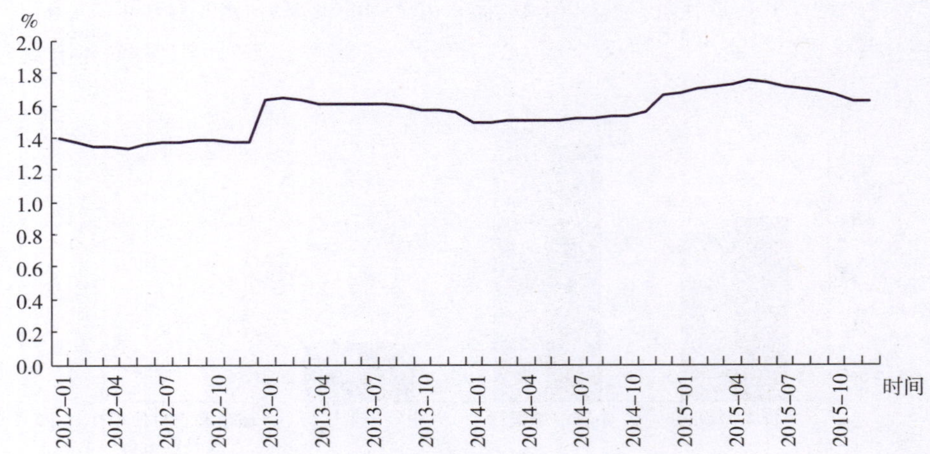

数据来源：中国人民银行。

图3.5　2012～2015年主要金融机构地产开发贷款占各项贷款的比重

2015年年末，中资中型银行地产开发贷款余额占其各项贷款余额的比重达3.8%，高于全国平均水平。中资大型银行、中资小型银行、城市和农村信用社、外资银行地产开发贷款余额占其各项贷款余额的比重均低于全国平均水平。从单个银行来看，地产开发贷款余额占比高于全国平均水平的商业银行有14家，其中，中资大型银行2家、中资中型银行11家、中资小型银行1家，占比最高的达9.0%。

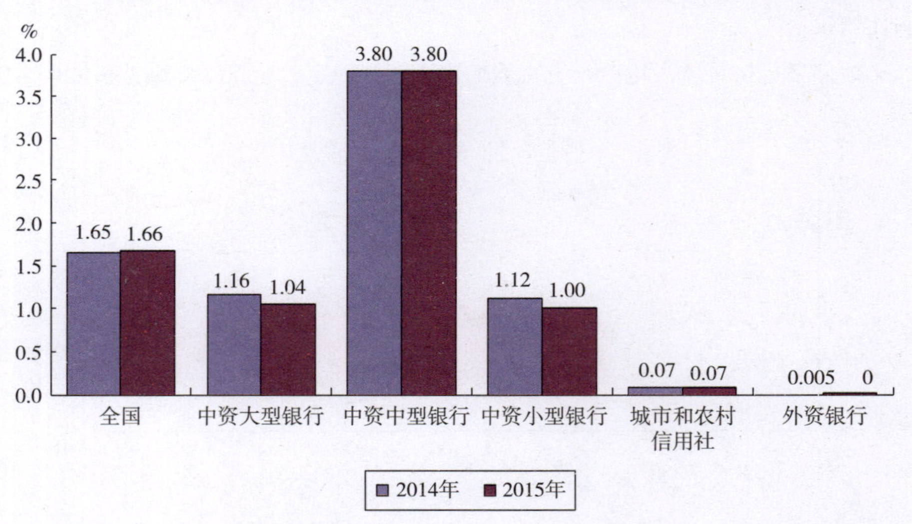

数据来源：中国人民银行。

图3.6　2014～2015年各类金融机构地产开发贷款占其各项贷款的比重

（二）区域结构

2015年年末，东部地区地产开发贷款余额为8 728.5亿元，占全国的57.4%；中部地区地产开发贷款余额为2 800.5亿元，占全国的18.4%；西部地区地产开发贷款余额为3 690.4亿元，占全国的24.2%。与上年相比，东部地区占比下降5.0个百分点，中部、西部地区占比分别提高1.9个和3.1个百分点。2015年，东部、中部、西部地区地产开发贷款余额均实现增长，增速分别为3.8%、25.4%和29.6%；中西部地区地产开发贷款余额增速显著高于东部地区。

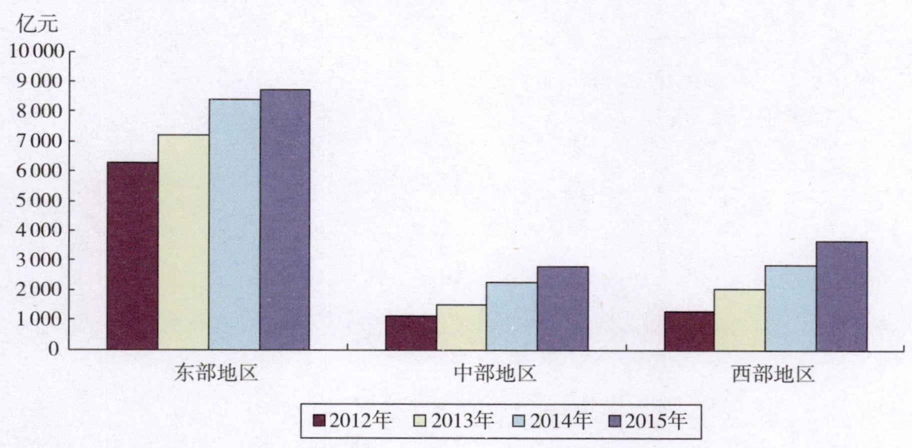

数据来源：中国人民银行。

图3.7 2012～2015年地产开发贷款余额区域分布

2015年年末，30个重点城市[①]地产开发贷款余额占全国的64.2%，北京、上海、重庆、天津、成都、南京、武汉7个城市地产开发贷款余额超过500亿元，余额合计占全国的37.7%。2015年，在30个重点城市中有9个城市地产开发贷款余额增长较快，增速超过全国平均水平，其中，重庆、天津、武汉、福州、青岛、无锡、长沙7个城市地产开发贷款余额增速超过20%。

表3.1 2015年年末30个重点城市地产开发贷款余额占比情况

单位：亿元、%

城市	主要金融机构地产开发贷款余额	主要金融机构各项贷款余额	占比
全国	15 201.7	917 355.9	1.6
北京	1 711.3	50 559.5	3.4
上海	1 103.8	48 090.8	2.3
深圳	1.2	28 223.7	0.004
杭州	230.3	22 395.3	1.0
广州	160.3	22 227.0	0.7
重庆	740.1	22 393.9	3.3
天津	536.4	24 500.9	2.2

① 30个重点城市包括北京、上海、成都、武汉、天津、南京、沈阳、苏州、长春、大连、西安、重庆、广州、无锡、合肥、杭州、南昌、昆明、宁波、福州、哈尔滨、长沙、南宁、石家庄、济南、郑州、深圳、青岛、厦门、太原（下同）。

续表

城市	主要金融机构地产开发贷款余额	主要金融机构各项贷款余额	占比
成都	553.2	21 970.6	2.5
宁波	167.6	14 966.9	1.1
南京	507.7	15 203.4	2.8
苏州	376.4	19 200.1	2.0
武汉	582.9	16 018.3	3.6
福州	173.1	10 638.4	1.6
青岛	91.8	10 771.9	0.9
沈阳	346.0	11 343.8	3.0
无锡	352.7	9 332.3	3.8
郑州	70.8	12 659.5	0.6
大连	357.5	10 696.1	3.3
厦门	7.3	6 714.7	0.1
哈尔滨	104.8	8 492.3	1.2
西安	391.7	13 714.0	2.9
济南	37.0	9 674.2	0.4
石家庄	68.9	6 121.1	1.1
长沙	234.2	11 927.6	2.0
太原	4.0	8 741.0	0.05
长春	292.5	8 840.9	3.3
合肥	142.4	9 636.6	1.5
南宁	104.5	7 674.8	1.4
昆明	152.0	11 976.5	1.3
南昌	174.3	7 376.1	2.4

数据来源：中国人民银行。

（三）土地出让收入与地产开发贷款比较

财政部数据显示，2015年全国缴入国库的土地出让收入为33 658亿元[①]，同比减少9 282亿元，下降21.6%，低于地产开发贷款增速34.4个百分点。2015年年末，全国地产开发贷款余额相当于当年土地出让收入的45.2%，比上年年末提高13.8个百分点。土地出让收入是地产开发贷款的主要还款来源，2015年土地出让收入负增长，不利于商业银行落实地产开发贷款还款来源，需关注相关信贷风险。

① 数据来源于财政部2015年全国土地出让收支情况。

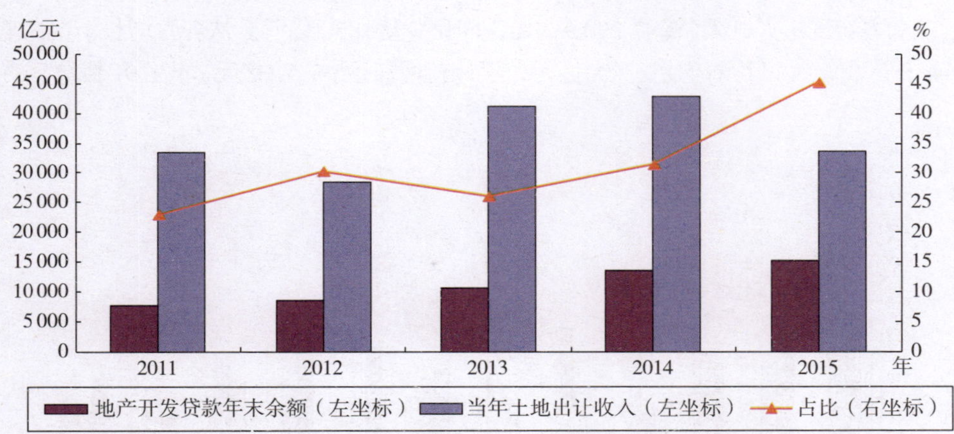

数据来源：中国人民银行、财政部网站。

图3.8 2011～2015年地产开发贷款与土地出让收入比较

二、房产开发贷款

（一）全国情况

1. 余额及增长情况

2015年年末，主要金融机构房产开发贷款余额为5.0万亿元，同比增长17.9%，增速比上年同期回落3.8个百分点。其中，住房开发贷款余额为3.9万亿元，占房产开发贷款的76.7%，同比增长18.6%，增速比上年同期回落5.7个百分点。房产开发贷款与住房开发贷款增速全年维持在较高水平，上半年小幅上升后，下半年有所回落。

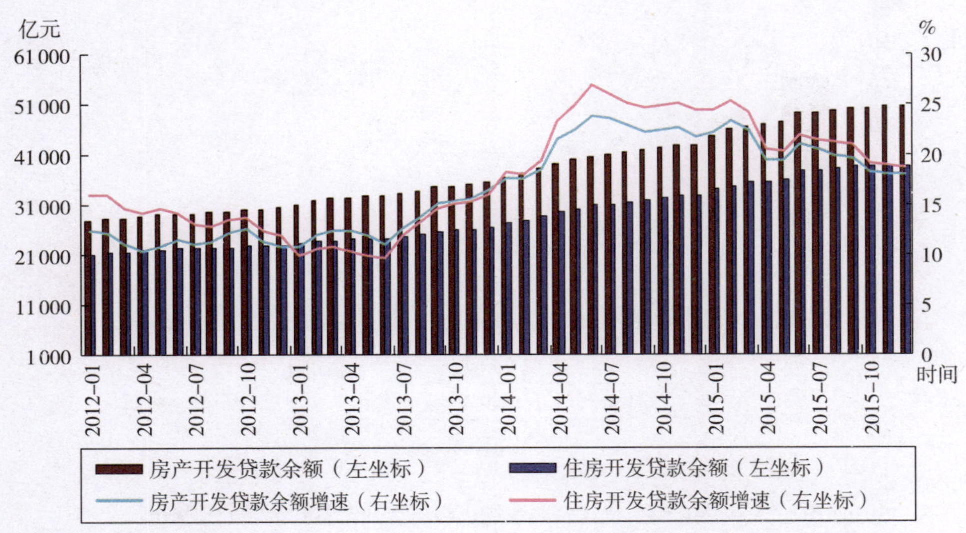

数据来源：中国人民银行。

图3.9 2012～2015年房产开发贷款增长情况

2015年，全国新增房产开发贷款7 290.9亿元，同比少增183.8亿元。从各月增长情况来看，房产开发贷款上半年新增较多，月均新增超过900亿元，累计新增额达5 675.1亿元，占全年新增额的77.8%。

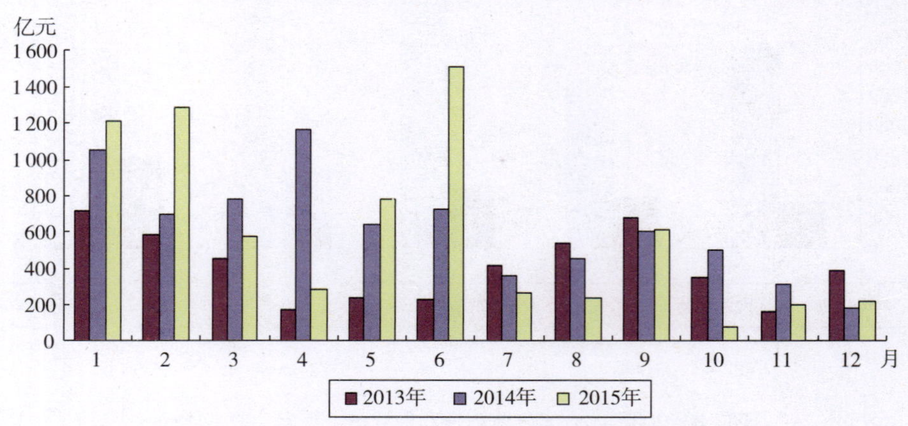

数据来源：中国人民银行。

图3.10 2013～2015年房产开发贷款月度新增情况

2015年年末，中资大型银行房产开发贷款余额为3.1万亿元，占全国[①]的62.4%；中资中型银行房产开发贷款余额为1.0万亿元，占全国的20.4%；中资小型银行、城市和农村信用社房产开发贷款余额合计占全国的15.1%；外资银行占2.1%。与2014年相比，中资大型银行、小型银行房产开发贷款余额占比分别提高0.7个和0.6个百分点，中资中型银行及外资银行房产开发贷款余额占比分别下降0.9个和0.4个百分点，城市和农村信用社房产开发贷款余额占比持平。

2015年年末，全国有10家商业银行房产开发贷款余额超过1 000亿元，余额合计3.6万亿元，占全国的72.0%。此外，有12家商业银行房产开发贷款余额比2014年年末减少，15家商业银行房产开发贷款余额同比增速低于全国平均水平。

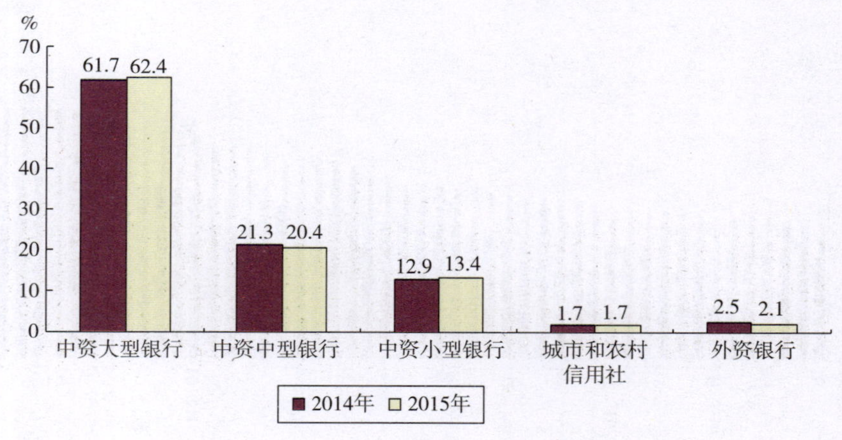

数据来源：中国人民银行。

图3.11 2014～2015年各类金融机构房产开发贷款余额分布情况

① 包括中资大型银行、中资中型银行、中资小型银行、城市和农村信用社及外资银行发放的房产开发贷款规模。

2. 余额占比情况

2015年年末，全国房产开发贷款余额占各项贷款余额的比重为5.3%，比上年年末提高0.1个百分点。

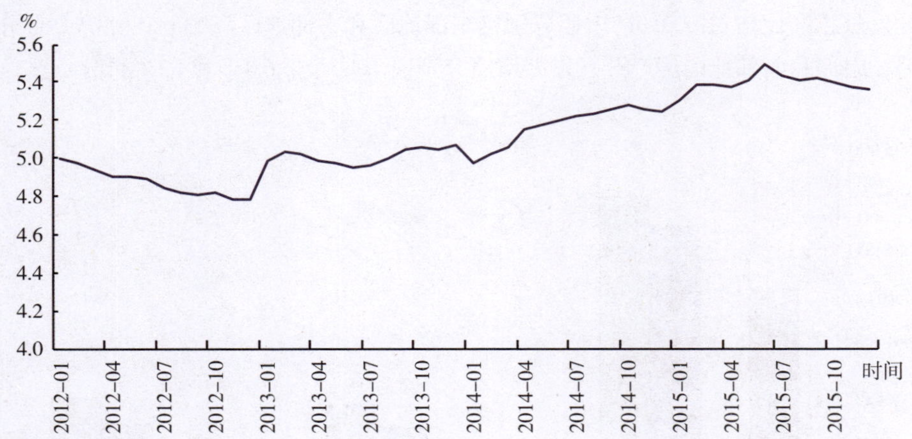

数据来源：中国人民银行。

图3.12　2012～2015年房产开发贷款占比变化情况

2015年年末，主要金融机构房产开发贷款在其各项贷款中的比重为5.5%，高于上年年末0.26个百分点。其中，中资大型银行、外资银行房产开发贷款在其各项贷款中的比重为6.4%和9.9%，分别高于全国平均水平0.9个和4.4个百分点；中资中型银行、中资小型银行、城市和农村信用社房产开发贷款在其各项贷款中的比重为4.7%、3.8%和2.1%，均低于全国平均水平。

具体来看，有9家商业银行房产开发贷款余额占其各项贷款的比重高于全国平均水平，其中，中资大型银行1家、中资中型银行6家、中资小型银行2家，占比最高达21.2%，最低为5.7%；其余金融机构房产开发贷款余额占其各项贷款的比重均低于全国平均水平，占比最低的为0.2%。

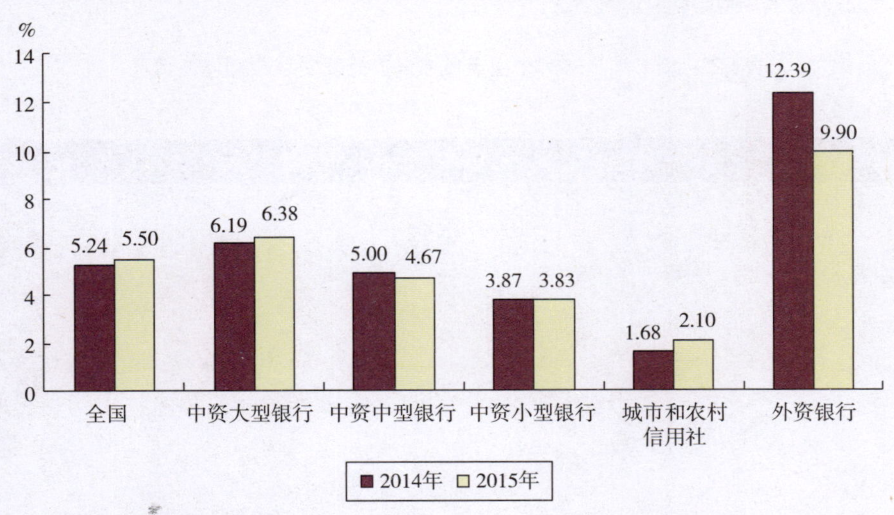

数据来源：中国人民银行。

图3.13　2014～2015年各类金融机构房产开发贷款占其各项贷款的比重

（二）区域结构

2015年年末，东部地区房产开发贷款余额为3.0万亿元，占全国的60.4%，比上年年末低4.1个百分点。中部和西部地区房产开发贷款余额分别为9 596.5亿元和10 350.1亿元，占全国的19.0%和20.5%。西部地区房产开发贷款同比增长33.3%，增速分别比东部地区和中部地区高23.0个和3.5个百分点。与2014年相比，东部、中部和西部地区房产开发贷款增速分别回落4.3个、6.4个和4.3个百分点。

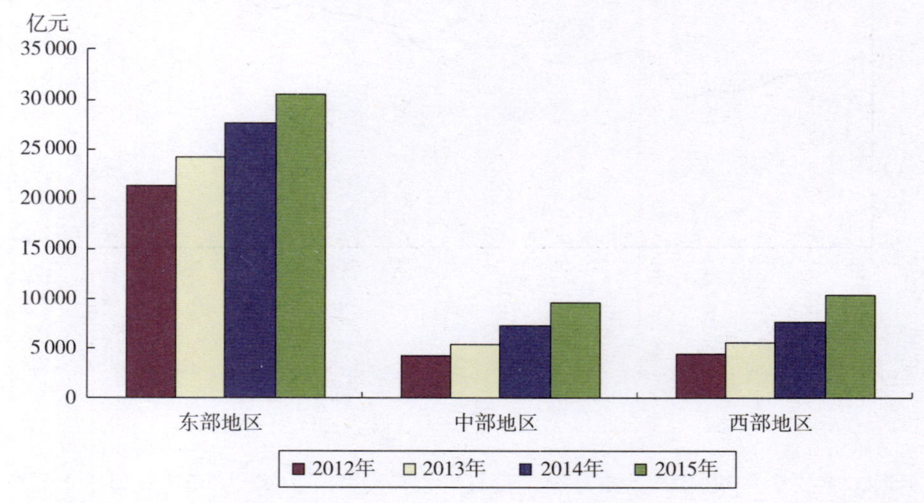

数据来源：中国人民银行。

图3.14 2012～2015年房产开发贷款余额区域分布

在30个重点城市中，成都、武汉、福州、沈阳、郑州、哈尔滨、西安、济南、长沙、太原、合肥、南宁、昆明13个城市房产开发贷款同比增速超过30%，其中，济南最高，达80.8%。上海、深圳、杭州、广州、苏州、无锡、大连、厦门、石家庄9个城市房产开发贷款同比增速低于10%，其中，广州、无锡房产开发贷款余额负增长。

表3.2 2015年年末30个重点城市房产开发贷款余额增长情况

单位：亿元、%

城市	余额	同比增长	增速
全国	50 431.5	7 644.5	17.9
北京	3 051.8	514.2	20.3
上海	4 552.5	257.1	6.0
深圳	1 975.8	54.8	2.9
杭州	1 503.0	97.7	6.9
广州	1 329.7	–43.3	–3.2
重庆	1 532.4	179.1	13.2
天津	1 581.8	216.7	15.9
成都	1 650.0	443.8	36.8

续表

城市	余额	同比增长	增速
宁波	876.8	100.2	12.9
南京	1 629.1	368.2	29.2
苏州	989.2	56.6	6.1
武汉	1 742.4	532.2	44.0
福州	756.2	192.6	34.2
青岛	919.7	175.6	23.6
沈阳	1 067.8	252.3	30.9
无锡	283.7	-99.2	-25.9
郑州	1 195.6	372.0	45.2
大连	765.5	12.5	1.7
厦门	498.7	26.9	5.7
哈尔滨	649.7	152.6	30.7
西安	1 127.4	394.7	53.9
济南	863.5	386.0	80.8
石家庄	160.5	9.8	6.5
长沙	995.0	310.2	45.3
太原	242.4	96.4	66.1
长春	609.8	137.1	29.0
合肥	904.5	305.4	51.0
南宁	715.3	235.7	49.1
昆明	985.5	271.5	38.0
南昌	662.0	130.0	24.4

数据来源：中国人民银行。

2015年年末，在30个重点城市中，有26个城市的房产开发贷款余额占当地各项贷款余额的比重高于全国平均水平，其中，上海、南京、武汉、青岛、沈阳、郑州、西安、济南、长沙、合肥、南宁、南昌、昆明13个城市占比超过8%，武汉最高，为10.9%。苏州、无锡、石家庄、太原4个城市占比低于全国平均水平，其中，石家庄占比最低，为2.6%，低于全国平均水平2.9个百分点。

（三）保障性住房开发贷款情况

2015年年末，保障性住房开发贷款余额为1.8万亿元，同比增长59.5%，增速比住房开发贷款高40.9个百分点。全年新增保障性住房开发贷款6 761.1亿元，同比多增2 642.6亿元。新增保障性住房开发贷款占同期住房开发贷款新增额的117.2%，比2014年提高51.8个百分点。

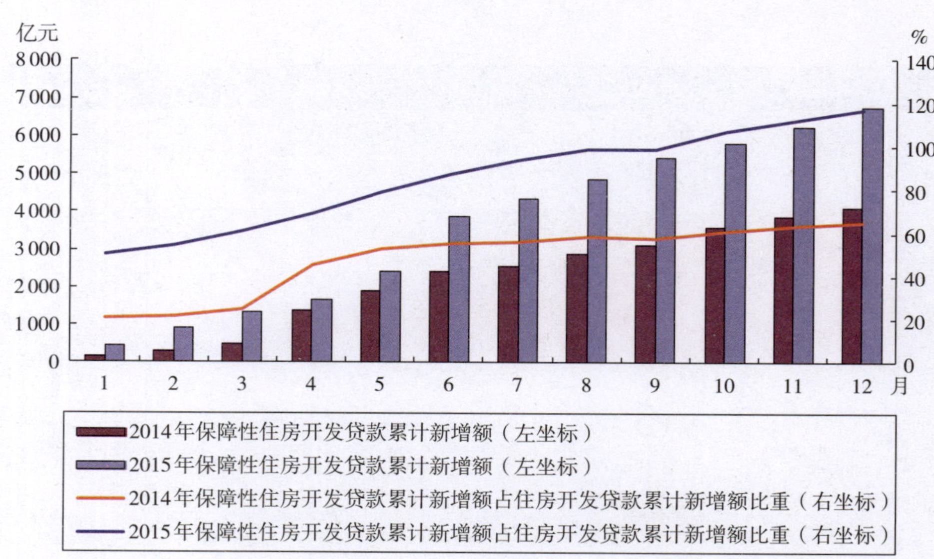

数据来源：中国人民银行。

图3.15　2014～2015年保障性住房开发贷款累计新增情况

2015年年末，在30个重点城市中，北京、上海、天津、南京、武汉、郑州6个城市保障性住房开发贷款余额均超过700亿元，合计占全国的26.6%。6个城市中，上海保障性住房开发贷款占房产开发贷款余额比重低于20.0%，为19.0%，低于上年年末2.7个百分点；其余城市保障性住房开发贷款占房产开发贷款余额比重均高于20%，郑州最高，达70.2%，高于上年年末30个百分点。

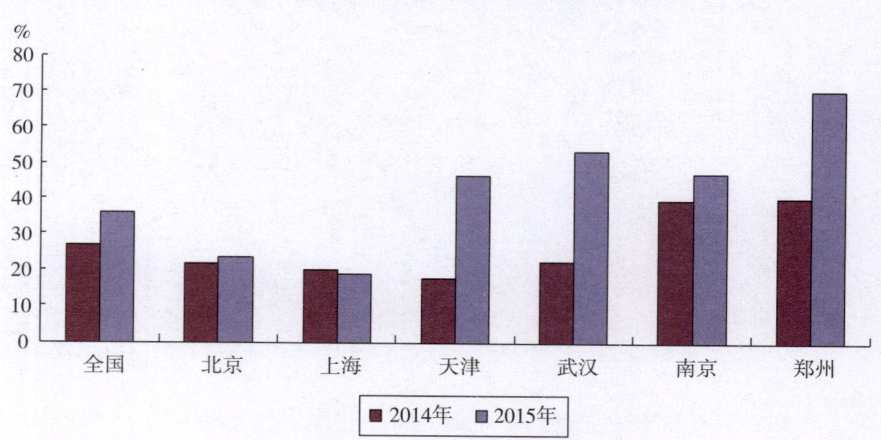

数据来源：中国人民银行。

图3.16　2014～2015年部分城市保障性住房开发贷款占当地房产开发贷款的比重

2015年年末，中资大型银行保障性住房开发贷款余额为1.6万亿元，占全国的88.9%，比2014年年末高2.9个百分点；中资中型银行保障性住房开发贷款余额为1179.3亿元，占全国的6.5%，比2014年年末低0.8个百分点；中资小型银行、城市和农村信用社及外资银行的保障性住房开发贷款余额合计占全国的4.6%，比2014年年末低2.1个百分点。其中，国家开发银行保障性住房开发贷款余额为1.4万亿元，占全国的78.4%。

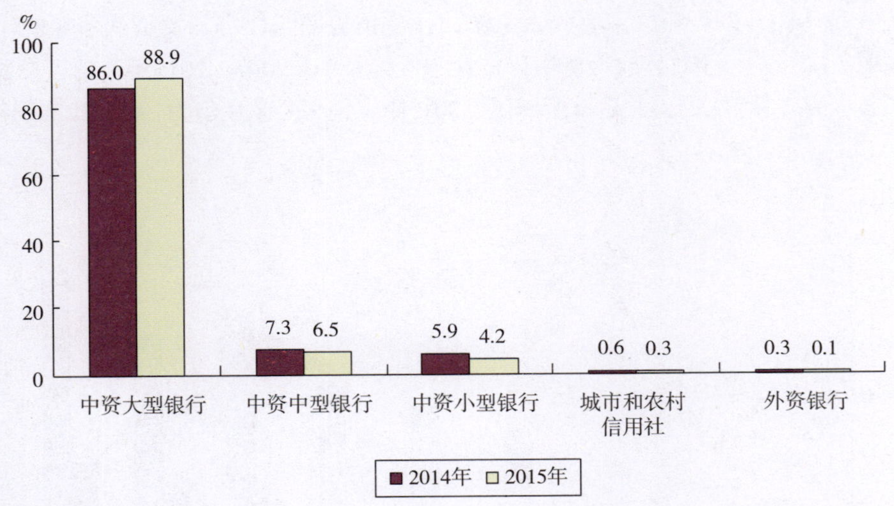

数据来源：中国人民银行。

图3.17　2014～2015年各类金融机构保障性住房开发贷款余额分布情况

（四）住房开发贷款与住房投资销售的关联性分析

住房开发贷款是住房开发投资资金的重要组成部分，2007～2015年，住房开发贷款年末余额与当年住房开发投资额的比值均高于40.0%，最高为2015年的59.9%，最低为2013年的44.5%。而住房开发贷款新增额与当年住房开发投资额的比值均高于4.0%，最高为2007年的12.4%，最低为2012年的4.1%，2015年该比值为8.9%，比上年低0.9个百分点。

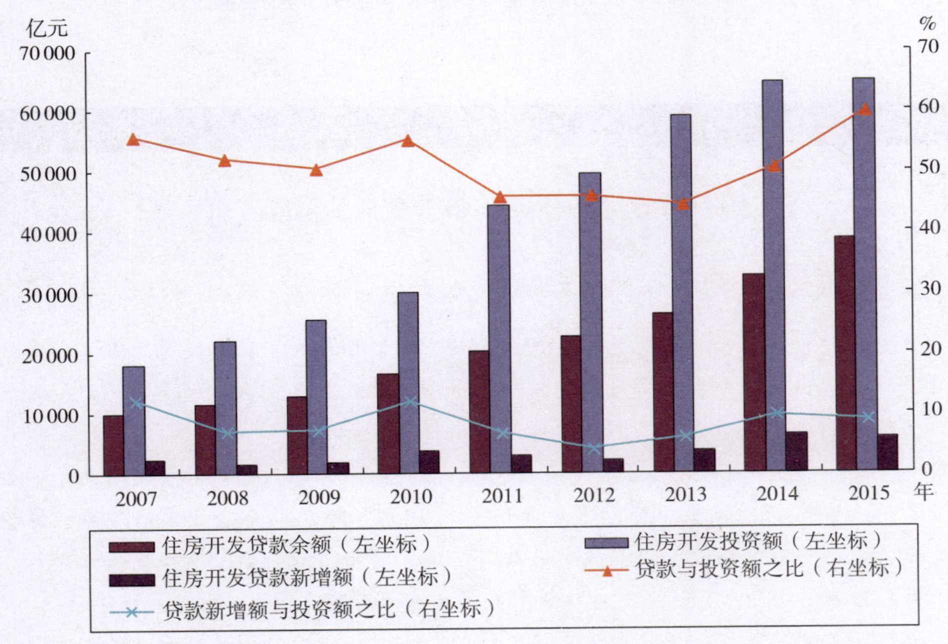

数据来源：中国人民银行。

图3.18　2007～2015年住房开发贷款与住房开发投资额比较

住宅销售额是住房开发企业的主要收入来源，住宅销售额与住房开发贷款余额的比值（销售贷款比值）反映了住房开发企业整体收入对银行贷款的覆盖水平。2007～2015年，销售贷款比值总体稳定，其中，2009年最高时为2.95，此后有所回落。2015年，销售贷款比值为1.88，比2014年低0.03个百分点。

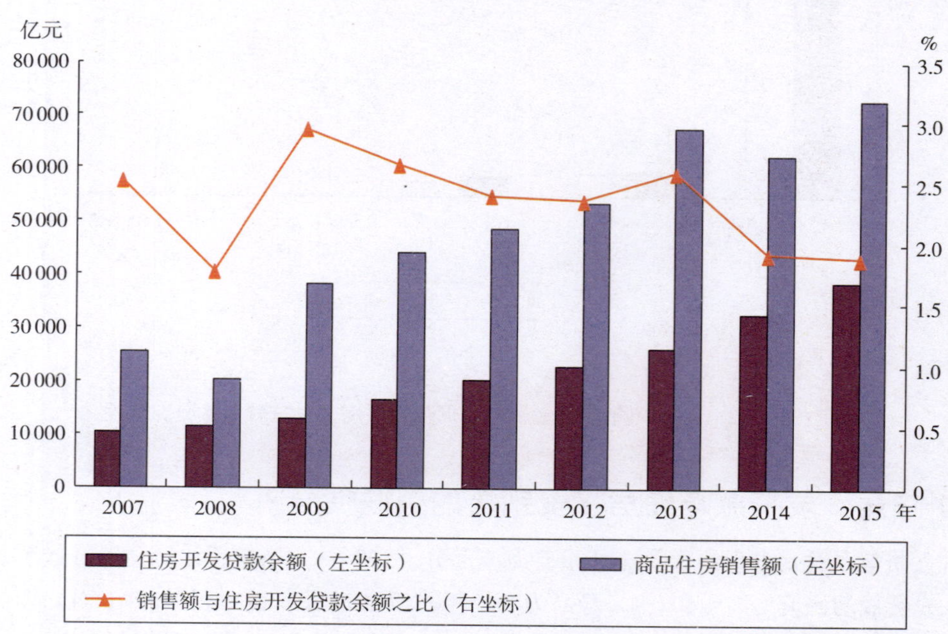

数据来源：中国人民银行。

图3.19　2007～2015年住房开发贷款与商品住房销售额比较

专栏三

“房贷利息抵免个税”政策效应的国际经验

一、房贷利息抵免个税（MID）的作用机制

“房贷利息抵免个税”英文全称为Mortgage Interest Deduction（以下简称MID），是指将居民住房按揭贷款利息支出作为个人所得税前抵扣项的一项税收政策。该项政策旨在通过补贴居民住房按揭贷款达到刺激购房需求，提高居民住宅自有率的目的。

从全球一些主要发达国家（地区）的统计数据来看，施行MID政策国家（地区）的住宅自有率似乎比没有施行该政策的国家（地区）更高。表3.3列出了全球24个主要发达国家（地区）截至2012年的居民住宅自有率数据以及MID政策的施行情况。其中，施行MID政策国家（地区）的住宅自有率的简单平均数为66%，高于没有施行MID政策国家（地区）的63%。然而这一差异仅为3个百分点，并不显著，不能简单地认为具有较高居民住宅自有率的国家是因为施行了MID政策，例如，新加坡的高住宅自有率主要得益于该国的公积金制度，而非施行MID政策。

表3.3 24个国家（地区）MID政策与住宅自有率情况（2012年）

单位：%

国家	住宅自有率	MID政策	国家	住宅自有率	MID政策
新加坡	87.2	不施行	美国	65.1	施行
中国台湾地区	83.9	施行	芬兰	63.5	施行
西班牙	82.1	施行	比利时	63.1	施行
爱尔兰	76.9	施行	日本	61.0	不施行
挪威	76.7	施行	瑞典	59.9	施行
葡萄牙	74.8	施行	波兰	58.9	不施行
希腊	71.7	施行	法国	54.7	不施行
意大利	71.2	施行	韩国	54.2	不施行
澳大利亚	70.2	不施行	荷兰	50.4	施行
加拿大	68.4	不施行	奥地利	48.7	施行
英国	68.3	不施行	德国	41.6	不施行
新西兰	66.9	不施行	瑞士	34.6	施行

数据来源：Steven C. Bourassa等（2013）。

目前，主要发达国家的房地产经济研究者们大多认为，MID政策不仅不能达到提高住宅自有率的目的，反而会因这一税收机制造成的扭曲而产生市场运行和财富分配的低效率。最明显的两个例子是：英国利用大约三十年的时间（1972～2000年）逐步取消了MID政策；美国奥巴马政府近年来也在辩论MID的政策得失，准备将其作为财政改革计划的一部分予以取消。MID之所以造成与预期相反的效果，可以从总量和结构两方面加以理解：

从总量影响来看，MID政策的确增加了居民购房需求，然而购房需求的提高也将推高房价，对需求产生“挤出作用”。特别是在住宅供给相对有限的城市（如我国一线城市），这一挤出效应会很大，甚至于完全抵销了由MID撬动的购房需求。在住宅存量相对较高的城市（如我国绝大多数三线城市和部分二线城市），虽然房价上升不会完全抵销需求增长，但是却面临“结构影响”。

从结构影响来看，MID政策的主要受益者是高收入人群、已有住宅但是对豪华型住宅有需求的人群，只有这部分人群在扣减巨额房贷利息支出后仍然需要纳税，因此造成了社会财富的分配不均。对于住宅供给存量较高的城市而言（如我国三线城市和部分二线城市），因其多属中小城市，高收入人群占比不高，也难以达到有效促进购房需求的目的。

二、MID政策的总量影响：以欧洲为例

Hilber（2007）研究了欧洲15个国家的住房自有率影响因素，发现西班牙和意大利通过取消“或有住宅租金税”（Imputed Rent Taxation）提高了居民购房需求，而英国和法国则依靠取消MID政策提高了居民的住房自有率。

其中，英国取消MID政策的过程及其影响非常有特色：英国从20世纪70年代开始进行住房融资改革，从1972年开始对适用于MID政策的房贷利息总额设置下限，提出只有利息总额高于2.5万英镑的贷款才能执行MID政策；而这一下限于1983年进一步提高至3万英镑。与此同时，20世纪80～90年代初英国的高通胀也让MID政策的减税效应大打折扣。这使得英国最终于2000年取消了MID政策。

在此过程中，依靠MID政策获得减税的房贷比重不断下降，而英国的住宅自有率却不断攀升。据统计，获得减税的房贷比重中从1975年的38%降至1985年的30%，并在1995年进一步降至9%；住宅自有率却由1974年的52.7%上升至1994年的66.8%，到2001年的时候，已经上升至68.3%。许多学者分析认为，这段时期内英国居民住宅自有率的上升主要得益于：借贷更加便利、贷款利率大幅下降、个人所得税和房产税的大幅下降（Hendershott、Pryce和White，2003；Gibb和Whitehead，2007）。

除英国外，作为西欧国家中住宅自有率最低的瑞士也是一个极有特色的案例。瑞士对居民征收“或有住宅租金税”，同时施行MID以及其他类似的“将购房支出作为税前扣减项”的政策。Bourassa等（2010）利用居民调查数据，详细分析了瑞士住宅自有率的影响因素，发现过高的房价和征收“或有住宅租金税”是造成瑞士住宅自有率过低的两大主要原因。他们的政策模拟发现：取消“或有住宅租金税”将大幅提高瑞士的住宅自有率，但是取消MID政策并不会显著降低住宅自有率。这再次说明，MID政策并非是刺激居民购房的有力政策工具。

最后，Andrews等（2011）利用1994～2004年居民的微观主体数据对OECD国家居民的住宅自有率进行了研究。他们的研究不仅涉及的国家多，而且其考虑的影响因素也更多。其研究结果充分证明了MID政策“总量挤出效应”的存在——当房贷首付比例调低10个百分点，将促进整体住宅自有率提高1.9个百分点；对于25～34岁的住宅刚需群体，房贷首付比例政策的效应更加明显，将使这部分群体的住宅自有率提高4.4个百分点。但是，如果同时采用类似MID的税收政策，反而会使这部分刚需群体的住宅自有率降低1.2个百分点。

综上所述，MID政策在刺激居民购房需求的同时也刺激了房价迅速上涨，从而产生“挤出作用”。但是为何MID政策会产生如此严重的“总量挤出效应”，而其他政策比如“调整首付比例”就不会呢？

三、MID政策的结构影响：以美国为例

由于结构分析需要更详细的微观主体数据，因此关于MID政策结构效应的研究多集中于美国。Dean Stansel和Anthony Randazzo（2011）专门针对MID政策的结构影响撰写了一份详尽的统计分析报告，最终得出结论：因MID政策而直接获益的人数比例很小，它并不能有效提高住宅自有率，反而会对房地产市场产生负面影响，并扭曲资本在整个经济体系中的配置。

首先，他们发现MID政策产生的“个税补贴规模”基本不随时间变化，但是美国居民的住宅自有率却出现了显著提高。如图3.20所示，美国MID政策产生的“个税补贴规模”在近二十年的时间里几乎无变化，一直稳定在600亿～700亿美元；而同时期的住宅自有率却出现了明显的大幅攀升，由20世纪90年代中期的40%一路上升到国际金融危机前的85%。而且，在1991～2009年的近二十年中，美国申请利用MID政策的人口比重也一直稳定在20%～25%。

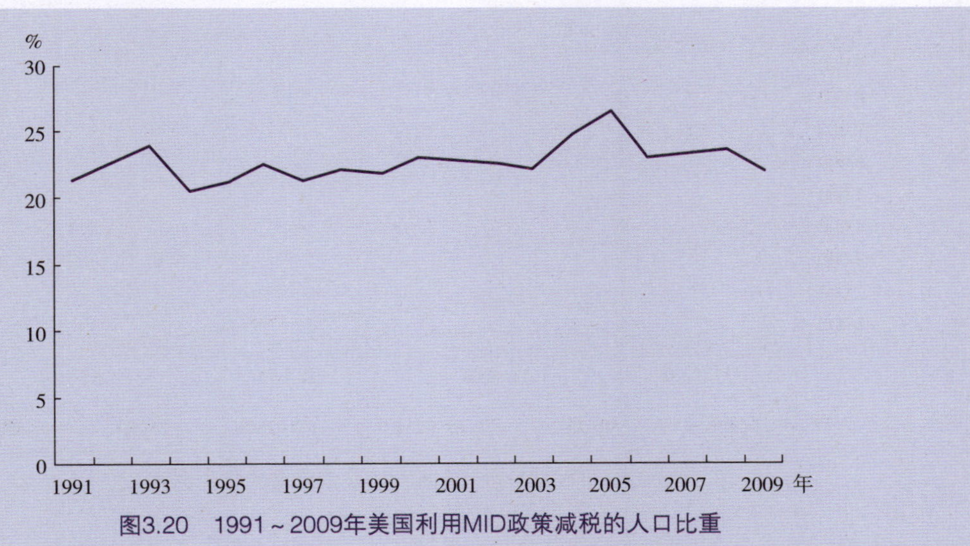

图3.20 1991～2009年美国利用MID政策减税的人口比重

两位研究者认为MID政策的一个潜在问题：在整个社会中，MID政策只能使一个相对固定的群体受益，因为这一群体在整个社会中的占比在近二十年时间里基本维持不变。他们进一步分析受益群体社会属性，发现MID政策受益群体主要具有以下三个特点：

（一）MID政策主要使高收入群体受益

从图3.21中可以看出，随着年均收入水平的提高，申请利用MID政策的居民占比也显著提高。特别是年均收入在"10万～20万美元"、"20万美元以上"的两个收入群体中，申请利用MID政策的人数占比都在60%以上。而其他各收入水平群体，申请利用MID政策的人数占比均不足一半。

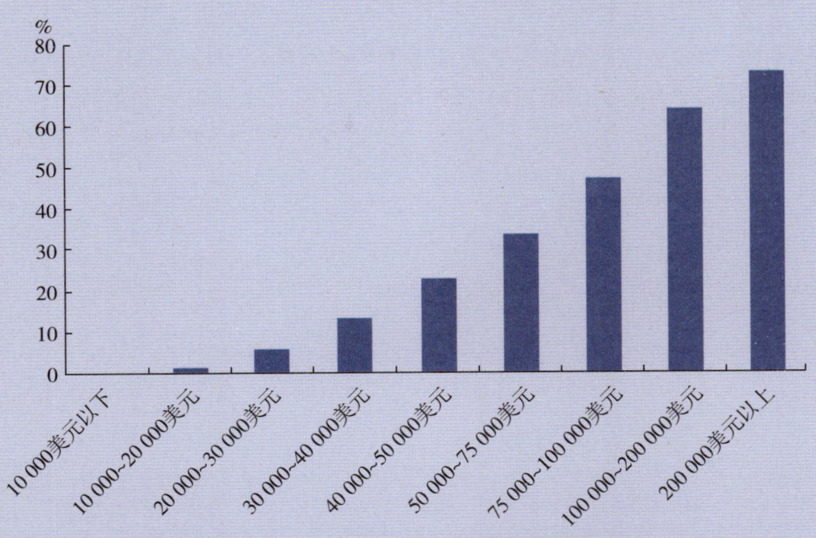

图3.21 不同收入水平居民申请MID政策的人数占比

（二）MID政策主要使年轻人受益

将通过MID政策获得减税的居民按照年龄分为四组，发现随着MID政策获益居民年龄的增长，其所获的减税规模迅速减少，如图3.22所示。这是因为年轻人较老年人背负更多的房贷。

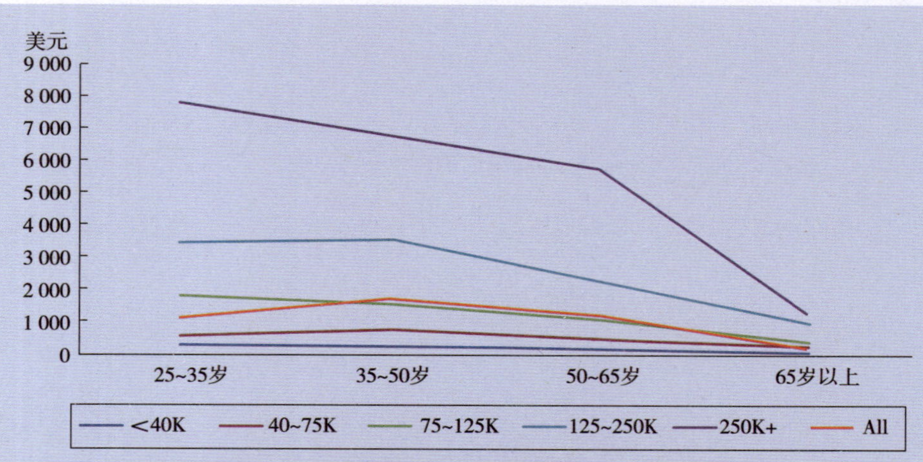

图3.22　不同年龄居民利用MID政策获得的免税金额

（三）MID政策主要使发达大城市的居民受益

将通过MID政策获得减税的居民按照所属地域进行分类，发现这些居民大部分居住于加利福尼亚州、纽约州、马萨诸塞州、康尼狄格州等较为富裕的州和城市。因为这些州内居民的人均收入较高，会有更多人进入较高的纳税等级之中，使得这里的居民更有激励通过MID政策避税。

综上所述，美国MID政策使得富裕地区的高收入群体和年轻群体更多的使用债务方式为购房融资，从而获益。这使得原本可以通过自有资金付清房款的高收入群体，也乐于使用银行贷款的方式进行融资。两位研究者发现，这不仅进一步推高了美国房价，而且使得整个社会的负债率过高，影响了金融系统的稳健运行，为2008年的国际金融危机埋下了伏笔。

此外，英国伦敦政治经济学院的房地产经济学教授Christian A. Hilber和美国堪萨斯州立大学的房地产经济学教授Tracy M. Turner联合发表于国际著名经济学术杂志Review of Economics and Statistics上的最新论文也分析证明了美国MID政策因为提高了住房供给有限的大城市的房价而造成了整个房地产市场运行的低效，不仅没有提高住宅自有率，反而损害了社会整体福利。

第四章

GEREN ZHUFANG DAIKUAN

个人住房贷款

2015年，中国人民银行联合住房城乡建设部和中国银监会出台了《关于个人住房贷款政策有关问题的通知》（银发〔2015〕98号）和《关于进一步完善差别化住房信贷政策有关问题的通知》（银发〔2015〕305号）等多项政策，支持居民家庭合理的住房消费，促进房地产市场平稳健康发展。同时，人民银行连续五次下调金融机构人民币存贷款基准利率，个人住房贷款利率下限仍维持贷款基准利率的0.7倍不变，并继续严格执行差别化的住房信贷政策。

个人征信系统数据显示，2015年，发放个人住房贷款837万笔、4.0万亿元，首次贷款占比逐季度回落。截至2015年年末，商业银行累计发放6 851万笔、共计19.9万亿元的个人住房贷款；个人住房贷款余额13.1万亿元，同比增长23.9%，占各项贷款余额的14%，相当于GDP的19.4%。根据推算，目前约有14.3%的存量住房有尚未结清的个人住房贷款，个人住房贷款余额占存量住房市场价值的6.5%。抽样调查数据显示，2015年，借款人平均年龄上升显著，借款人所购住房面积均值回升，住房总价和单价持续上升大。平均房价收入比同比小幅上升，月供收入比保持回落趋势，贷款风险总体可控。平均首付比例和贷款利率均值较2014年下降明显。

一、个人住房贷款发放情况

（一）个人住房贷款累计发放情况

个人征信系统数据显示，截至2015年年末，商业银行累计发放了6 851万笔、共计19.9万亿元的个人住房贷款。从历年数据来看，2008年之前，年个人住房贷款发放笔数基本低于300万笔，2009～2010年快速增长至600万笔以上，2011～2012年发放笔数有所回落，2013～2014年保持平稳较快增长，至2015年首次突破800万笔。

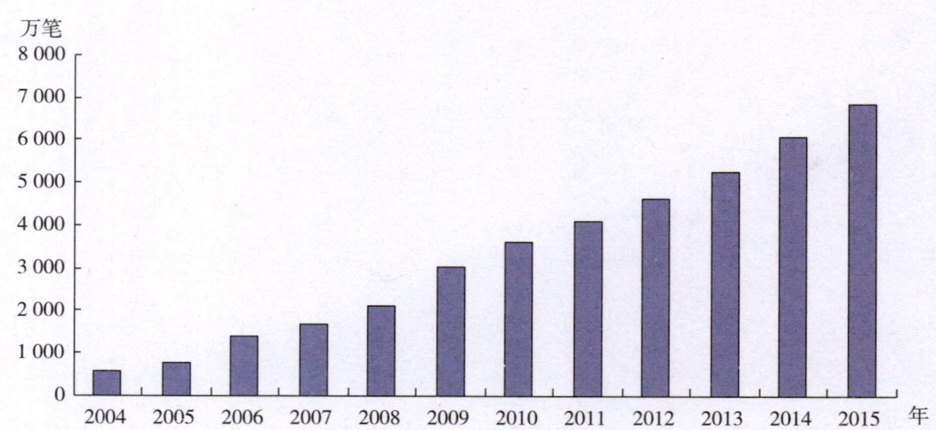

数据来源：中国人民银行个人征信系统。

图4.1　2004～2015年个人住房贷款累计发放笔数

（二）2015年个人住房贷款发放情况

1. 全国概况

个人征信系统数据显示，2015年，商业银行共发放个人住房贷款837万笔，共计4.0万亿元，发放笔数和金额同比分别增长19.1%和47.6%。其中，87.4%的借款人为首次利用贷款①购房、10.3%为第二次贷款购房、2.3%为第三次及以上利用贷款购房。

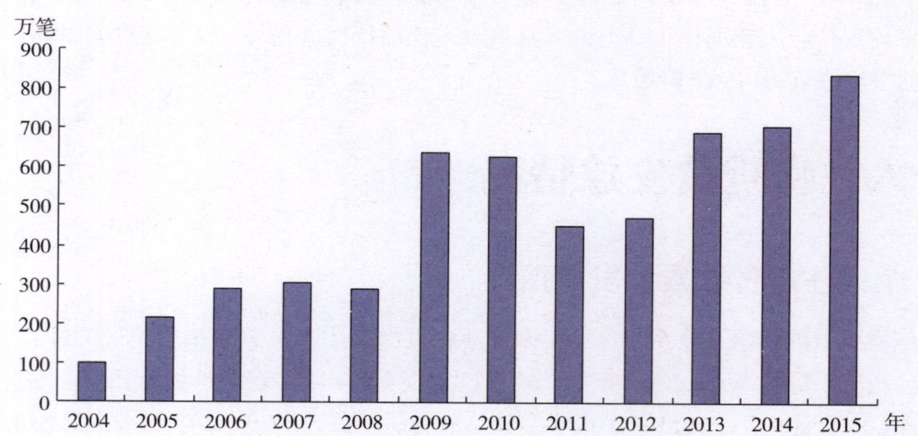

数据来源：中国人民银行个人征信系统。

图4.2　2004～2015年个人住房贷款发放笔数

① 本段所用数据，均包含借款人已结清的住房贷款。另外，个人征信系统从2004年开始正式实现全国联网运行，商业银行录入的信息中没有包括部分在2004年之前已结清的贷款。由于个人征信系统只客观记录个人住房贷款情况，没有居民家庭实有住房套数的信息，因此本报告仅对借款人首次利用贷款购买住房、第二次利用贷款购买住房、第三次及以上利用贷款购买住房的情况进行分别统计。

从首次购房贷款占比变化情况来看，2010年以来，随着差别化住房信贷政策的执行，首次购房贷款占比逐步提高，保持在94%左右的较高水平。从2014年第三季度开始，受首套房认定标准放宽和二套房首付比例降低等政策因素影响，2015年第二次、第三次及以上利用贷款购买住房的比例明显提高，首次购房贷款占比下降，2015年第四季度，首次购房贷款占比由第一季度的90.7%降至85.2%。

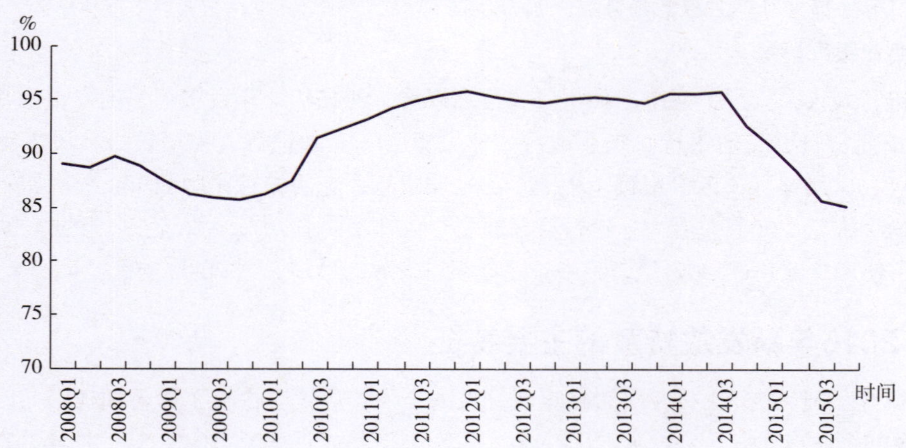

数据来源：中国人民银行个人征信系统。

图4.3 2008~2015年各季度首次购房贷款占比变化情况

2. 重点城市情况

2015年，30个重点城市发放个人住房贷款共计366万笔，占全国的43.7%。其中，个人住房贷款发放笔数超过10万笔的城市共17个，分别为重庆、苏州、成都、深圳、武汉、上海、郑州、南京、广州、天津、杭州、北京、合肥、青岛、长沙、西安和济南，重庆最高，为35.6万笔，其次是苏州，为21万笔。与2014年相比，30个重点城市中有27个城市的个人住房贷款发放笔数同比正增长，其中，深圳、宁波、广州增速最快，深圳同比增速达156.6%。有3个城市同比负增长，分别为厦门、昆明、福州，其中，厦门降幅最大，为9.4%。

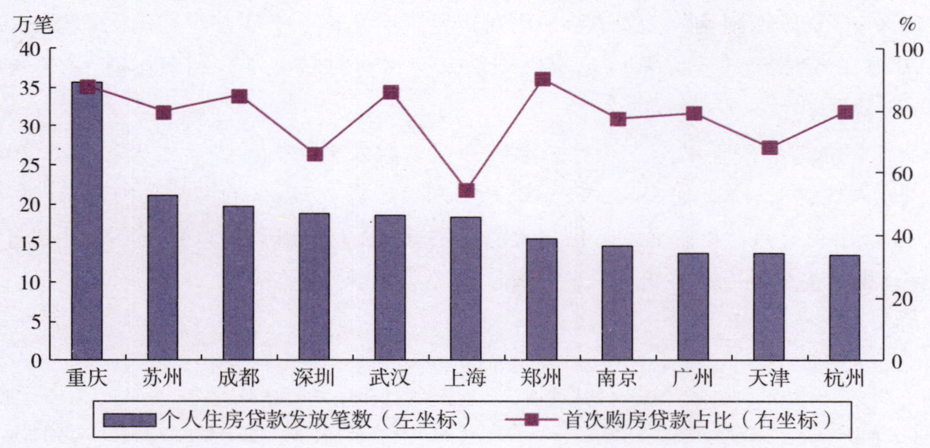

数据来源：中国人民银行个人征信系统。

图4.4 2015年部分重点城市个人住房贷款发放情况

在30个重点城市中，首次购房贷款占比超过全国水平的有12个，其中，太原最高，为93.2%；昆明、苏州、广州、南京、宁波、北京、厦门、天津、深圳和上海10个城市当年发放的首次购房贷款占比低于80%，上海最低，为54.6%。与2014年相比，30个重点城市的首次购房贷款占比全部出现下降，厦门、深圳、上海、北京、南京、天津、宁波、杭州、昆明、广州、福州和苏州下降幅度都超过10个百分点，厦门下降最多，达23.7个百分点，长春下降最少，下降4.1个百分点。

3. 主要商业银行情况

从商业银行录入个人征信系统的住房贷款信息来看，2015年，建设银行、工商银行、农业银行、中国银行、招商银行、交通银行、兴业银行、浦发银行、光大银行、中信银行、民生银行、华夏银行、渤海银行、广发银行、汇丰银行（中国）、平安银行、花旗银行（中国）、浙商银行、渣打银行（中国）和恒丰银行等20家主要商业银行共发放了个人住房贷款707万笔，占全国的84.5%。有四家银行发放的个人住房贷款超过100万笔，其中，建设银行发放的最多，达到200万笔。

（三）2015年新发放贷款的主要特征

人民银行对全国35个大中城市[①]2015年新发放的个人住房贷款进行了随机抽样，共收回有效样本21 535份，占35个城市新发放贷款笔数的4.9‰，占全国新发放贷款笔数的2.2‰。抽样调查数据显示，2015年新发放个人住房贷款主要呈现以下特征：

一是借款人平均年龄上升显著，收入处于当地较高水平。借款人平均年龄34岁，较2014年提高0.84岁，结束了自2008年以来逐年下降的趋势。其中，30岁以下的占33.6%，35岁以下的占59.4%。借款人平均家庭人均月收入8 183元，是统计局公布当地人均可支配收入的2～4倍，有9个城市超过了3倍。其中，深圳、上海、广州、北京、厦门、杭州、福州等城市平均家庭人均月收入在1万元以上。

二是借款人所购住房主要为普通商品住房，住房面积回升，单价涨幅明显。贷款所购住房为普通商品住房的占89.2%，保障性住房占2.9%。贷款所购住房单价均值为11 574元/平方米，总价均值为122.8万元，同比分别上涨13.9%和16.6%。贷款所购住房面积均值为104平方米，住房面积均值自2008年连续四年下降后呈现较大幅度上升，2012～2014年基本维持在101.6平方米。

三是贷款总额增长，期限继续延长。贷款总额均值为73.9万元，2007～2015年累计增长127.5%，年均增幅为10.8%；贷款期限均值为21.6年，比2014年有所延长。平均首付款比例为38.9%，较2014年明显下降。79.3%的借款人完全依靠自己家庭积蓄来交付首付款。贷款利率均值[②]为基准利率的0.96倍，较2014年下降明显。

四是贷款风险总体可控，借款人还款意愿较强。借款人平均房价收入比为7.2，较2014年小幅上升，房贷月供收入比为32.9%，保持自2008年以来的回落趋势。57.6%的借款人预计未来房价将上涨，比2014年上升19.6个百分点。调查显示，借款人的还款意愿与房价涨跌关联强度不大，超过九成的借款人表示“即使所购房屋价格下跌到低于贷款余额，也不会放弃偿还贷款”。

---

① 本次抽样调查所选城市为2015年新发放个人住房贷款量较大的城市，它们分别是北京、上海、广州、深圳、杭州、天津、沈阳、南京、济南、武汉、成都、西安、重庆、石家庄、呼和浩特、长春、哈尔滨、福州、合肥、郑州、南昌、长沙、南宁、贵阳、昆明、银川、乌鲁木齐、大连、青岛、宁波、厦门、苏州、无锡、东莞和佛山，35个城市新发放贷款笔数合计占全国的45.8%。

② 计算时剔除了公积金贷款和非浮动利率贷款。

二、个人住房贷款存量情况

（一）全国概况

2015年，受住房信贷政策调整等因素的影响，个人住房贷款余额稳步上升，贷款增速明显加快。截至2015年年末，个人住房贷款余额为13.1万亿元，同比增长23.9%，较上年年末提高6.3个百分点。其中，新建房贷款余额为10.3万亿元，同比增长21.4%；再交易房贷款余额为2.8万亿元，同比增长34.0%。

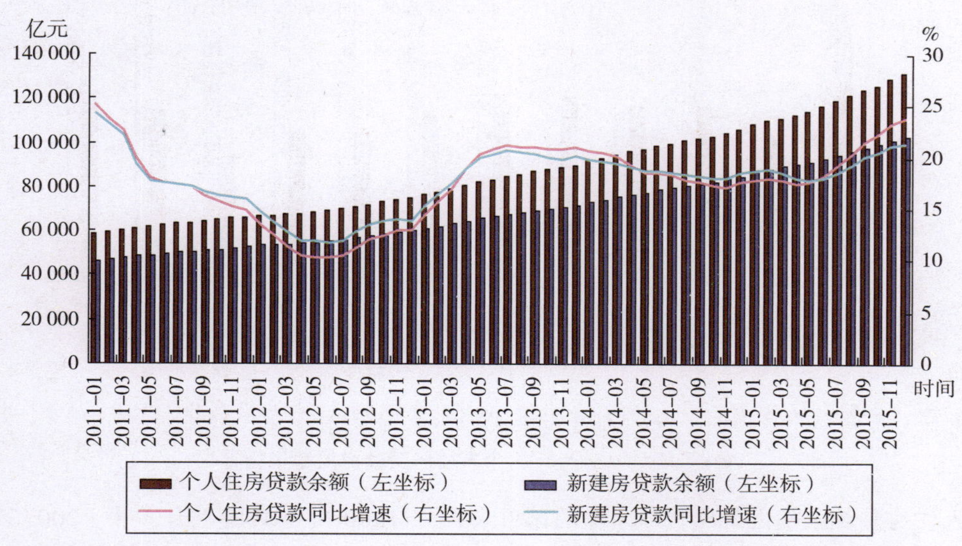

数据来源：中国人民银行。

图4.5　2011～2015年个人住房贷款余额及其增长情况

2015年年末，新建房贷款余额占个人住房贷款余额的比重为78.6%，较2014年同期下降了1.6个百分点，主要是二手房市场交易日趋活跃，再交易房贷款发放较多所致。

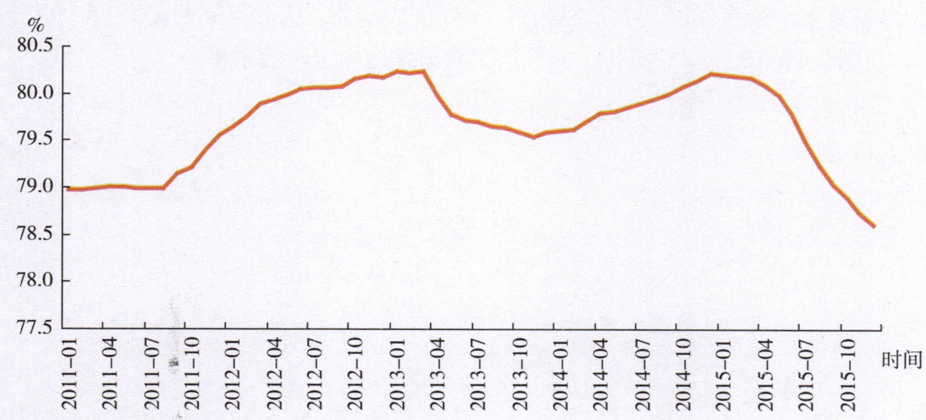

数据来源：中国人民银行。

图4.6　2011～2015年新建房贷款占个人住房贷款的比重

2015年，新增个人住房贷款2.5万亿元，同比多增9 332.5亿元，全年新增额再创历史新高。尤其是下半年以来，新增个人住房贷款规模同比显著上升，各月（10月除外）新增个人住房贷款规模均保持在2 200亿元以上。其中，9月、11月当月分别新增个人住房贷款2 709.2亿元、2 629.2亿元，是近十年来单月新增规模最高和次高月份。

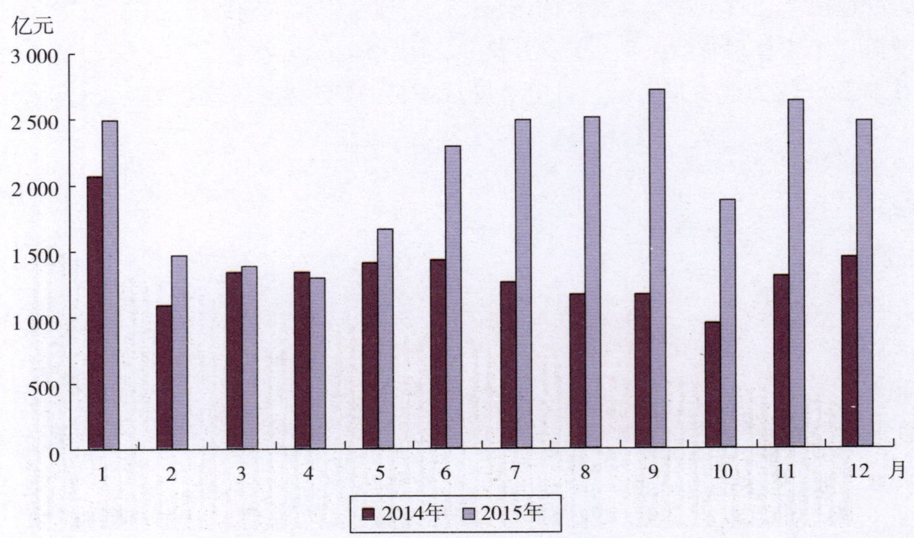

数据来源：中国人民银行。

图4.7　2014～2015年个人住房贷款月度新增情况

从个人住房贷款余额占各项贷款余额的比重来看，自2000年起持续上升，并于2007年首次突破10%，2015年年末占比为14.0%，比上年同期提高1.0个百分点。个人住房贷款在中长期贷款中的比重自2008年以来不断上升，2015年年末占比为25.0%，比上年同期高1.9个百分点。

从个人住房贷款占个人消费贷款[①]比重来看，自2005年以来，总体呈现缓慢下降趋势。2015年年末，个人住房贷款占个人消费贷款余额的69.3%，比上年同期下降1.0个百分点。个人住房贷款余额与国内生产总值（GDP）的比值，一般被认为是衡量个人住房贷款市场发展深度及其对居民生活影响程度的指标。2015年年末，个人住房贷款余额相当于GDP的19.4%，比上年同期提高2.8个百分点，低于美国（52.3%）、英国（43.4%）、德国（41.0%）[②]等欧美发达国家一般水平。

---

① 包括个人住房贷款、住房装修贷款、汽车贷款、助学贷款、大件耐用消费品贷款、旅游贷款及其他贷款。

② 美国数据来源于美联储、美国经济分析局，英国数据来源于英格兰银行、英国统计局，德国数据来源于德国央行、德国统计局。

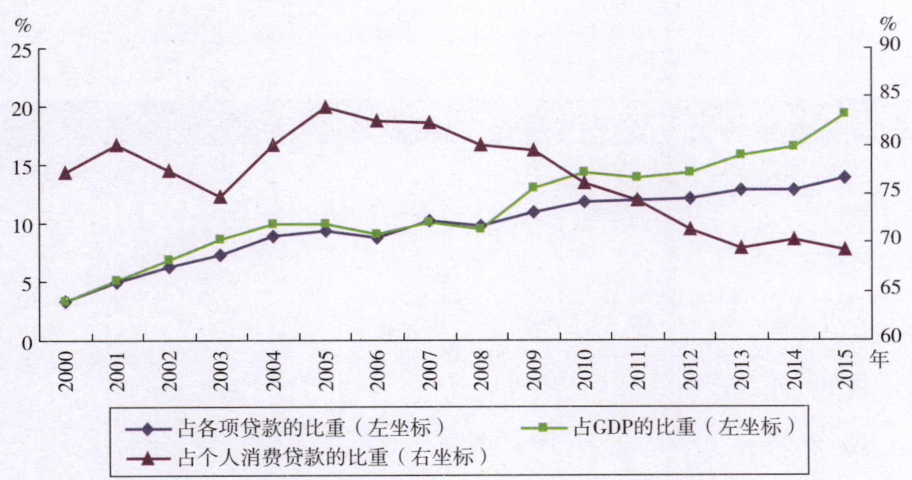

数据来源：中国人民银行、国家统计局。

图4.8 2000年以来个人住房贷款占各项贷款、个人消费贷款及GDP的比重

（二）区域结构

2015年年末，东部地区个人住房贷款余额为8.2万亿元，占全国的62.7%，比上年同期提高1.1个百分点；中部地区个人住房贷款余额为2.4万亿元，占全国的18.6%，比上年同期提高0.1个百分点；西部地区个人住房贷款余额为2.5万亿元，占全国的18.8%，比上年同期下降1.2个百分点。2015年年末，东部和中部地区个人住房贷款增速分别为26.0%和24.6%，分别比西部地区高9.3个和7.8个百分点。与2014年年末相比，中部和西部地区个人住房贷款增速均出现不同程度放缓，分别下降1.7个和2.6个百分点，而东部地区个人住房贷款增速则大幅提升11.3个百分点。

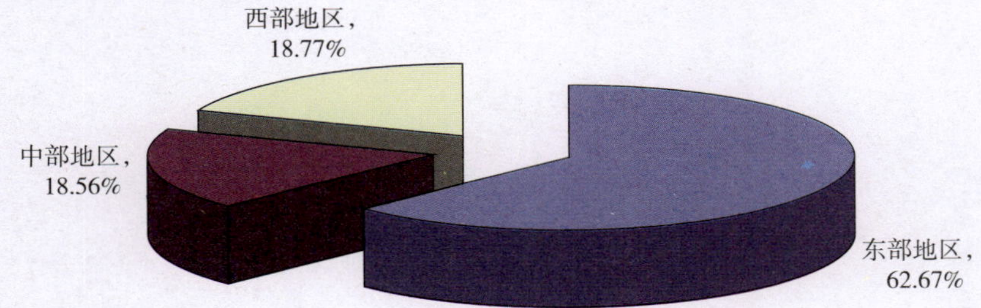

数据来源：中国人民银行。

图4.9 2015年年末个人住房贷款余额区域分布

2015年年末，30个重点城市个人住房贷款余额合计7.6万亿元，占全国个人住房贷款余额的57.6%，比上年同期高1.0个百分点。其中，上海、深圳、北京、重庆、苏州、成都、广州、杭州、南京9个城市个人住房贷款余额均超过2 700亿元，合计占全国个人住房贷款余额的33.1%。从增长情况来看，在30个重点城市中，个人住房贷款余额同比增速超过全国平均水平的共有17个城市。增速排在前5位的城市分别是济南、南京、深圳、武汉和太原，其中，济南增速最快，为41.5%；排在后5位的城市分别是大连、成都、福州、无锡和重庆，除大连以外，增速也均在14%以上。

表4.1 2015年年末部分城市个人住房贷款余额及同比增速

单位：亿元、%

城市	个人住房贷款余额	同比增速
全国	131 401	23.9
北京	5 856	30.6
上海	7 766	24.1
深圳	7 420	40.0
杭州	3 359	29.4
广州	3 555	26.5
重庆	4 912	17.1
天津	2 445	22.4
成都	3 738	14.8
宁波	1 606	24.3
南京	2 769	41.3
苏州	4 169	29.5
武汉	2 424	39.1
福州	2 075	16.0
青岛	1 817	27.4
沈阳	1 430	17.4
无锡	1 121	16.6
郑州	2 110	33.7
大连	1 430	9.2
厦门	1 776	28.9
哈尔滨	972	18.4
西安	1 990	17.1
济南	1 220	41.5
石家庄	899	28.7
长沙	1 802	17.7
太原	507	35.4
长春	1 034	17.5
合肥	2 204	26.4
南宁	1 146	26.0
昆明	1 142	18.7
南昌	975	23.7

数据来源：中国人民银行。

2015年年末，在30个重点城市中，有18个城市个人住房贷款余额占当地各项贷款余额比重超过全国水平，数量比2014年增加了2个。占比排在前五位的城市分别为厦门、深圳、合肥、重庆和苏州，余额占比均超过21%，其中，厦门最高，为26.5%；占比排在后五位的城市分别为太原、昆明、天津、宁波和哈尔滨，其中，太原最低，仅为5.8%。北京、广州、上海、深圳的个人住房贷款余额占当地各项贷款余额比重分别为11.6%、16.0%、16.1%和26.3%。

（三）机构分布

2015年，个人住房贷款的机构分布呈现中资大型银行占比下降、中资中型银行和中资小型银行占比提高的态势。截至2015年年末，中资大型银行个人住房贷款余额为10.1万亿元，占全国[①]的77.5%，比上年同期下降0.5个百分点。中资中型银行和中资小型银行个人住房贷款余额分别为2.0万亿元和0.8万亿元，分别占全国的15.3%和6.2%，分别比上年同期提高0.6个和0.3个百分点。从增速变化来看，2015年年末，中资大型银行个人住房贷款同比增速为23.2%，比上年同期上升4.2个百分点，中资中型银行和中资小型银行个人住房贷款同比增速分别为29.3%和29.4%，分别较上年同期上升19.9个和7.5个百分点。

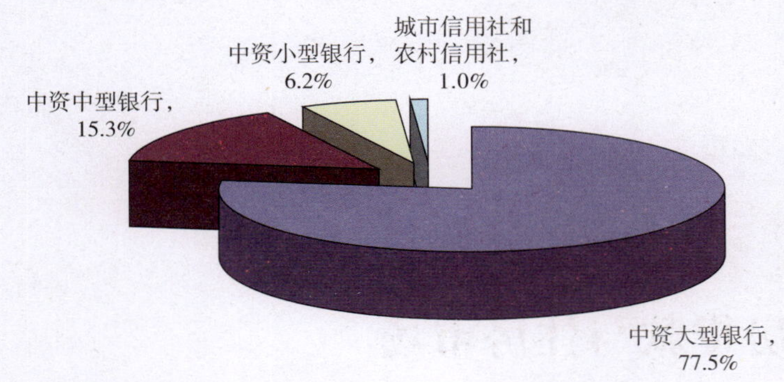

数据来源：中国人民银行。

图4.10　2015年年末各类金融机构个人住房贷款余额占比

分银行来看，截至2015年年末，建设银行、工商银行、中国银行、农业银行、交通银行和邮政储蓄银行6家商业银行个人住房贷款余额均超过5 500亿元，贷款合计10.1万亿元，占全国的77.1%。其中，建设银行、工商银行、中国银行和农业银行个人住房贷款余额均超过1.7万亿元。从10家上市商业银行披露的年报数据来看，2015年年末，个人住房贷款[②]仍然是各银行个人贷款业务的重要组成部分，除交通银行之外，各家银行个人住房贷款占其各项贷款[③]的比重均呈现不同程度提升。其中，建设银行和中国银行个人住房贷款占其各项贷款的比重较高，分别为26.5%和22.9%；招商银行和兴业银行个人

① 主要包括中资大型银行、中资中型银行、中资小型银行、城市信用社和农村信用社，未包含中资财务公司、外资金融机构等。

② 各商业银行披露的个人住房贷款数据中，交通银行、兴业银行和光大银行的数据包含个人商业用房贷款，统计口径要大于其他银行。因此，10家银行个人住房贷款合计数据与本章披露数据略有差异。

③ 各银行披露的各项贷款余额为“贷款和垫款总额”，同时也包含在境外发放的贷款，因此与上文中的各项贷款口径不同。

住房贷款占各项贷款的比重上升较快，同比分别提高4.6个和4.3个百分点，交通银行个人住房贷款占各项贷款的比重则同比回落0.7个百分点。

表4.2　2015年年末主要商业银行贷款情况

单位：亿元、%

商业银行	贷款和垫款总额	个人住房贷款	个人住房贷款占比	占比变化（与上年同期相比+，−）
工商银行	116 073.3	25 162.0	21.7	+2.90
农业银行	86 335.9	19 270.2	22.3	+3.17
中国银行	89 352.0	20 457.9	22.9	+2.92
建设银行	104 851.4	27 739.0	26.5	+2.46
交通银行	37 220.1	6 043.6	16.2	−0.65
招商银行	28 242.9	4 994.6	17.7	+4.59
浦发银行	22 455.2	2 605.7	11.6	+1.25
中信银行	25 287.8	2 689.3	10.6	+0.03
兴业银行	17 794.1	2 983.1	16.8	+4.29
光大银行	15 135.4	2 377.7	15.7	+0.38

数据来源：各商业银行2014年、2015年年报。

三、个人住房贷款与住房市场

居民家庭购买住房的主要融资渠道包括商业性个人住房贷款、住房公积金贷款等。数据显示，近年来新建房贷款发放额与商品住房销售额的比值不断回升。据推算，截至2015年年末，约有14.3%的存量住房个人住房贷款尚未结清，个人住房贷款余额相当于存量住房市场价值的6.5%，远低于发达国家一般水平。如美国居民家庭2015年年末持有的住房抵押贷款余额占其住房资产市值①的45.3%。

（一）新建房贷款发放与商品住房销售情况

近年来，新建房贷款发放额与商品住房销售额的比值不断回升。2015年，商业银行当年发放的新建房贷款金额与商品住房销售额的比值为39.6%，比上年同期提高3.2个百分点。

① 数据来源于美联储公布的2015年资金流量表（Financial Accounts of the United States）。

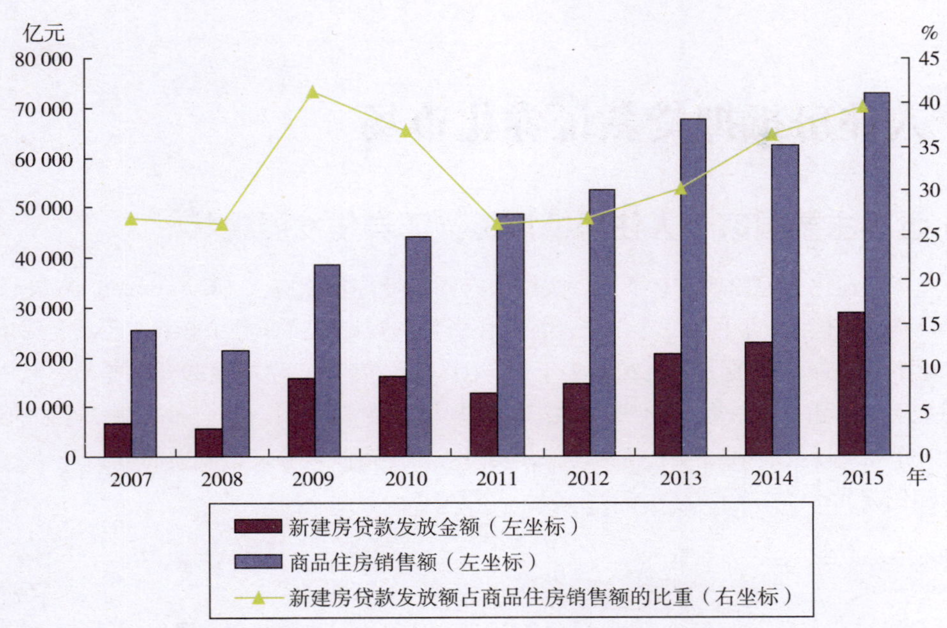

数据来源：中国人民银行、CEIC数据库。

图4.11　2007～2015年新建房贷款当年发放金额与商品住房销售额比较

（二）个人住房贷款与存量住房市场

据推算，2015年年末全国城镇成套住房存量约为2.94亿套①。2015年年末，全国尚未结清的个人住房贷款4 203万笔，占城镇存量住房套数的14.3%，即每6～7套存量住房中，有1套住房个人住房贷款尚未结清。从存量住房价值来看，按照2015年住宅销售额与销售面积计算的平均价格（6 472元/平方米）测算，目前城镇存量住房市场价值约为202万亿元。2015年年末，个人住房贷款余额为13.1万亿元，相当于城镇存量住房市场价值的6.5%。

以北京、上海为例，采用同样的测算方法，2015年年末，北京、上海的城镇存量住房套数分别为638万套和784万套，北京、上海套均面积分别为103.6平方米和105平方米，分别按两城市2015年住房销售额与销售面积计算的平均价格②测算，北京、上海城镇存量住房的市场价值分别为14.7万亿元和17.7万亿元。2015年年末，北京市尚未结清的个人住房贷款共61.4万笔，占存量住房套数的9.6%；个人住房贷款余额5 856亿元，占存量住房市场价值的4.0%。上海市尚未结清的个人住房贷款96.3万笔，占存量住房套数的12.3%；个人住房贷款余额7 766亿元，占存量住房市场价值的4.4%。

① 基于《中国房地产金融报告2015》中2014年城镇成套住房存量约为2.86亿套，加上2015年住宅新开工套数后，减去2015年拆迁的成套住房套数以及在商品住房新开工面积中重复统计的开发企业建设的保障房套数（约占全部商品住房的20%）。本报告拟用40个重点城市套均面积值代替全国的套均面积值，因此，住宅新开工套数=住宅新开工面积/40个重点城市住宅成交的套均建筑面积。

② 来源于Wind数据库，2015年北京为22 300元/平方米、上海为21 501元/平方米。

四、个人住房抵押贷款证券化市场

（一）世界主要国家个人住房抵押贷款证券化发展现状

美国是资产证券化的起源地。1968年，美国政府国民抵押贷款协会（Government National Mortgage Association）首次公开发行过手型证券以来，各类住房贷款资产支持证券（MBS）产品先后出现。美国的资产证券化不断创新和发展。截至2015年年末，美国债券市场存量规模39万亿美元，其中，MBS存量规模8.7万亿美元，占比22.3%。2015年，MBS发行规模1.7万亿美元，占全部债券发行量的26.6%，是仅次于长期国库券发行量的第二大融资工具，其发行规模是市政债券发行规模的4倍多，较公司债发行规模多约2 200亿美元。

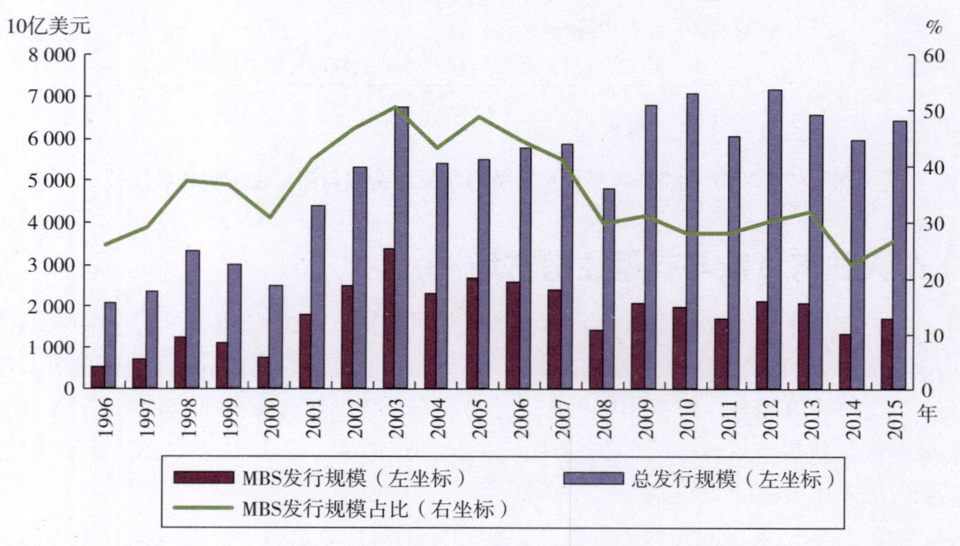

数据来源：sifma.org。

图4.12 1996～2015年美国债券市场及MBS发行规模情况

欧洲是除了美国以外世界上最大的资产证券化市场。与美国一样，MBS也是欧洲最大的资产证券化品种，美国和欧洲MBS发行额约占其证券化产品发行总额的60%～80%。2009年，受国际金融危机的影响，欧洲MBS发行规模大幅下跌至0.4万亿美元，此后逐年下降。截至2015年年末，欧洲资产证券化产品存量1.7万亿美元，MBS存量规模为1.1万亿美元。2015年，资产证券化产品发行规模为0.2万亿美元，其中，MBS发行规模为0.1万亿美元，发行量最大的RMBS占全部证券化品种的比重为47.5%。

（二）我国个人住房抵押贷款证券化市场

我国信贷资产证券化于2005年启动试点，受到美国次贷危机的影响，2008年我国资产证券化试点进入停滞状态。2012年5月，中国人民银行、中国银行业监督管理委员会、财政部联合发文《关于进一步扩大信贷资产证券化试点有关事项的通知》（银发〔2012〕127号），我国信贷资产证券化试点工作重启。2014年11月，中国银监会发布《关于信贷资产证券化备案登记工作流程的通知》，明确信贷资产证券化项目实施备案制。2015年1月，中国银监会印发文件批准27家商业银行获得开办信贷资产证券化产品的业务资格，备案制正式启动。5月，国务院常务会议确定5 000亿元信贷资产证券化试点规模，我国信贷资产证券化业务明显提速，市场发行日渐常态化，产品结构设计更加丰富。在经济转型升级的大背景下，资产证券化已成为金融机构和实体企业盘活存量资产，实现转型发展的有效途径。同时，为规范信贷资产支持证券的信息披露情况，更好地保护投资者权益，经中国人民银行同意，中国银行间市场交易商协会陆续发布《个人住房抵押贷款资产支持证券信息披露指引（试行）》、《个人消费贷款资产支持证券信息披露指引（试行）》等多个信息披露指引。

截至2015年年末，金融机构累计发行198单信贷资产支持证券，累计发行规模7 824.7亿元，产品存量规模达5 329.5[①]亿元，首次突破5 000亿元。其中，建设银行、中国银行、邮储银行、招商银行、民生银行、北京银行、江苏农商行7家金融机构累计发行11单、399.7亿元的MBS产品，存量规模为250.6亿元。2015年，金融机构共发行104单信贷资产支持证券，发行规模为3 976亿元，同比增长41%；其中，MBS共发行8单，规模259.8亿元。

（三）公积金贷款资产支持证券情况

2015年9月30日，住房城乡建设部联合财政部、中国人民银行发布《关于切实提高住房公积金使用效率的通知》（建金〔2015〕150号），提到“有条件的城市要积极推行住房公积金个人住房贷款资产证券化业务，盘活住房公积金贷款资产”。11月20日，国务院法制办发布的《住房公积金管理条例（征求意见稿）》明确住房公积金管理中心可申请发行住房公积金个人住房贷款支持证券。

“沪公积金2015年第一期个人住房贷款资产支持证券”（以下简称“沪公积金MBS”）作为银行间市场首单公积金贷款MBS产品于2015年12月发行，总发行金额约69.6亿元。“沪公积金MBS”由上海国际信托作为发行人，分1号、2号两批发行，规模分别为19.4亿元、50.2亿元。1号产品资产池中基础资产的抵押物为房产不动产，房产处所集中在上海地区；2号则没有抵押物，入池贷款在发放时，由上海住房担保为借款人提供担保。新世纪和中债资信均对优先级证券评级为AAA级，次级证券无评级。

专栏四

我国住房信贷政策体系概况

2003年以来，为配合国家做好房地产调控，人民银行会同中国银监会等部门，逐步强化市场化调控机制，建立了差别化住房信贷政策体系，主要支持居民首套自住房需求，抑制投资、投机性购房。2014年以来，按照国务院有关部署，人民银行会同对住房信贷政策作了市场化、差异化、长效化的调整，下调居民家庭购房贷款最低首付比例，支持居民自住及改善性住房贷款需求，并不断完善差别化住房信贷政策，按照“分类指导、因地施策”的原则，在全国范围内建立了区域差异化住房信贷政策体系，促进房地产市场健康发展。

① 不含公积金贷款资产证券化产品存量规模。

一、现行住房信贷政策的主要背景及思路

现行住房信贷政策体系主要是在过去十年控制房价上涨、配合限购的大背景下形成的。2003～2013年，国务院多次发文要求控制房价过快上涨和抑制投资、投机性购房需求，建立了以控制居民家庭（包括配偶和未成年子女）所能购房套数、区分普通和非普通住房（一般以144平方米为界）、鼓励首套和自住的房地产调控框架，并明确了地方政府对稳定房价的主体责任。在此期间，为配合国家房地产调控政策，人民银行会同中国银监会等部门，建立了依据居民家庭房屋套数的差别化住房信贷政策体系，主要体现在：一是住房贷款的最低首付比例和利率与居民家庭拥有的房屋套数相关，首套（中间曾用过“首次购买”的概念）要求较低，二套及以上（非首次购买）要求较高；二是区分自住房和非自住房、普通住房和非普通住房，对自住房和普通住房贷款条件要求相对宽松。

2010～2013年房价快速上涨期间，国务院发文明确要求实施更为严格的差别化住房信贷政策，贷款购买第二套住房的最低首付比从30%逐步提高到40%、50%、60%，贷款利率不低于基准利率的1.1倍，并要求人民银行分支机构根据地方政府房价调控的要求，在国家统一信贷政策的基础上，提高第二套住房贷款的最低首付款比例和利率。据此，曾有十多个城市在此期间将第二套住房贷款最低首付比提高到70%，同时，暂停第三套住房贷款，初步实施了区域差别化住房信贷政策。

随着市场形势的变化，2014年房地产调控各项政策陆续放松或退出。9月30日，人民银行放松住房信贷政策“认房”的标准，对拥有一套住房且已结清相应购房贷款的家庭，贷款购买第二套普通住房执行第一套房贷款政策，同时在不限购城市放开拥有两套及以上住房且贷款已结清家庭的再次购房贷款。2015年3月30日和9月30日，又先后降低了第二套住房贷款和首次购房贷款的最低首付款比例，并确立了通过地方市场自律机制自主确定辖内最低首付款比例的机制，建立了“分类指导、因地施策”的区域性差别化住房信贷政策体系。

二、现行住房信贷政策的具体规定

现行住房信贷政策体系主要围绕居民家庭房屋套数（以下简称“认房”）、住房性质（普通、非普通，首套（次）、改善型）、限购与否等因素，制定相对应的贷款最低首付比例、利率水平、贷款次数、贷款结清与否等信贷政策，从“认房”和“认贷”两个维度构建了二维的“分类指导、因地施策”区域性差别化住房信贷政策体系。

（一）个人住房贷款首付比例和利率政策

1. 在不限购的城市，首次购买普通住房的贷款最低首付款比例不低于25%，贷款利率不得低于基准利率的0.7倍；

2. 贷款购买首套普通自住房的最低首付款比例为30%，贷款利率不得低于基准利率的0.7倍；

3. 对拥有1套住房且相应购房贷款未结清的居民家庭，为改善居住条件再次申请商业性个人住房贷款购买普通自住房，银行业金融机构执行首套房贷款政策；

4. 对拥有1套住房且相应购房贷款未结清的居民家庭，为改善居住条件再次申请商业性个人住房贷款购买普通自住房，最低首付款比例不低于40%，贷款利率不低于基准利率1.1倍（居民家庭最多同时存在2笔住房贷款，不能同时存在3笔及以上）；

5. 在不限购的城市，对拥有2套及以上住房并已结清相应购房贷款的家庭又申请贷款购买住

房，银行业金融机构应根据借款人偿付能力、信用状况等因素审慎把握并具体确定首付款比例和贷款利率水平。

（二）其他信贷政策

1. 月供收入比例政策。《中国人民银行 中国银行业监督管理委员会关于加强商业性房地产信贷管理的通知》（银发〔2007〕359号）明确规定："借款人偿还住房贷款的月支出不得高于其月收入的50%。"

2. 放款时间政策。《中国人民银行关于进一步加强房地产信贷业务管理的通知》（银发〔2003〕121号）明确规定："商业银行只能对购买主体结构已封顶住房的个人发放个人住房贷款。"

3. 住房抵押贷款政策。《中国人民银行 中国银行业监督管理委员会关于加强商业性房地产信贷管理的通知》（银发〔2007〕359号）明确规定："商业银行不得发放贷款额度随房产评估价值浮动、不指明用途的住房抵押贷款；对已抵押房产，在购房人没有全部归还贷款前，不得以再评估后的净值为抵押追加贷款。"

第五章

ZHUFANG GONGJIJIN
GUANLI QINGKUANG

住房公积金管理情况

2015年，住房公积金制度改革加快推进，缴存覆盖面进一步扩大，资金使用效率明显提高。住房城乡建设部、财政部、人民银行出台多项政策，支持缴存职工合理住房消费。住房消费类提取额和个人住房贷款发放额大幅增加，全国住房公积金个人住房贷款率（以下简称“个贷率”）突破80%，住房公积金个人住房贷款市场占有率达22.7%。住房公积金制度在提高缴存职工住房支付能力、支持缴存职工合理住房消费、加快房地产市场去库存方面，发挥了重要作用。

2015年，全年缴存住房公积金14 549.46亿元，提取10 987.47亿元。发放个人住房贷款11 082.63亿元，发放住房公积金支持保障性住房建设试点项目贷款65.50亿元。全国住房公积金行业实现增值收益1 075.02亿元，其中，提取廉租住房补充资金618.08亿元。

截至2015年年末，全国住房公积金实缴职工为12 393.31万人，缴存总额为89 490.36亿元，缴存余额为40 674.72亿元。累计发放个人住房贷款53 349.74亿元，个人住房贷款余额为32 864.55亿元，个贷率为80.8%，个贷逾期率为0.01%。

一、住房公积金缴存和提取情况

（一）缴存覆盖面进一步扩大

截至2015年年末，全国住房公积金实缴单位231.35万个，实缴职工12 393.31万人，分别比上年年末净增24.85万个、515.92万人，增幅分别为12.03%和4.34%。住房公积金缴存总额为89 490.36亿元，缴存余额为40 674.72亿元，分别较上年年末增长19.56%和9.79%。

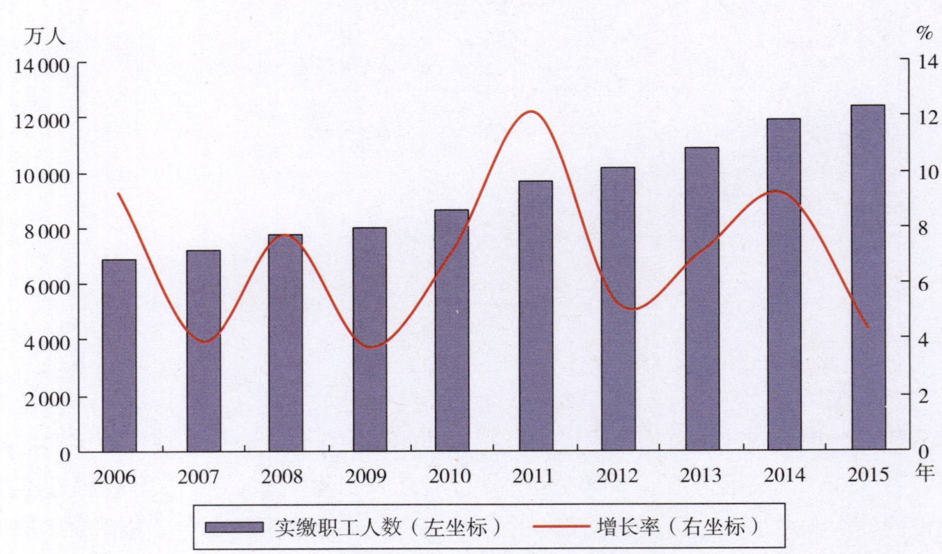

数据来源：住房城乡建设部。

图5.1 全国住房公积金实缴职工人数增长情况

2015年，全国净增缴存单位24.85万个、实缴职工515.92万人。全年住房公积金缴存额为14 549.46亿元，比上年年末增长12.29%，增速与上年基本持平。年人均缴存额为1.17万元，比上年增加830元。

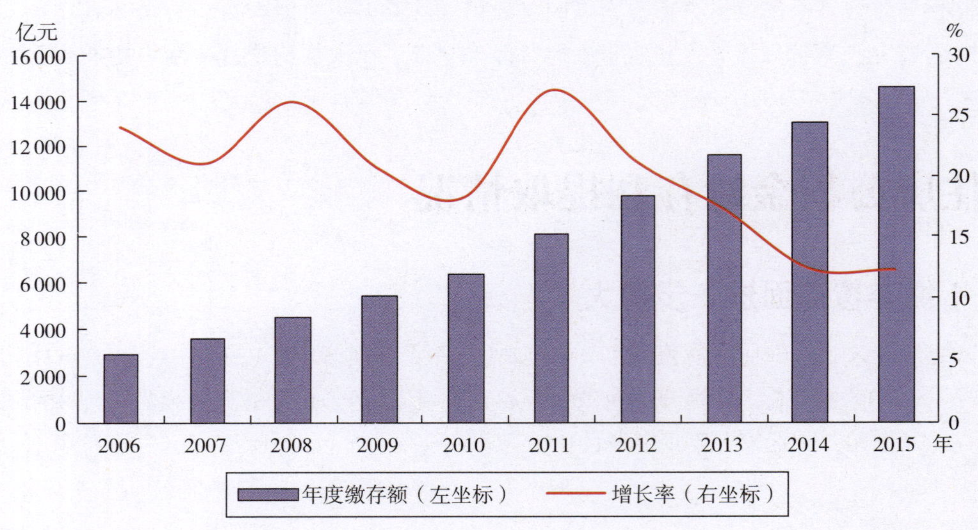

数据来源：住房城乡建设部。

图5.2 全国住房公积金年度缴存额增长情况

在缴存职工中，国家机关和事业单位职工占35.06%、国有企业职工占25.10%、城镇集体企业职工占3.77%、外商投资企业职工占7.82%、城镇私营企业及其他城镇企业职工占19.07%、民办非企业单位和社会团体职工占1.64%、其他占7.54%。其中，城镇私营企业及其他城镇企业职工占比较上年提高6.33个百分点，增长较快。说明2015年住房公积金缴存扩面工作主要以非公有制经济为重点，非公有制企业建立住房公积金制度积极性有所增强。

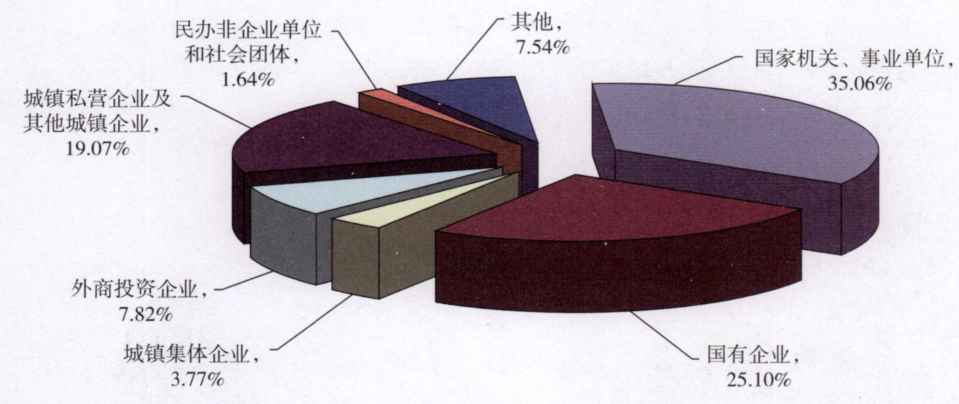

数据来源：住房城乡建设部。

图5.3 缴存职工按单位性质分类情况

（二）住房消费类提取额大幅增加

截至2015年年末，全国住房公积金提取总额为48 815.64亿元，占缴存总额的54.55%，比上年年末增加4个百分点。

2015年，全国住房公积金提取额为10 987.47亿元，比上年增长44.92%，与全年缴存额的比值为75.52%，比上年提高17个百分点。住房消费类提取额为9 122.90亿元，比上年增长60%，占全年缴存额和提取额的62.70%和83.03%。住房消费类提取额大幅增加，主要原因是住房城乡建设部、财政部、人民银行2015年出台了一系列放宽住房公积金提取使用的政策，促使更多的缴存职工提取公积金用于购买首套住房和改善型自住住房。

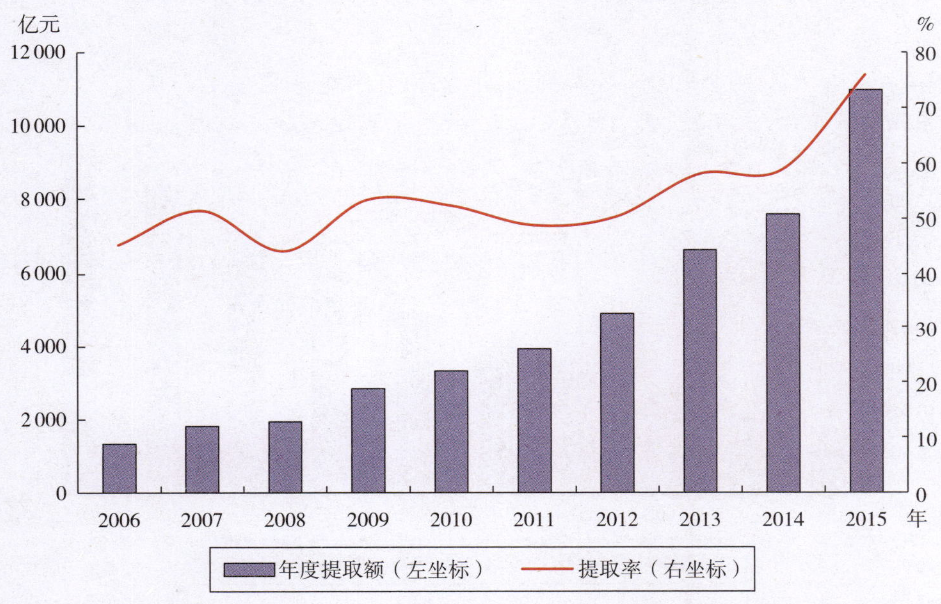

数据来源：住房城乡建设部。

图5.4 全国住房公积金提取额增长情况

在公积金提取中，住房消费类、非住房消费类提取占比分别为83.03%和16.97%。在住房消费类提取中，购买、翻建、大修自住住房占46.57%；偿还购房贷款本息占43.67%；租赁住房占3.66%，较上年提高2.24个百分点；其他（如物业费提取等）占6.10%。租赁住房提取增长较快，主要是2015年各地落实放宽提取住房公积金支付房租条件的政策，租赁住房提取需求逐步释放。

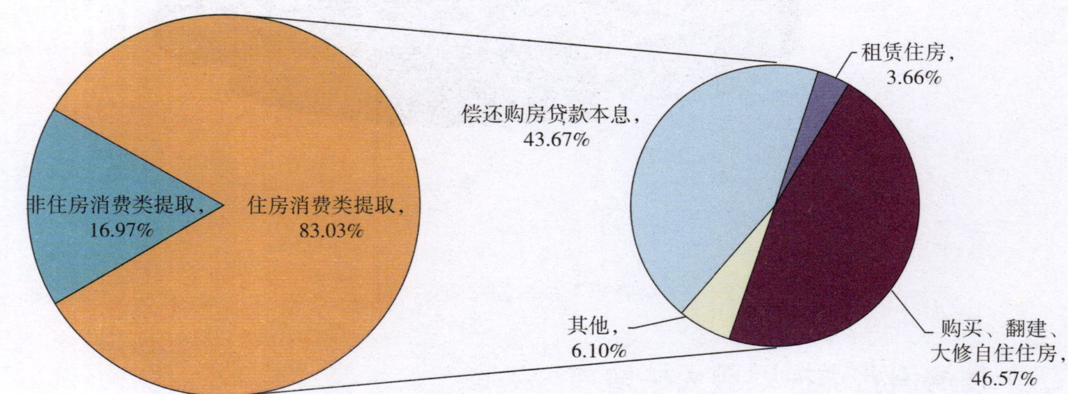

数据来源：住房城乡建设部。

图5.5　全国住房公积金提取分类情况

（三）缴存余额稳定增长

截至2015年年末，全国住房公积金缴存余额为40 674.72亿元，较上年年末增长9.79%，增速比上年下降7.18个百分点。缴存余额增速下降，主要是由于2015年全国住房公积金提取额增长较快，提取总额较上年增长29%，比上年增速有所提高。广东、江苏、北京、上海、山东、浙江6个省份缴存余额超过2 000亿元。

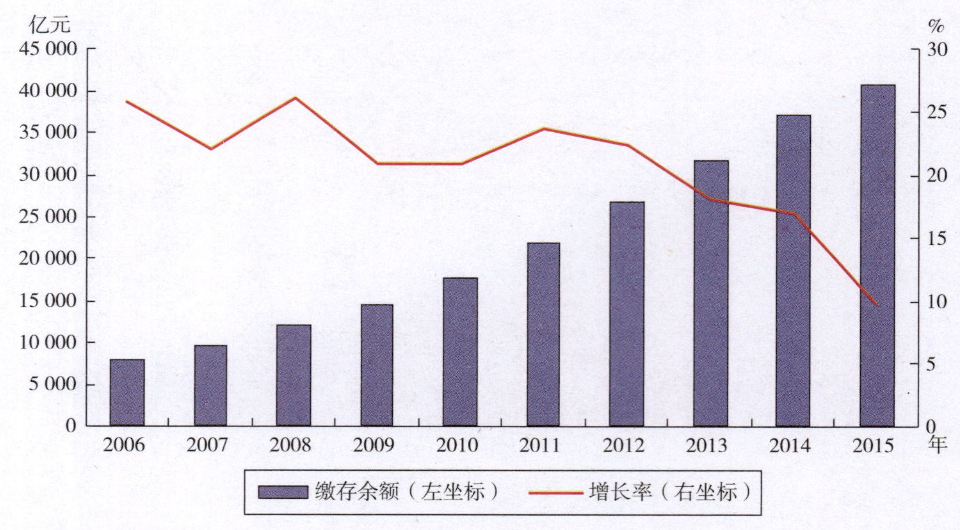

数据来源：住房城乡建设部。

图5.6　2006～2015年全国住房公积金缴存余额增长情况

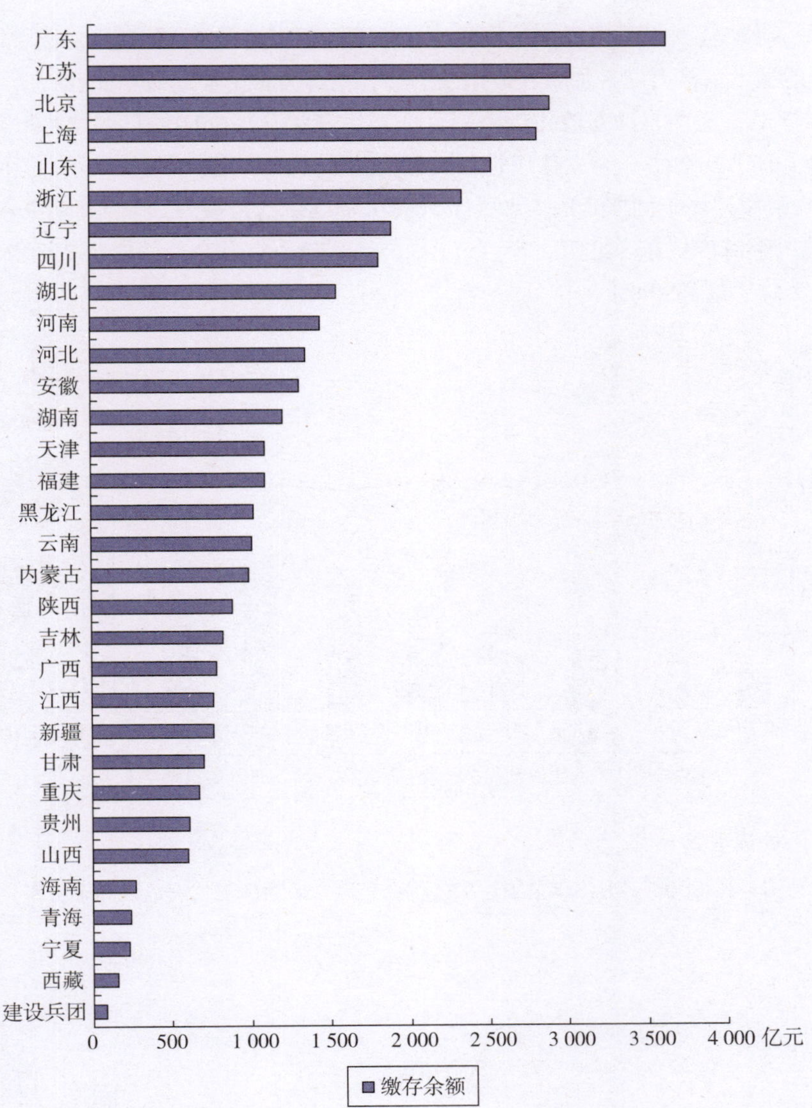

数据来源：住房城乡建设部。

图5.7 2015年年末各省（区、市）住房公积金缴存余额情况

二、住房公积金个人住房贷款情况

（一）个人住房贷款发放额大幅提高

2015年，住房城乡建设部、财政部、人民银行先后印发了《关于放宽提取住房公积金支付房租条件的通知》、《关于个人住房贷款政策有关问题的通知》、《关于调整住房公积金个人住房贷款购房首付比例的通知》、《关于住房公积金异地个人住房贷款有关操作问题的通知》和《关于切实提高住房公积金使用效率的通知》5个政策文件，放宽租房提取条件，降低首套和改善型二套自住住房贷款首

付比例，全面推行异地贷款，适当提高贷款额度。组织召开了四次全国电视电话会议，强调用足用好住房公积金。各地加大工作力度，加快释放结余资金，住房公积金使用效率明显提升。

截至2015年年末，全国累计发放住房公积金个人住房贷款2 499.33万笔、53 349.74亿元，分别比上年年末增长14.34%、26.29%。个人住房贷款余额为32 864.55亿元，比上年年末增加7 343亿元，增长28.8%。新增贷款余额相当于同期全国商业性个人住房贷款新增余额的29%，住房公积金个贷市场占有率①22.7%。江苏、上海、广东、北京、浙江、山东、辽宁7个省份个人住房贷款余额突破1 500亿元。全国住房公积金个贷率达到80.8%。

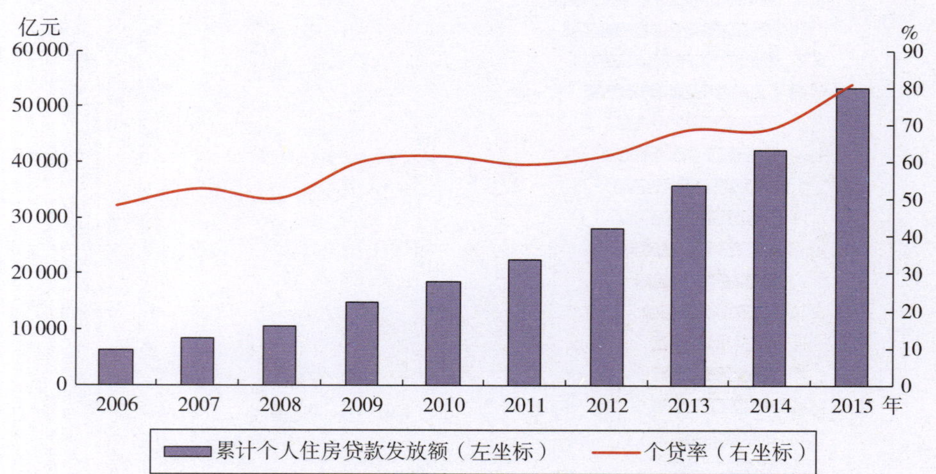

数据来源：住房城乡建设部。

图5.8　2006～2015年全国住房公积金累计个人住房贷款发放额和个贷率

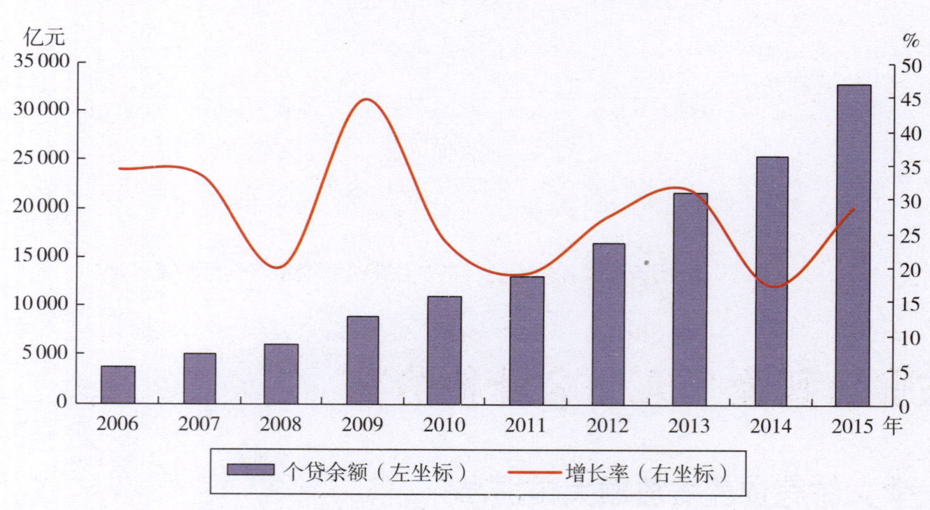

数据来源：住房城乡建设部。

图5.9　2006～2015年全国住房公积金个人住房贷款余额增长情况

① 指当年住房公积金个人住房贷款新增余额占全国商业性和住房公积金个人住房贷款新增余额总和的比率。

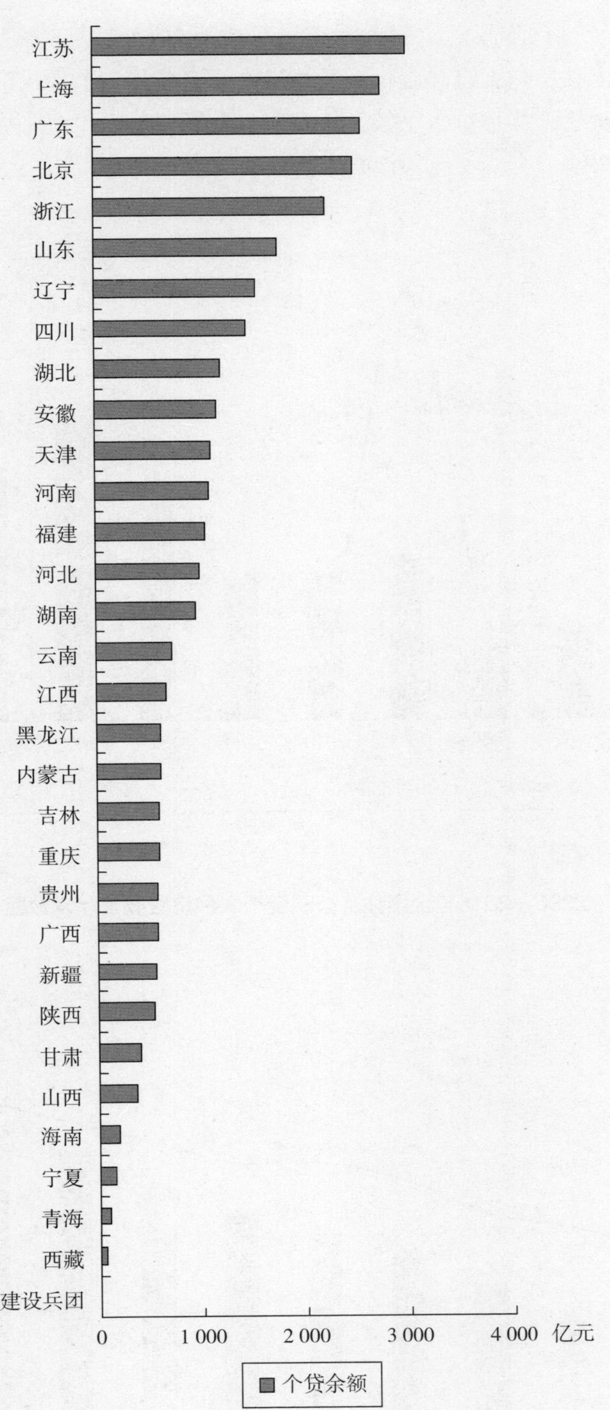

数据来源：住房城乡建设部。

图5.10 2015年年末各省（区、市）个人住房贷款余额分布情况

2015年，全国房地产市场整体稳中向好。全年发放住房公积金个人住房贷款312.5万笔、11 082.63亿元，分别比上年增长40.44%、68.10%，支持缴存职工购买住房约3.4亿平方米，约占全年商品住宅

销售面积的1/3。单笔个人住房贷款金额平均为35.46万元，较上年增加5.83万元，一方面是由于2015年各地落实住房公积金个人住房贷款有关政策，适当提高住房公积金个人住房贷款额度；另一方面也受全国房地产市场整体回暖、平均房价水平较上年有所上升影响。全年个人住房贷款发放额占缴存额的76.17%，较上年提高25.29个百分点。全年回收个人住房贷款3 810.02亿元。

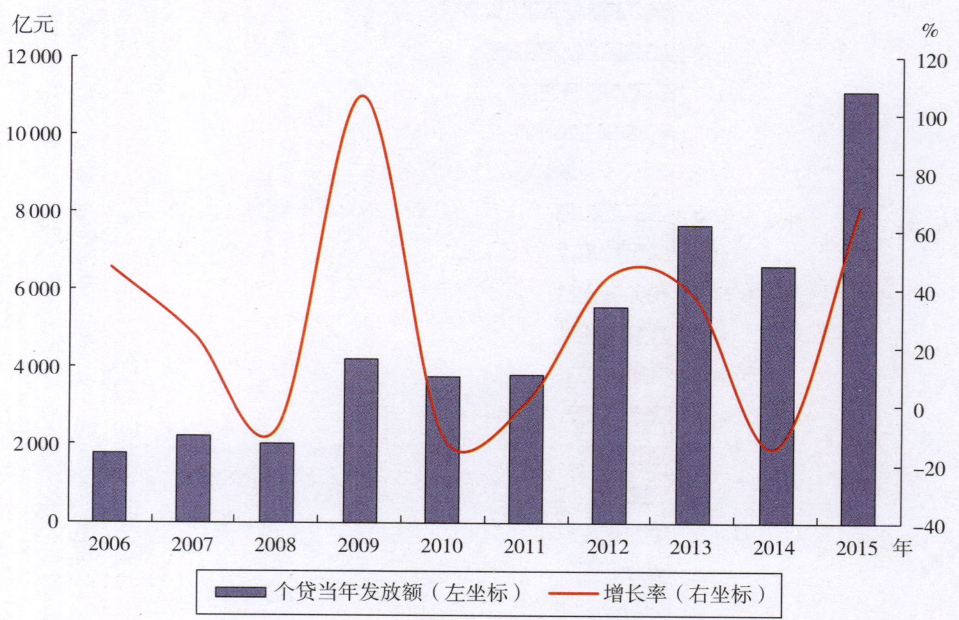

数据来源：住房城乡建设部。

图5.11　2006～2015年全国住房公积金个人住房贷款当年发放额增长情况

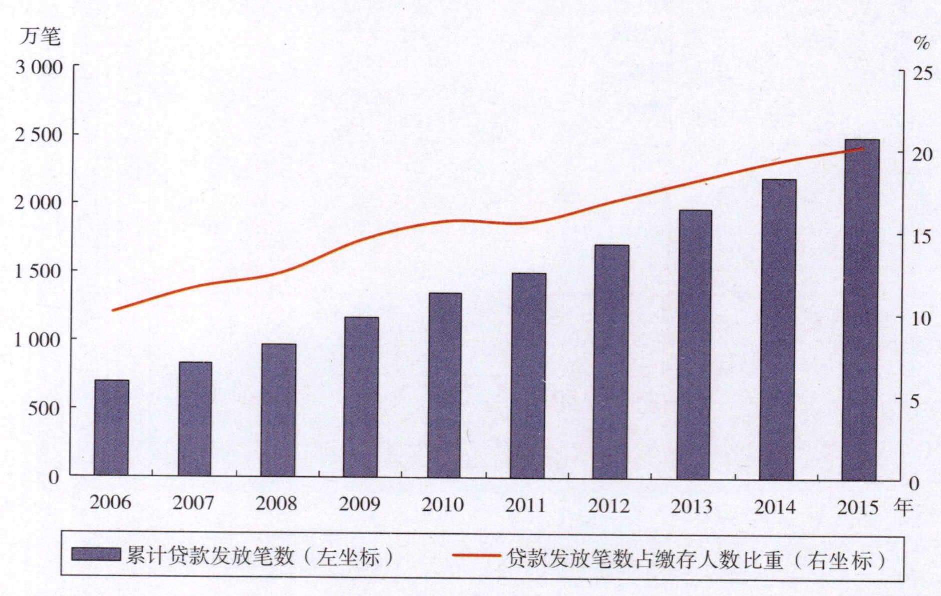

数据来源：住房城乡建设部。

图5.12　2006～2015年住房公积金个人住房贷款受益人数变化情况

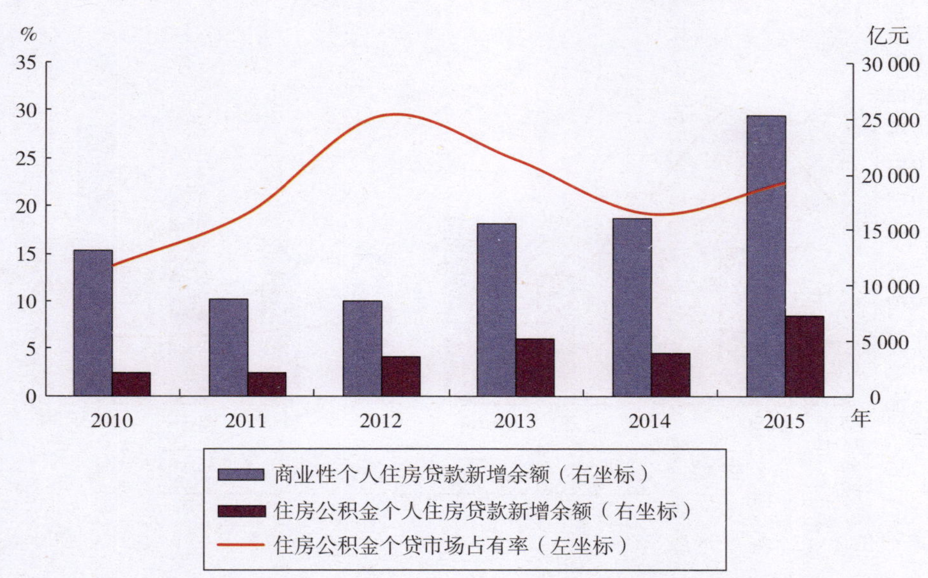

数据来源：住房城乡建设部。

图5.13 2010～2015年全国住房公积金个人住房贷款与商业性个人住房贷款新增余额比较

（二）部分城市资金紧张问题凸显

2015年年末，全国住房公积金个贷率达到80.8%，较上年年末提高11.91个百分点，为2006～2015年的最大增长。天津、江苏、上海、福建、贵州、浙江6个省市个贷率超过90%。全国342个设区城市中，湖州、盐城、莆田等99个城市个贷率超过85%，占比近30%，其中，个贷率超过100%的城市有20个。

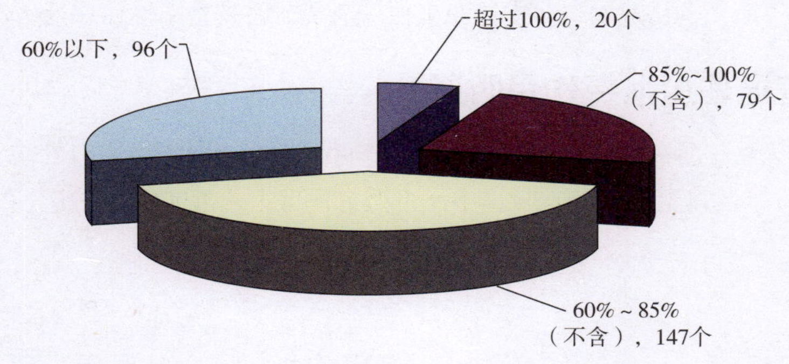

数据来源：住房城乡建设部。

图5.14 全国342个设区城市个贷率分布

（三）个人住房贷款逾期率与上年持平

截至2015年年末，全国住房公积金个人住房贷款逾期额为4.04亿元，逾期率为0.01%，与上年持平。年末，个人住房贷款风险准备金余额为1 240.12亿元，占个人住房贷款余额的3.77%，资金安全总体可控。

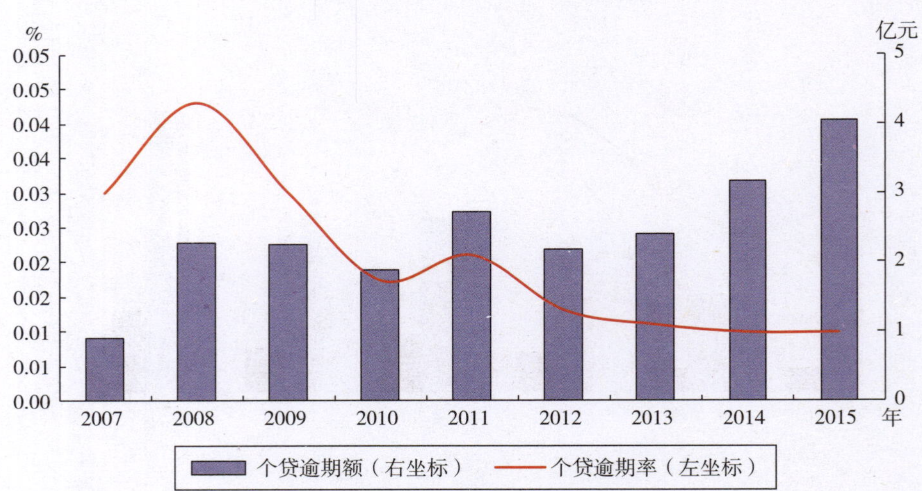

数据来源：住房城乡建设部。

图5.15　2007～2015年个贷款逾期情况

（四）个人住房贷款利率多次下调

中国人民银行分别于3月1日、5月11日、6月28日、8月26日、10月24日，5次下调人民币存、贷款利率，住房公积金存款利率5次相应下调，住房公积金贷款利率除第5次调整时保持不变外，其余4次相应下调。10月24日调整利率后，住房公积金个人住房贷款5年期以下（含5年期）利率为2.75%，5年期以上利率为3.25%，分别比同期限商业银行个人住房贷款基准利率低2个和1.65个百分点。以一笔50万元、期限30年期的个人住房贷款为例，采取等额还本付息方式，住房公积金个人住房贷款可比商业银行个人住房贷款节约购房利息17.2万元。由于住房公积金个人住房贷款利率多次下调，利率政策优势进一步凸显，有效降低了职工购房成本，对支持职工住房消费，尤其是刚性住房消费作用明显。

（五）支持普通住房消费作用明显

从住房公积金个人住房贷款职工购房建筑面积看，90平方米及以下的占31.68%，90～144平方米的占比58.30%，144平方米及以上的占10.02%，中小户型自住房占比近90%，住房公积金支持普通住房消费作用明显。

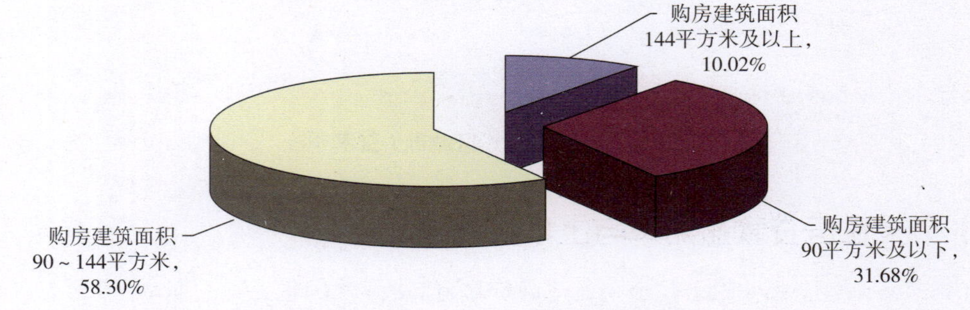

数据来源：住房城乡建设部。

图5.16　职工购房建筑面积分类情况

三、利用住房公积金贷款支持保障性住房建设试点情况

2009年10月，经国务院同意，住房城乡建设部会同财政部、中国人民银行等七部门启动了住房公积金贷款支持保障性住房（经济适用住房、公共租赁住房和棚户区改造安置房）建设试点工作。2012年3月，国务院决定扩大试点范围。为确保贷款资金安全和专款专用，住房城乡建设部和财政部、中国人民银行出台了项目贷款管理办法、业务规范办法、财务管理办法和会计核算办法等相关配套政策，开发了试点项目贷款运行监管系统，组织住房公积金督察员按季度对试点城市实地巡查。同时，发挥各省、自治区住房城乡建设厅职能，加强协调配合，形成监管合力。督促试点城市政府切实履行责任，推进解决试点工作中存在的问题，加快试点工作进度。

基于保障性住房政策和房地产市场的变化，住房城乡建设部会同财政部、人民银行，调整了利用住房公积金贷款支持保障性住房建设试点工作相关政策。从2016年1月1日起，尚未发放项目贷款的试点城市，不再发放住房公积金项目贷款；已经开展试点工作的城市，仍有未发放贷款的试点项目的，原则上不再发放住房公积金贷款，也不再调整新增试点项目；对已发放贷款但尚未结清的试点项目，试点城市政府要妥善安排还款资金，确保按期偿还贷款本息。

截至2015年年末，全国共有项目贷款试点城市87个，试点项目392个，计划贷款额度1 107.53亿元。累计已发放试点项目贷款841.29亿元，其中，经济适用住房225.92亿元、棚户区改造安置用房331.04亿元、公共租赁住房284.33亿元。支持保障性住房建设项目369个、6 985.79万平方米，住房公积金贷款金额占项目总投资的42.67%。累计回收试点项目贷款本金530.86亿元，试点项目贷款余额310.44亿元，175个项目结清贷款本息。

专栏五

银行间公积金贷款资产证券化试点情况

为解决部分公积金中心流动性紧张问题，探索建立住房公积金流动性补充长效机制，2015年，人民银行会同住房城乡建设部、财政部在银行间市场开展了住房公积金贷款资产证券化（MBS）试点工作。12月4日，上海公积金中心作为发起人在银行间市场发行首单公积金贷款证券化产品，其产品设计和发行管理规范，融资成本低，受到投资人广泛关注和认可。

一、开展公积金贷款MBS试点工作的主要背景

2014年以来，为促进房地产市场健康发展，支持合理住房消费，住房公积金贷款、提取条件不断放宽，住房公积金贷款规模快速增长，公积金运用率呈上升趋势，全国公积金呈现“总体过剩、局部紧张”的局面，发放率在85%以上的地区日益增多，如常州市公积金贷款发放率达96.7%、武汉地区高达101.2%，供给端的压力问题亟须解决。

2014年以来，《关于发展住房公积金个人住房贷款业务的通知》、《关于切实提高住房公积金使用效率的通知》均提出，有条件的城市要积极探索推行住房公积金个人住房贷款资产证券化业务，为开展公积金贷款证券化业务提供了依据。2015年11月，《住房公积金管理条例（修订送审

稿）》明确提出公积金中心可按国家规定申请发行住房公积金个人住房贷款支持证券。

同时，为解决流动性问题，部分公积金中心探索通过公积金转商业贷款、向商业银行申请信用贷款等方式筹集资金、以私募方式发行证券化产品等。总体来看，这些方式缺乏统一的管理制度和规范，只能临时解决公积金的资金紧张问题，难以形成正规的、持续性的机制安排。

二、公积金的贷款MBS产品基本交易结构

（一）主要参与主体

公积金中心作为发起机构将公积金贷款委托给受托人设立特定目的信托，向投资者发行资产支持证券。受托人以信托财产所产生的现金为限支付相应税收、信托费用及资产支持证券的本金和收益。资产支持证券由受托人委托主承销商组建承销团完成承销工作，并通常委托公积金中心作为贷款服务机构对资产池的日常回收进行管理和服务；委托商业银行作为资金保管机构对信托账户内的现金资产提供保管服务；委托登记机构对资产支持证券提供登记托管和代理兑付服务。

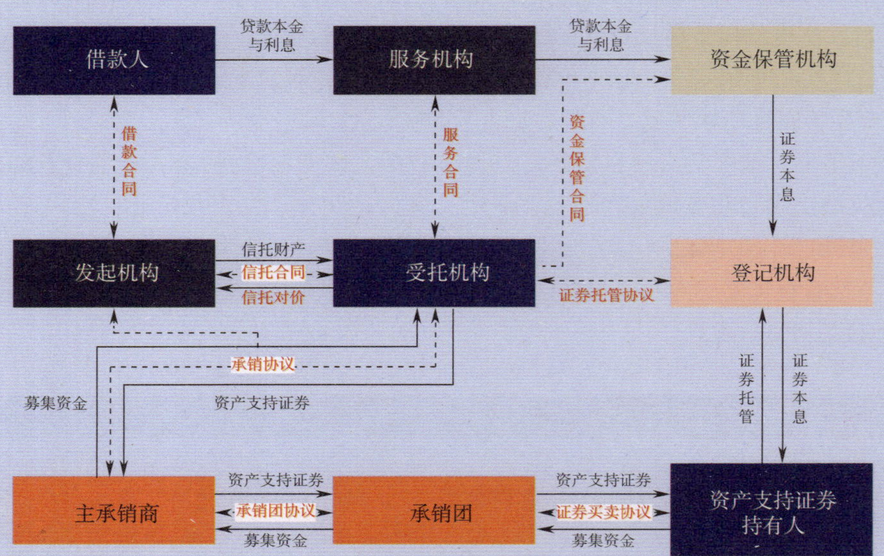

图5.17　公积金贷款资产支持证券基本交易结构

（二）基础资产特征

公积金贷款MBS入池资产分散性强。公积金贷款MBS产品入池资产笔数千笔以上，单笔最大本金余额占比不足1%，资产池分散性较强，能够降低因为单笔贷款违约给整个资产池带来的损失。

地区集中度较高。由于公积金贷款主要发放所在地区的居民，通常入池贷款地区集中度很高，各公积金中心根据当地经济发展和需求情况制定公积金贷款政策，具有明显的区域特征。

基础资产逾期率和产品违约率均较低。我国公积金中心发放的住房贷款通常有较为严格的限制条件，贷款人的资信状况较好，贷款逾期率一般低于商业银行住房贷款的逾期率。从历史数据来看，上海公积金中心贷款违约率约为0.01%，低于一般商业银行RMBS产品的违约率0.2%～0.6%。

表5.1 各类资产支持证券产品特点对比

	住房公积金贷款资产支持证券与商业银行RMBS	CLO	Auto ABS
分散性	分散性较好，通常千笔以上贷款，单笔资产未偿本金余额占比不超过1%	分散性一般，通常涉及1笔到上百笔贷款	分散性较好，通常成千上万笔贷款，单笔资产未偿本金余额占比不超过1%
期限	期限很长，通常10～30年期	期限一般，通常1～5年期	期限一般，合同期限通常不超过5年，入池贷款期限通常在1～4年期
提前还款	一定比例的借款人选择提前还清贷款	通常为0～60%	通常0～10%
利率	利率较低，通常6%以下	通常6%以上	通常6%～14%
抵押物	抵押物质量良好，通常为个人住房	抵押物种类较多，如土地、房产等	通常为所购汽车

资料来源：中债资信。

（三）首单产品发行情况

产品设计合理，发行管理规范。沪公积金2015年第一期住房贷款MBS基础资产类型为个人住房公积金贷款，资产池规模为71.86亿元，分1号MBS和2号MBS两只同时发行。产品在结构上采用信托架构，不构成公积金中心的对外负债，符合地方政府债务管理有关规定。此外，产品采用了分层设计、超额抵押、现金储备等内外部信用增进措施，产品信用情况良好。

单只发行规模较大，期限较长。沪公积金贷款MBS发行规模为69.63亿元，远大于交易所市场3亿～5亿元的发行规模；加权平均期限为1～7年期，长于交易所0.5～1.5年期，符合银行间市场以机构投资者和批发交易为主的特点。

产品受到投资者的广泛关注和认可，融资成本利率优势明显。沪公积金贷款MBS获得42家不同类型投资者的积极认购，非银行机构认购规模占比约60%，高于ABS一般40%的占比，申购总金额为135.12亿元，认购倍数达1.94。最终，产品加权平均发行利率为3.77%，处于簿记建档利率区间中值偏下水平，低于公积金贷款基础资产包3.81%的加权利率水平，利率优势明显。

表5.2 沪公积金MBS产品基本情况

发起主体	产品	规模（亿元）	发行利率	增信措施	基础资产	是否出表
上海公积金中心	沪公积金贷款MBS1号	19.40	优先A-1 3.2% 优先A-2 3.65%	产品分层 超额抵押	抵押贷款	是
	沪公积金贷款MBS2号	50.23	优先级3.65%	产品分层 超额抵押	担保贷款	是

三、公积金贷款证券化应关注的几个方面

上海公积金贷款证券化产品发行情况较好，受到市场的广泛认可，但是也需要在产品设计过程中关注以下几个方面：一是资产池加权平均贷款利率较低，有一定负利差压力。住房公积金贷款较低，可能存在资产池利率无法完全覆盖税费、服务费率及证券票面利率的风险，因此住房公积金贷

款证券化除了选择优先/次级的分层结构外，可能还需超额抵押、差额支付承诺（发起机构于每个支付期间进行贴息）等，来缓解优先档证券利息支付的压力。二是入池资产的抵押权属问题。通常情况下，公积金中心会委托商业银行对抵押物进行管理，抵押权在商业银行。如果贷款违约需要处理抵押物，则根据协议在二者之间进行分配，而在证券化过程中，公积金中心将贷款出售给信托，信托与商业银行并未签署具体协议，抵押权又无法切割，故抵押物权属转移问题的处理上可能存在法律障碍，需要进一步研究探索。三是产品结构设计问题。住房公积金管理中心是直属城市人民政府的事业单位，根据《中华人民共和国预算法》和规范地方政府债务管理的有关规定，除了在国务院确定的限额内通过发行地方政府债券举借债务外，地方政府及其所属部门不得以任何方式举借债务。公积金贷款资产证券化产品的交易结构上设计上应不构成住房公积金中心的负债，符合地方政府债务管理有关规定。

第六章

FANGDICHAN ZHIJIE RONGZI
HE XINTUO RONGZI

房地产直接融资和信托融资

2015年，受房地产企业债券融资限制的放松、国内利率下行、美元升值等因素的影响，部分房地产企业融资由境外回归境内，境内债券融资规模显著提高。从融资结构上看，债券市场成为房地产企业最重要的融资渠道，全年境内债券融资规模4 614.7亿元，境外债券融资规模174亿美元；股权融资方面，全年A股市场房地产企业共完成38单1 475亿元定向增发，境外市场完成56.6亿美元的股本融资。房地产资金信托业务规模略有减少，截至2015年年末，投向房地产领域的资金信托业务规模为1.29万亿元，比年初减少192亿元，同比减少1.47%。另外，房地产企业不断创新融资工具，通过房地产私募基金、房地产投资信托基金（REITs）等多种渠道和方式进行融资。

一、债券融资

（一）境内融资

2015年，房地产企业债券融资进一步放开，债券融资规模大幅上升。房地产企业债券融资工具可以分为三大类：公司债券（公募公司债和私募公司债）、非金融企业债务融资工具（主要为中期票据）以及一般企业债券。2015年，房地产企业债券共发行238只，发行规模达4 614.7亿元[①]。其中，公司债券发行规模为3 820亿元，中期票据规模为769.7亿元，企业债规模为25亿元。

从资金成本来看，238只房地产行业债券平均融资成本为6.0%，其中，133只公募债券的平均融资成本为5.19%，105只私募债券的平均融资成本为7.03%，明显低于信托和非标类融资方式。如中海地产集团和保利房地产集团分别于11月和12月发行公司债，发行利率均仅为3.4%，为全年最低发行利率。从主体评级来看，133只公募发行房地产企业债券中，发行人主体评级最高为AAA级，最低为AA-级，其中，主体评级AA级的债券为62只，占比高达46.6%。从各等级债券发行规模来看，AAA级债券发行量为1 307亿元，占比最高；AA+级和AA级的债券发行量分别为655亿元和906.3亿元，占比分别为22.6%和31.3%。

总体来看，2015年房地产企业债券融资规模较往年大幅增长，债券融资的成本和效率均得到了大幅度的改善，融资成本显著低于信托和非标类产品，部分优质房企的发债成本甚至低于同期限银行贷款利率。

① 统计数据来源于Wind数据库，房地产企业类型主要包括典型住宅开发类企业、商业地产租赁及开发类企业，不含城投类企业。

（二）境外融资

随着境内债券融资渠道的逐步放开、海外美元升值以及房地产企业国际信用评级的下降，中资房地产企业境外发债规模有所收缩。2015年，中资房地产企业境外债券融资额为174亿美元，较上年减少86亿美元，同比下降33%。

表6.1　2010～2015年中资房地产企业境外债券融资规模

单位：亿美元、只

		2010年	2011年	2012年	2013年	2014年	2015年
投资级债券	规模	10	19	31	74	113	79
	只数	1	4	8	18	24	19
高收益级债券	规模	72	75	73	153	147	95
	只数	19	20	23	48	52	24
合计	规模	82	94	104	227	260	174
	只数	20	24	31	66	76	43

资料来源：Bloomberg、Dealogic、IFR，截至2015年12月31日。

从信用评级来看，2015年房地产企业境外债券发行以高收益债为主，高收益级债券的发行只数和规模占比较往年均有下降，分别为55.8%和54.6%。从发行币种来看，全年共发行美元债33只、人民币债5只、新元债4只以及欧元债1只，募集资金分别为150.2亿元、10.7亿元、6.2亿元和6.7亿元。从发行期限来看，由于房地产开发周期较长，对中长期债务融资的需求较大。全年发行的境外债以中长期限品种为主，其中3年期和5年期品种分别发行18只和11只，更长期限的品种合计也达到了8只。

表6.2　2010～2015年中资房地产企业境外债券融资币种分布

单位：亿美元、只

	美元债	人民币债	港元债	新元债	欧元债	总计
规模	788	121	9	16	7	941
只数	200	45	5	9	1	260

资料来源：Bloomberg、Dealogic、IFR，截至2015年12月31日。

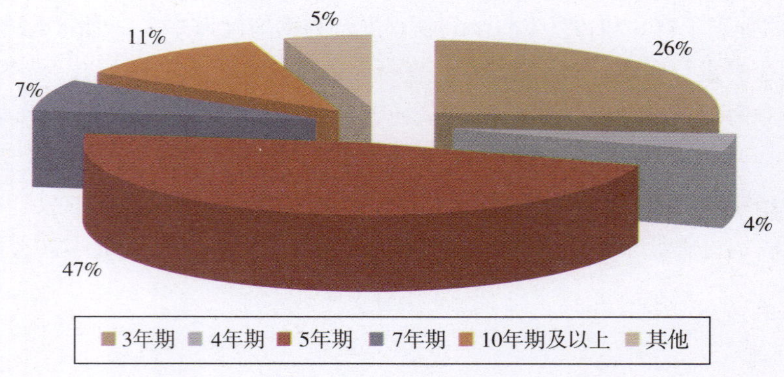

资料来源：Bloomberg、Dealogic、IFR，按发行只数统计，截至2015年12月31日。

图6.1　2010～2015年中资房地产企业境外债券发行期限分布

二、股票融资

（一）境内融资

2015年，中国证监会同国土资源部调整工作机制，对上市公司再融资、并购重组涉及房地产业务的不再进行事前审查，强化事中、事后监管，进一步放松房地产企业融资的相关限制。当年，A股市场房地产企业共完成38单定向增发，融资规模共计1 475亿元。

表6.3　2011～2015年中资房地产企业境内股票融资家数

单位：家

	2011年	2012年	2013年	2014年	2015年
IPO	0	0	0	0	0
定向增发	6	6	1	20	38
总计	6	6	1	20	38

资料来源：Wind数据库，A股IPO以网上发行日期为准，A股定向增发以增发公告日为基准。

表6.4　2011～2015年中资房地产企业境内股票融资规模

单位：亿元

	2011年	2012年	2013年	2014年	2015年
IPO	0	0	0	0	0
定向增发	179	82	3	416	1 475
总计	179	82	3	416	1 475

资料来源：Wind数据库，A股IPO以网上发行日期为准，A股定向增发以增发公告日为基准。

2015年6月30日，绿地控股通过向金丰投资注入绿地集团100%股权并置换出金丰投资原有资产的方式，实现A股市场整体上市，整体交易规模达645.4亿元，为房地产企业2011～2015年境内第一大股权融资项目。

表6.5　2011～2015年前十大房地产企业境内股本融资项目

单位：亿元

序号	发行人	增发公告日	发行规模	融资类型
1	绿地控股	2015年7月3日	645.4	定向增发
2	蓝光发展	2015年4月1日	67.0	定向增发
3	新湖中宝	2014年12月5日	55.0	定向增发
4	光明地产	2015年9月11日	50.5	定向增发
5	荣盛发展	2015年12月30日	50.3	定向增发
6	新湖中宝	2015年11月27日	50.0	定向增发
7	金科股份	2011年8月22日	47.1	定向增发
8	阳光城	2015年12月30日	45.0	定向增发
9	华发股份	2015年11月28日	43.1	定向增发
10	迪马股份	2014年5月14日	41.5	定向增发

资料来源：Wind数据库。

（二）境外融资

2015年，共有29家中资房地产企业在海外完成56.6亿美元的股本融资，其中，IPO融资规模3.78亿美元、再融资规模52.82亿美元，融资方式仍以再融资为主，占全年股本融资总额的93%。

表6.6　2011～2015年中资房地产企业海外股本融资家数

单位：家

	2011年	2012年	2013年	2014年	2015年
IPO	2	4	8	8	5
再融资	9	8	8	11	24
总计	11	12	16	19	29

资料来源：Dealogic。

表6.7　2011～2015年中资房地产企业海外股本融资规模

单位：百万美元

	2011年	2012年	2013年	2014年	2015年
IPO	395	491	1 255	5 128	378
再融资	393	1 418	1 720	1 577	5 282
总计	788	1 909	2 975	6 705	5 660

资料来源：Dealogic。

2015年，最大的中资地产海外融资项目为华润置地香港增发项目，融资规模约13亿美元。

表6.8　2011～2015年前十大中资房地产企业海外股本融资项目

单位：百万美元

序号	发行人	发行日期	发行规模	融资类型
1	万达商业	2014年12月16日	4 040	IPO
2	华润置地	2015年5月12日	1 303	增发
3	恒大地产	2015年5月28日	600	增发
4	中国金茂	2015年6月9日	563	增发
5	恒大地产	2013年1月16日	561	增发
6	越秀地产	2014年10月16日	496	配股
7	瑞安房地产	2013年5月20日	474	配股
8	人和商业	2015年1月7日	436	配股
9	越秀房产信托基金	2012年9月26日	415	增发
10	碧桂园	2014年10月13日	410	配股

资料来源：Dealogic。

三、其他融资方式

（一）房地产信托

2015年，监管部门对全国所有房地产信托项目进行了逐月监测，对存在风险的信托项目逐笔梳理，落实风险责任，督促做好风险化解工作。房地产信托业务总体运行平稳，未出现系统性、区域性风险。

1. 房地产资金信托业务规模略有减少

截至2015年年末，全国正常经营的68家信托公司均开展了房地产资金信托业务，涉及信托资产余额为1.29万亿元，比年初减少192亿元，同比减少1.47%，占资金信托总资产的8.78%，比年初减少1.26个百分点，其中，集合资金信托资产余额为7 598亿元，占房地产资金信托资产余额的58.89%。

2. 房地产信托产品收益率与上年末基本持平

截至2015年年末，全国68家信托公司存续的房地产信托产品平均年化收益率约为9%，与上年年末基本持平，高于信托产品总体平均年化收益率（约为7.7%）。

3. 保障房信托发行情况

截至2015年年末，全国68家信托公司房地产信托资产中投向保障性安居工程的信托资产余额为362亿元，投向经济适用房资产的信托资产余额为313亿元，二者合计占房地产资金信托资产规模的5.23%。

（二）房地产投资信托基金

2015年，随着房地产库存压力的增加，市场对房地产投资信托基金（REITs）的呼声持续提高，监管部门也不断探索和推动REITs市场发展。1月14日，住房城乡建设部发布了《关于加快培育和发展住房租赁市场的指导意见》，提出积极推进房地产投资信托基金（REITs）试点；12月30日，深交所召开第三届理事会第四十六次会议，提出推动REITs等资产证券化产品发挥更大作用。

虽然我国尚未出台专门针对REITs产品的管理规范，但市场积极创新推出了一系列类REITs产品，2015年6月，鹏华发行了中国首只公募类REITs——鹏华前海万科REITs；同月，中信华夏苏宁云创成功发行了第二期类REITs产品；12月，恒泰浩睿—海航浦发大厦资产支持专项计划、招商创融—天虹商场（一期）资产支持专项计划、恒泰浩睿—彩云之南酒店资产支持专项计划3只类REITs产品相继发行，基础资产的类型和产品形式也不断丰富。截至2015年年底，国内已发行6单类REITs产品，总市值约为226亿元①。但是，类REITs发展仍面临许多问题：一方面，我国的类REITs产品普遍以资产支持专项计划作为载体发行并在交易所挂牌，由于协议转让机制限制了二级市场流动性，发行成本一般高于同评级信用债券50 ~ 100个基点；另一方面，由于房地产行业重组环节的税务成本较高，国家尚缺乏针对REITs产品的税收支持政策，类REITs产品的规模化发展仍面临限制。

（三）房地产私募基金

房地产私募基金是一种非传统的地产融资模式。目前，房地产私募基金的整体规模很小。例如，中国房地产基金综合能力排名第一的光大安石投资，截至2015年中期，其累计资产管理规模约500亿元。这比起黑石等海外房地产私募基金来说规模很小，与中国房地产市场的整体规模相比较也很小。

① 数据来源：Wind资讯（统计口径不包含鹏华REITs，由于鹏华REITs在法律性质上属于证券投资基金，因此并未在类REITs产品中体现）。

表6.9 中国房地产基金综合能力排名

光大安石投资
信保（天津）股权投资基金管理有限公司
信业股权投资管理有限公司
稳盛（天津）投资管理有限公司
长富汇银投资基金管理（北京）有限公司
上海建银精瑞资产管理有限公司
天津高和股权投资基金管理有限公司
鼎晖宇泰地产投资管理（天津）有限公司
上海瑞威资产管理股份有限公司
弘睿（北京）投资管理有限公司

资料来源：中国指数研究院。

专栏六

房地产投资信托基金的理论与实践

一、房地产投资信托基金概述

（一）房地产投资信托基金的定义

房地产投资信托基金（Real Estate Investment Trusts，REITs），是国际上重要的房地产投融资方式。REITs通过发行收益凭证汇集众多投资者的资金，由专门机构经营管理，通过多元化的投资，选择不同地区、不同类型的房地产项目进行投资，在有效降低风险的同时通过将出租不动产所产生的收入以派息的方式分配给投资人，从而使投资人获取长期稳定的投资收益。

（二）房地产投资信托基金的产品特征

① 组织形式

REITs的组织形式可以分为公司型REITs和信托型REITs。公司型REITs通过发行股票募集资金，并将资金以不同的方式投资于房地产物业及相关债权；信托型REITs通过发行受益凭证募集资金，按信托合同约定管理信托财产，向投资者分派投资收益。实践中，除美国、法国和日本外，其他多数国家采用信托型REITs。

② 产品分类

REITs按资金投向分为权益型REITs、抵押型REITs和混合型REITs三种形式。权益型REITs直接投资房地产或房地产所属企业的股权，收入主要来源于租金或股息；抵押型REITs发放房地产抵押贷款或投资住房抵押贷款证券，收入主要来源于贷款利息；混合型REITs具有权益型和抵押型的双重特征。从国际经验特别是美国情况来看，权益型REITs占主导。

③ 标的资产

REITs按照投资标的可以分为综合型REITs、写字楼型REITs、购物中心型REITs、抵押放贷型REITs、公寓型REITs、酒店型REITs、工业仓储型REITs等。从全球范围来看，综合型REITs是主流，其数量占到所有REITs的38%左右，其总市值占所有REITs的31%左右。

④ 法律框架

各国REITs的法律框架分为税法驱动模式和专门REITs法案模式。税法驱动模式以美国、澳大利亚为代表，在税法中明确REITs可以享受的优惠政策及其必须满足的基本条件。专门REITs法案模式以日本、韩国、新加坡以及中国台湾和中国香港等亚洲国家（地区）为主，主要借鉴美国REITs的经验，通过专项立法对REITs的设立、结构、税收政策、投资资产范围、收益分配等予以明确规定。

二、各国REITs发展概况

REITs最早起源于美国，并不断发展壮大，引起了世界其他国家的关注。从20世纪90年代开始，许多发达国家借鉴美国做法，通过立法建立起本国的REITs制度。截至2015年年底，全球共有超过700只REITs，总市值约为15 000亿美元。

（一）美国

1960年，美国《国内税法典》确立REITs制度及其法律地位。1960年，世界上第一只REITs在美国诞生，1965年6月14日，首只REIT（Continental Mortgage Investors）在纽约证券交易所上市交易，整体发展较为缓慢。从1968年开始，REITs开始涉足房地产抵押贷款金融业务，在这一阶段，由于信贷状况的变化使房地产开发和建设公司的资金极为短缺，银行、信用社和其他传统的抵押贷款者因高息吸储能力受到限制，无法满足房地产商的融资需求，抵押型REITs的数量和规模迅速增加，整个REITs行业的资产规模从约10亿美元迅速超过210亿美元。

20世纪70年代美国房地产进入调整期，抵押型REITs由于贷款烂账而遭到沉重打击。1986年，国会通过了《税收改革法案》（*Tax Reform Act of 1986*），该法案放松了房地产投资信托的限制，允许直接拥有和经营房地产，而不必交由第三方管理，拓宽了投资领域。

20世纪90年代以后，公开上市交易型REITs开始成为主流，REITs步入快速发展的轨道。1997年8月，美国总统克林顿签署了《税收减免法案》，拓宽了REITs可以提供的增值服务范围；1999年12月，美国总统克林顿签署了《REIT现代化法案》，拓展了REITs的经营范围；2004年10月，美国总统布什签署了《美国创造就业法案》，取消所有国外投资者在投资美国公开交易的REITs产品时候的差别对待。这一系列立法及对原有法案的修改为REITs的发展提供了更为广阔的空间，使REITs真正成为资本市场上非常重要的金融工具。截至2015年年底，美国上市REITs共有254只，市值为9 800亿美元，约占全球REITs总市值的65%。

表6.10 美国REITs的主要条款

项目	规定内容
组织形态	公司、信托或协会的组织形式
管理形式	由董事会或受托管理人管理
股票与所有权	1.REITs证券必须可以转让交易，证券持有人必须维持在100人以上；公司、合伙、信托、退休基金等组织都视同一人 2.在前一个税收年度的下半年，5人合计持股比例不得超过50%

续表

项目	规定内容
资产组合与来源比例	1. 总资产的75%必须投资于房地产、抵押贷款或者其他REITs证券等 2. 投资任何一种证券的价值不得超过总资产的10% 3. 75%的收益须来源于与房地产租金或者贷款利息等与房地产有关的收益 4. 20%的总收入可以来自于出售股票、债券以及股利、利息所得 5. 应纳税REITs子公司股票所构成的资产不得超过20%
资产出售的限制	出售持有不满6个月的股票、债券或持有不满四年的房地产收益不得超过总所得30%
参与经营方面的限制	1. 投资人不得参与经营业务 2. 由董事会或者受托人负责经营决策，只可授权或者董事会任命的管理人员
所得分配的要求	REITs的征税所得除资本利得与不确定的非现金收益，至少90%以股利形式分配给投资人

（二）新加坡

1998年7月，新加坡证券交易所审核委员会提出设立上市财产信托（Listed Property Trusts）的计划，即REITs，旨在增加市场投资品种和促进房地产市场的发展。新加坡金融管理局采纳了该建议，并于1999年5月颁布了《房地产投资基金准则》。2002年，新加坡金融管理局颁布了《集合投资计划守则》（*Code On Collective Investment Schemes*），明确了新加坡房地产投资信托（S-REITs）的身份。2005年和2010年，《房地产基金准则》分别进行了修改，放宽了REITs杠杆比例和投资范围的限制，明确REITs可以采取公司制或信托契约的形式组建，可以在证券交易所上市，也可以作为私人实体存在，并且在信息披露上作出了更严格的要求。但国际金融危机期间，REITs发行几乎停滞，后来又逐渐复苏。截至2015年12月31日，在新加坡证券交易所上市的REITs已经达到了34只，总市值也从2005年7月的66.8亿美元增长到485亿美元左右。

（三）中国香港

2003年7月30日，香港证监会公布了《房地产投资信托基金守则》及有关文件，允许以信托的方式成立房地产投资信托基金，并详细规定了其设立条件、投资范围、组织结构、利润分配及从业人员资格等相关内容。2006年，香港证监会根据业界的建议对该守则进行了修改，放宽了对房地产投资信托基金负债率和投资地域范围的限制。

2014年8月29日，香港证监会进一步修改《房地产投资信托基金守则》，提高了房地产投资信托基金投资的灵活性，允许其满足特定限制的条件下，投资于开发中的物业或从事物业开发活动，也允许其投资于金融工具，包括上市证券、非上市债务证券、政府证券及其他公共证券以及本地或海外地产基金，但限定这两类投资加上房地产投资信托基金的其他非房地产资产的总投资额，不得超过该基金资产总值的25%。房地产投资信托基金在投资物业发展及金融工具前，必须先修订其章程内现有的投资范围，并须获得基金单位持有人以特别决议方式通过。截至2015年12月31日，香港共有10只上市REITs，市值约为263亿美元。

三、我国REITs实践概述

我国自2006年开始研究推动REITs的发展，分别提出在银行间市场发展偏债型REITs和交易所市场发展偏股型REITs。2014年以前，部分境内物业在境外交易所实现REITs上市。2014年以来，随着房地产形势的发展变化，市场对发展REITs的呼声较大，管理层面也加紧了相关工作。2014年5月，中国证监会在《关于进一步推进证券经营机构创新发展的意见》中，提出要研究建立REITs的制度体系及相应的产品运作模式和方案；2014年9月，人民银行在《关于进一步做好住房金融服务工作的通知》中，提出积极、稳妥地开展房地产投资信托基金试点；2015年1月，住房城乡建设部发布《关于加快培育和发展住房租赁市场的指导意见》，明确通过REITs发展租赁市场，并要求北京、上海、广州、深圳4个城市根据本地情况分别编制REITs试点方案。

（一）中国物业赴境外上市

2014年以前，部分商业地产依托于境外相对成熟的资本市场和商业地产市场，先后在中国香港和新加坡发行了REITs基金，为商业地产经营募集资金。在实践中，出现了以下一些典型案例：

1.越秀在中国香港市场发行越秀REITs。在2005年，香港证监会撤销香港REITs投资海外的限制，为内地房地产企业融资开辟了新渠道。2005年12月21日，“越秀REITs”在香港联交所正式挂牌上市。“越秀REITs”是在中国香港独立上市的首只以内地物业为注入资产的REITs，此后陆续在中国香港市场发行的有汇贤、开元、春泉等REITs。

2.凯德在新加坡市场发行凯德商用中国信托（CRCT）。凯德REITs是第一只在新加坡上市的中国房地产基金。“凯德REITs”由新加坡嘉德置地中国子公司凯德置地在中国持有的七座商厦所组成，与越秀REITs不同，凯德置地计划长期在中国发展，故而在2004年购入或开发物业的时候，均通过在境内注册的外商独资企业或者合资企业操作，再通过资产打包的形式实现境外上市。

3.通过出售资产给境外REITs实现间接上市。领展REITs原名领汇基金，于2005年11月25日在香港联交所上市。领展房地产投资信托基金是首家在中国香港上市及以市值计亚洲地区最大型房地产投资信托基金，也是全球以零售为主最大的房地产投资信托基金之一，由领汇管理有限公司管理。2015年4月，领展REITs以4.08亿美元（折合25亿元人民币）的价格收购了中关村欧美汇购物中心，从而实现中国境内物业的上市。通过并购形式实现间接上市的还有丰树REITs并购佳程广场等。

（二）境内发行的REITs产品的尝试

由于没有制定统一的REITs管理框架及税收政策，近年来，市场机构创新出不同的类REITs产品，包括2012年9月，天津市房地产信托集团发行的保障房资产支持票据、2014年5月，中信证券发行的中信启航专项资产管理计划、2014年11月中信证券联合苏宁云商发行的资产支持专项计划。2016年5月，中国证监会受理鹏华基金万科前海封闭式混合型证券投资基金。这些类REITs产品的基础资产包括保障房租金收益权、写字楼所属项目公司股权、商铺门店所属房地产项目公司股权等。

与标准化的REITs产品相比，目前市场上的类REITs产品普遍存在：一是缺乏统一的管理规范，产品个性化。类REITs产品大多根据市场投融资需求采取个性化设计，缺乏统一的标准与管理框架，不利于产品推广及风险防范。二是大多为私募发行，流动性低，估值较为困难。银行间市场保障房资产支持票据和交易所专项资产管理计划、资产支持专项计划均为私募发行，其中，专项资产管理计划和资产支持专项计划通过深交所综合协议平台转让，拟以REITs方式实现上市退出。三是产品结构复杂，通常采取比较复杂的结构设计解决税收问题，离产品的标准化和市场规范化发展还有一定的距离。

附录一　世界主要经济体住房市场和住房金融概况

2015年，全球经济形势更趋复杂多变，主要经济体增长态势进一步分化，美国经济总体温和复苏，欧元区经济回归复苏轨道但基础尚不牢固，日本复苏前景有待观察，新兴经济体增长总体放缓。相比美国人口增长趋缓，德国、英国、加拿大等主要经济体人口总量略有增长；各国城市化进程基本完成，老龄人口比重继续上升；住房市场供给基本充足，需求整体较为稳定，住房和住房金融市场持续回暖。

一、美国住房和住房金融市场概况

（一）经济金融形势

美国经济总体温和复苏，就业市场明显改善。2015年12月，美联储宣布加息，意味着美国为应对国际金融危机而实施七年之久的超宽松货币政策落下帷幕。2015年，美国国内生产总值（GDP）同比增长2.6%[①]，比上年提高0.2个百分点；消费者价格指数（CPI）同比上涨0.1%，比上年下降1.5个百分点；人均可支配收入4.2万美元，同比增长2.9%；个人消费总支出为12.3万亿美元，同比增长3.4%。2015年年末，失业率为5.0%，比上年年末回落0.6个百分点，为2008年4月以来的最低水平；货币供应量M2余额同比增长5.8%，比上年年末回落0.1个百分点。

① 为不变价GDP同比增速。

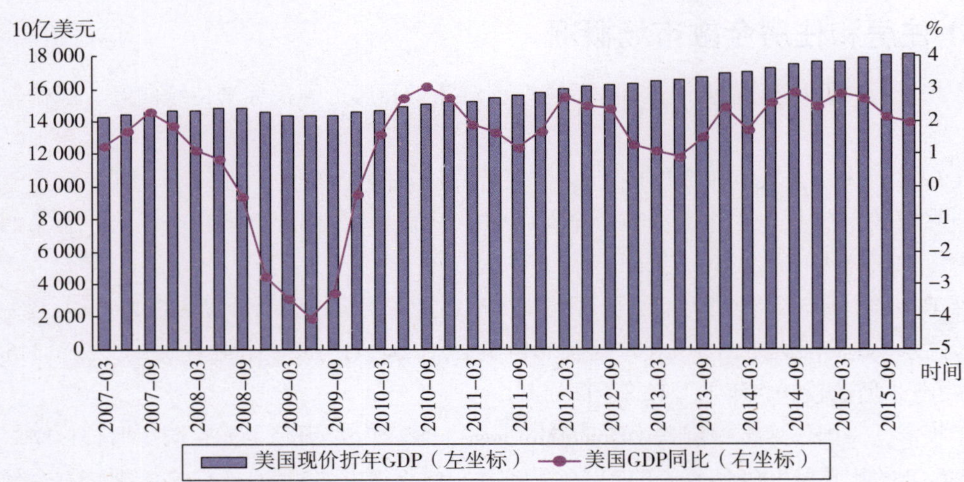

资料来源：美国经济分析局（Bureau of Economic Analysis）。

图1 2007～2015年美国国内生产总值及其同比增速

（二）市场发育程度

美国人口增长总体趋缓，处于历史较低水平；城镇化率维持较高水平，老龄人口占比继续提高；住房市场供需关系基本平衡，供给较为充足。美国人口增长率呈下滑趋势，从1960年的1.7%下降到2015年的0.8%。城镇化率持续提高并维持在较高水平，从1960年的70%提高到了2015年的81.6%。从年龄结构来看，65岁及以上的老龄人口占比持续上升，从1960年的9.2%提高到2015年的14.8%，在主要发达国家中处于较低水平。新建住房供求比①自2009年跌至1.5后逐步回升，2015年达到2.2；2015年，二手住房与新建住房的成交比率②略有下滑，为10.9。

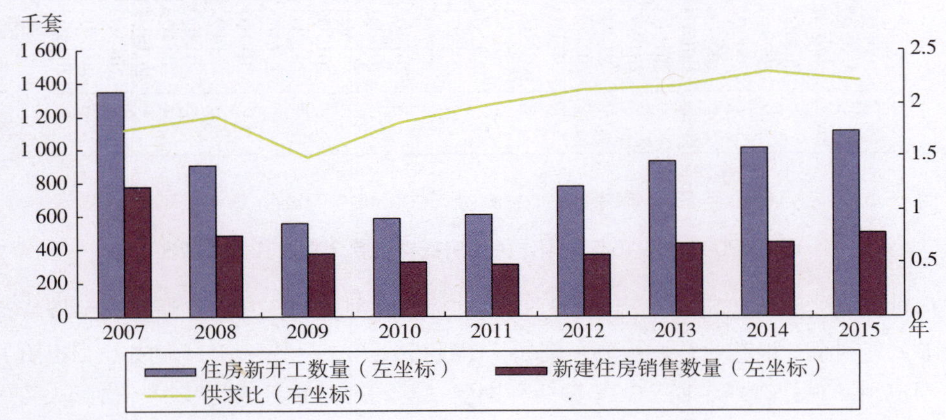

资料来源：美国商务部、美国统计局。

图2 2007～2015年美国新建住房供求比

① 计算公式为住房新开工数量÷新建住房销售数量。

② 计算公式为二手住房成交数量÷新建住房销售数量。

（三）住房和住房金融市场概况

住房市场维持良好增长趋势，全年房屋销售、新开工和房价等指标均持续向好，涨幅较上年有所增加。

2015年12月，20个大城市住宅价格（标普/凯斯席勒）指数①同比上涨5.6%，同比增速年内总体呈上升趋势，涨幅较年初上升1.2个百分点。全美OFHEO房价指数②同比上涨5.9%，第一至第四季度环比增速依次为1.44%、1.46%、1.35%、1.53%。

新屋开工持续上涨，新房销售增速显著提高。2015年，美国住房新开工数量为111万套，创自2007年以来的最高水平，同比增长10.8%，增速较2014年上升2.3个百分点。新建住房成交数量为50.1万套，同比增长14.6%，增速较2014年上升12.8个百分点。

2015年年末，美国住房抵押贷款（Home Mortgage）余额为9.5万亿美元，同比增长1.0%。住房抵押贷款余额占GDP的比重从2008年年末的72.7%下降至2015年年末的52.3%；住房抵押贷款余额占居民总资产的比重从2008年年末的15.0%下降至2015年年末的9.4%，家庭部门呈“去杠杆化”趋势。

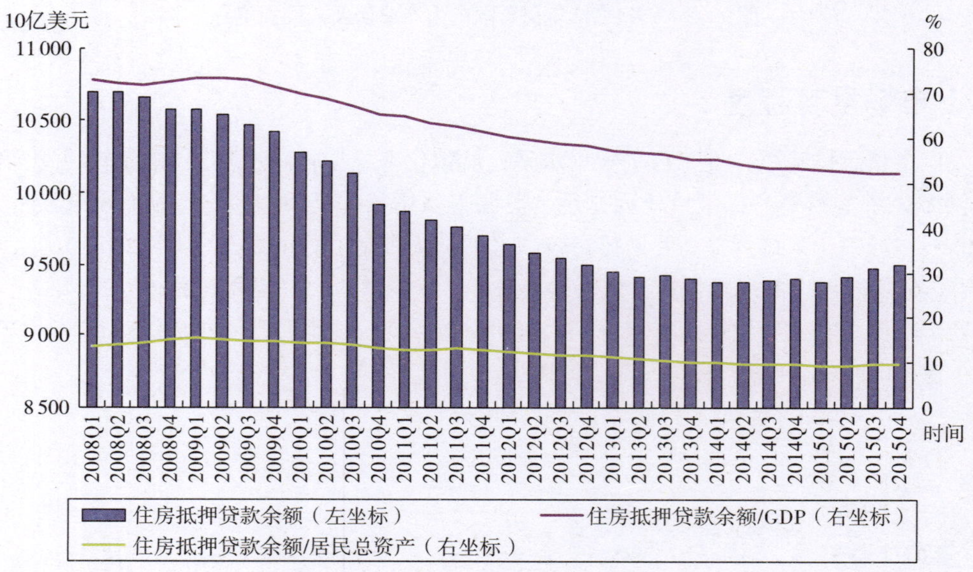

资料来源：美联储、美国经济分析局（Bureau of Economic Analysis）。

图3　2008～2015年美国居民住房抵押贷款余额及其占比情况

美国住房抵押贷款分为固定利率贷款和浮动利率贷款两种类型，其中，浮动利率贷款有1年期、5年期两种期限，其利率一般在收益率指数（例如，CMT指数③）或利率基准（例如，LIBOR）之上加若干个基点；固定利率贷款有15年期、30年期两种期限，其利率因贷款银行状况、借款人资质（如LTV

① 即Standard&Poor's/Case-Shiller Home Price Index。

② 即OFHEO（OFFICE of Federal Housing Enterprise Oversight）House Price Index。

③ 即Constant Maturity Treasury Index。

比率[①]）以及所购住房情况的不同而有所差异。2015年年末，美联储宣布加息，结束了零利率时代。美国房贷利率整体呈现震荡上行的走势。截至2015年年末，住房抵押贷款1年期浮动利率均值为2.68%，较上年年末高0.28个百分点；5年期浮动利率均值为3.08%，较上年年末高0.07个百分点；15年期固定利率均值为3.24%，较上年年末高0.09个百分点；30年期固定利率均值为4.01%，较上年年末高0.14个百分点。总体来看，因住房抵押贷款有优质资产作为抵押，1年期、5年期和15年期抵押贷款利率均值都低于银行主导利率[②]（3.26%）。

二、日本住房和住房金融市场概况

（一）经济金融形势

2015年，日本国内生产总值（GDP）同比增长0.5%[③]，较上年提高0.5个百分点；消费者价格指数（CPI）同比增长0.8%，为连续第三年上涨，但较2014年2.7%的涨幅有所收窄；家庭月均可支配收入42.7万日元，同比增长0.8%；家庭月均消费支出31.5万日元，同比下降1.0%。2015年年末，失业率为3.1%，比上年年末回落0.1个百分点，为连续六年降低；货币供应量M2余额同比增长3.1%，增速比上年年末回落0.5个百分点。

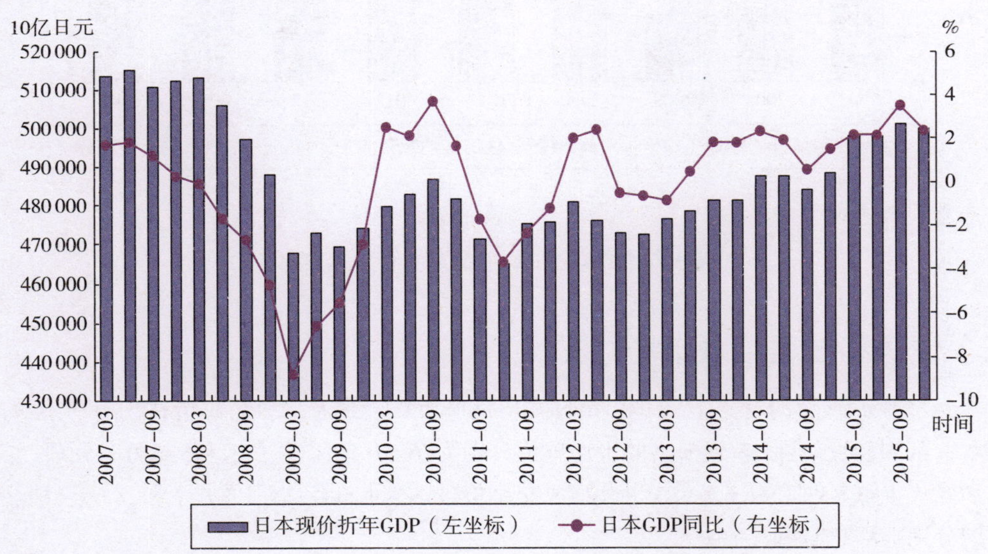

资料来源：日本统计局。

图4 2007～2015年日本国内生产总值及其同比增速

① 即Loan to Value，贷款余额和住房价值的比率。

② 主导利率（Bank Prime Rate）针对6个月期限优质信用贷款，2015年年末美国银行主导利率为3.26%。

③ 为2005年GDP同比增速。

（二）住房市场发育程度

日本人口增长率呈趋势性回落态势，城镇化水平较高，老龄化程度进一步加深。1980年以来，日本人口增长率基本上呈下降趋势，2015年人口增长率同比下降0.1%。同时，城镇人口占比自2000年后出现较大幅度提升，2015年城镇化率高达93.5%。从年龄结构来看，65岁及以上人口占比持续上升，从1980年的9.1%上升至2015年的26.3%，老龄化程度明显提高。

日本住房市场供应以新建住房为主，供需关系基本平衡。新建住房供求比在2008年出现大幅震荡，年值升至4.4，此后震荡下行。2015年年末为2.7，较上年略有回升。2015年，二手住房与新建住房交易量之比为1.2，较上年上升0.15。

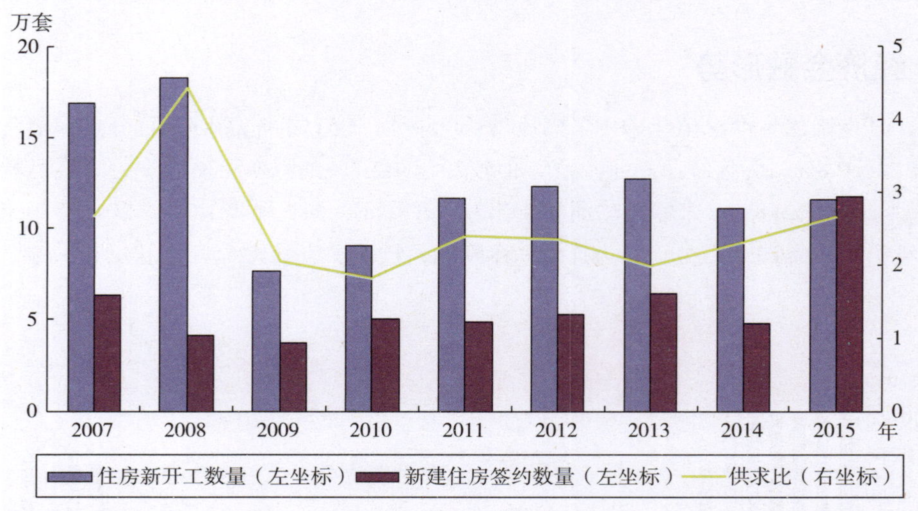

资料来源：日本统计局。

图5　2007～2015年日本新建住房供求比

（三）住房和住房金融市场概况

在日本经济复苏乏力的背景下，2015年日本房地产市场新建及二手公寓价格均有所上涨。2015年年末，日本首都圈和近畿圈①新建公寓的平均单价分别为76.2万日元/平方米和66.2万日元/平方米，较上年同期分别同比上涨7.3%和16.6%；二手公寓成交单价分别为45.4万日元/平方米和28.6万日元/平方米，比上年同期分别上涨1.3%和8.3%。

2015年，日本公寓住房②新开工数量为11.6万套，比上年上涨4.7%。新建公寓住房销售数量为4.4万套，较上年下降9.6%；二手公寓住房成交数量为5.2万套，比上年增长3.8%。

2015年年末，日本住房抵押贷款余额为176.8万亿日元，比上年年末增长2.0%。住房抵押贷款余额占GDP的比重从2008年年末的31.4%逐步上升至2015年年末的35.4%，住房抵押贷款余额占居民总资产的比重为10.2%，自2008年年末一直保持在10%左右。

① 首都圈是指以首都东京为中心的城市群，包括东京都、神奈川县、千叶县、琦玉县，近畿圈是指近邻东京的地区。

② 不包括独立别墅、自建住房、公共住房等其他类型住房。

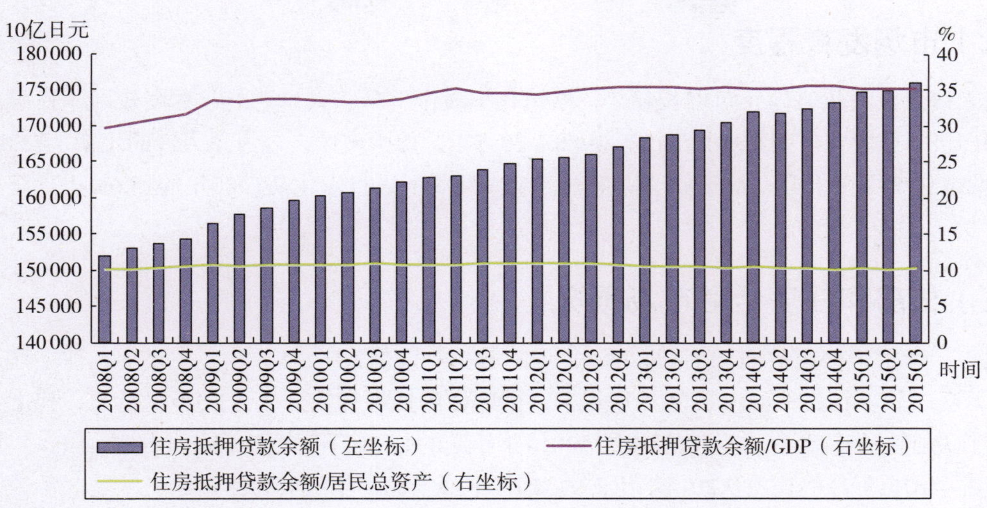

资料来源：日本央行、日本统计局。

图6 2008～2015年日本居民住房抵押贷款余额及其占比情况

三、德国住房和住房金融市场概况

（一）经济金融形势

2015年，德国经济增速较快，是过去四年来经济增速最快的一年。国内生产总值同比增长1.7%，增速比2014年提高0.1个百分点；调和消费者价格指数（HICP）同比上涨0.1%，涨幅比上年回落个0.7百分点。德国联邦统计局发布数据显示，2015年年末，失业率为4.5%，同比持平；德国联邦劳工局数据显示，登记失业率为6.1%，为近年来的最低水平。

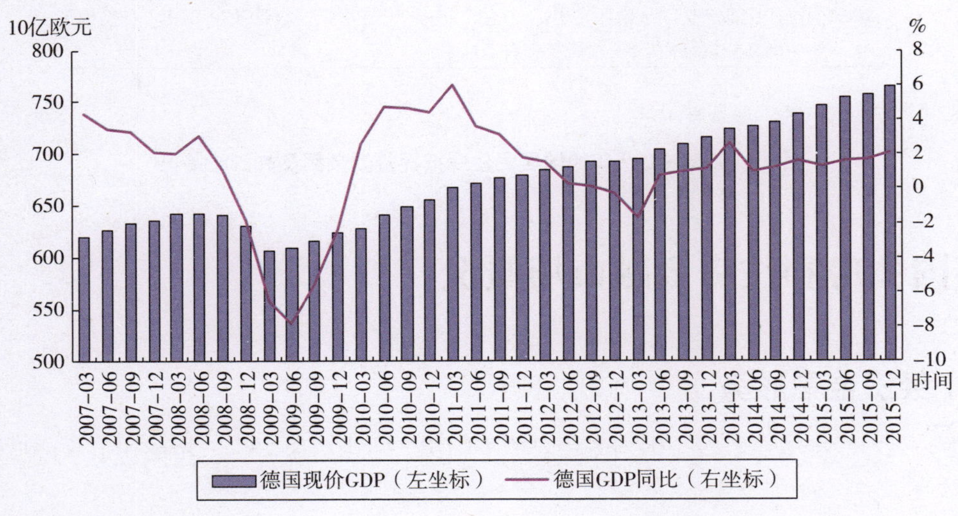

资料来源：德国统计局。

图7 2007～2015年德国国内生产总值及其同比增速

（二）市场发育程度

德国人口总量近年来停止负增长趋势，城镇化率缓慢上升，人口老龄化程度较高，住房需求增速缓慢。2015年，德国人口同比增长0.5%。1980～2015年，德国城镇人口占总人口的比率从72.8%上升到75.3%，城镇化率缓慢上升。从年龄结构来看，65岁及以上人口占比从1980年的15.6%提高至2015年的21.2%。

（三）住房和住房金融市场概况

2014年，新房价格指数同比上涨4.9%①，增速较上年降低2.1个百分点。2015年，住宅建造审批数量为30.9万套，较上年上涨8.4%。2015年年末，德国住房抵押贷款余额为1.3万亿欧元，比上年年末增长2.3%。住房抵押贷款余额占GDP的比重从2014年年末的41.5%下降至2015年年末的41.0%，住房抵押贷款余额占居民总资产的比重从2014年年末的24.1%下降至2015年年末的23.6%。

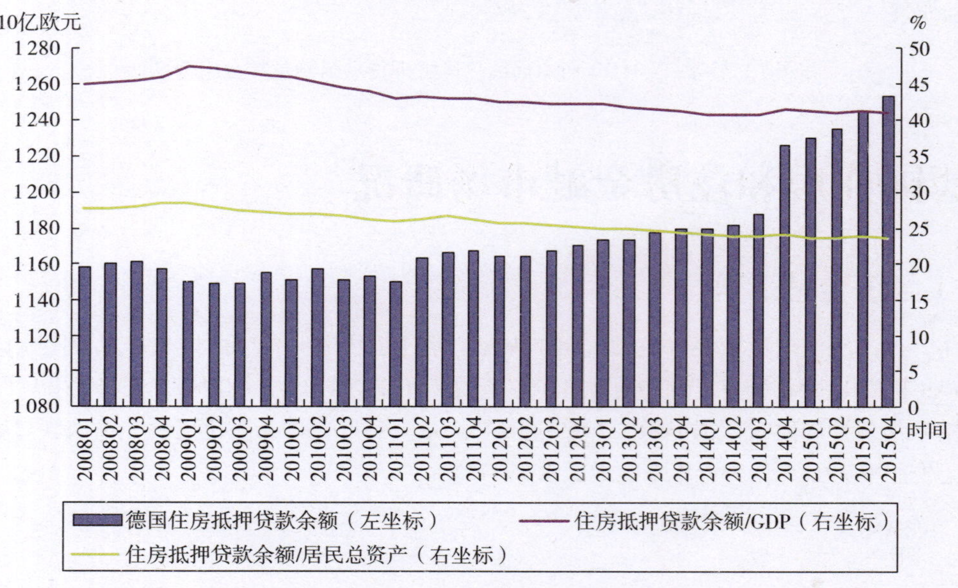

资料来源：德国央行、德国统计局。

图8 2008～2015年德国居民住房抵押贷款余额及其占比情况

四、英国住房和住房金融市场概况

（一）经济金融形势

2015年，英国经济增速放缓。国内生产总值（GDP）同比增长2.3%，增速比上年降低0.5个百分

① 由于数据源项目分类发生改变，德国2015年房价数据Wind数据库暂不更新。

点；消费者价格指数（CPI）同比上涨0.04%，为近年来的最低水平，物价上涨压力较小。2015年年末，失业率为5.1%，比上年年末回落0.6个百分点；货币供应量M2余额同比增长2.5%，增速比上年年末增加2.4个百分点。

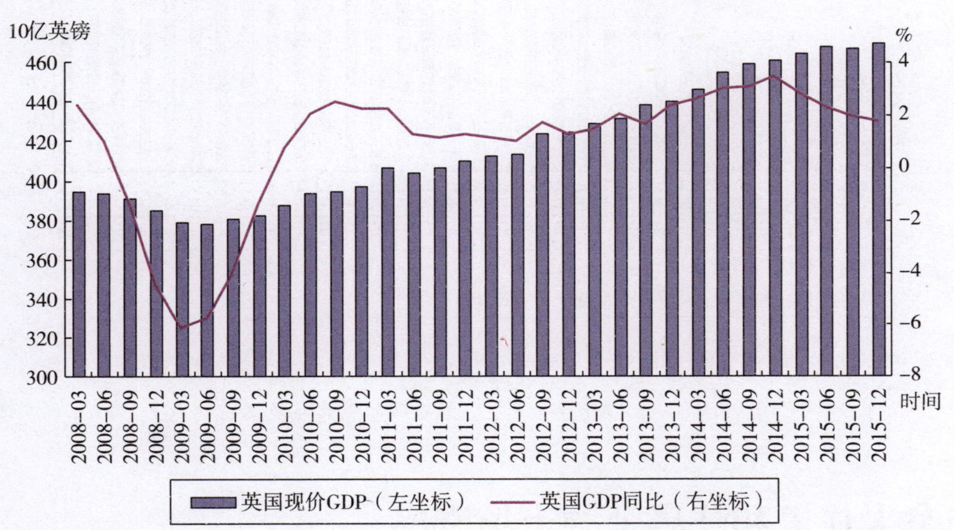

资料来源：英国统计局。

图9 2008～2015年英国国内生产总值及其同比增速

（二）住房和住房金融市场概况

英国人口总量微幅增长，城镇化率稳步提高，老龄化程度继续提高，住房需求缓慢增长。1980年以来，英国人口增长率一直保持微幅增长，2015年人口增长率为0.8%。城镇化率在1980～2005年变化幅度较小，之后小幅上升。2015年英国城镇化率为82.6%，比1980年提高4.1个百分点。从年龄结构来看，65岁及以上人口所占比重从1980年的14.9%上升到2015年的17.8%，老龄化程度较高。

2015年年末，英国Nationwide房价指数（1993年=100）为394.3点①，比上年年末上升4.3%，其中，新建住宅价格指数上涨3.6%。2015年6月末，二手房价格指数上涨3.9%②。2015年，英格兰地区新屋开工数量为14.6万套③，比上年增长6.0%。

2015年年末，住房抵押贷款余额为8 138亿英镑，比上年年末增长2.7%。住房抵押贷款余额占GDP的比重从2008年年末的34.8%上升至2015年年末的43.4%，住房抵押贷款余额占居民总资产的比重从2008年年末低点后呈先升后降趋势，2015年为13.5%，几乎与上年持平。

① 经季度调整的数据。

② 2015年6月后，英国Nationalwide房价指数中成屋数据源已不再公布。

③ 四个季度英格兰新屋开工数的总和。

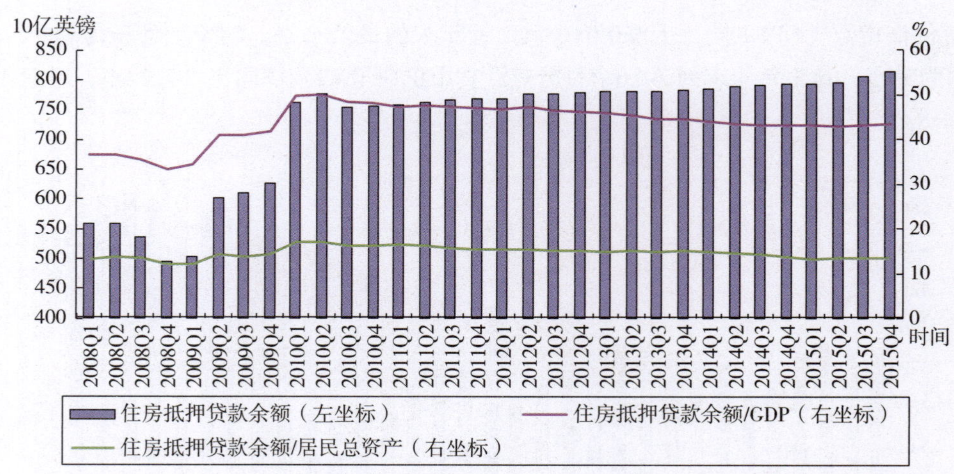

资料来源：英格兰银行、英国统计局、英国银行家协会。

图10　2008～2015年英国居民住房抵押贷款余额及其占比情况

五、加拿大住房和住房金融市场概况

（一）经济金融形势

2015年加拿大经济放缓。国内生产总值（GDP）同比增速为1.1%①，增速较2014年降低超过一半。2015年年末，消费者价格指数（CPI）同比上涨1.6%，涨幅比上年提高0.1个百分点；失业率为7.1%，较上年年末降低0.4个百分点；货币供应量M2余额同比增长6.0%，增速比上年年末提高1.3个百分点。

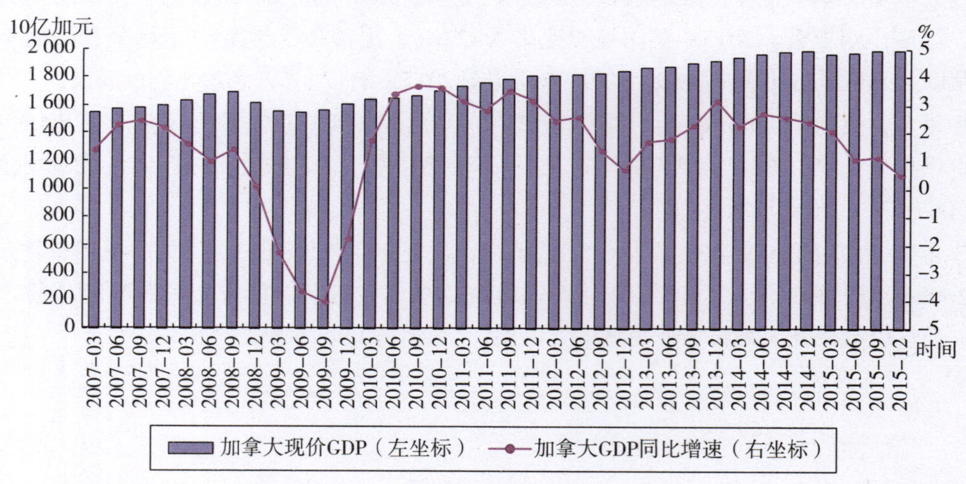

资料来源：加拿大统计局。

图11　2007～2015年加拿大国内生产总值及其同比增速

① 统计数据为不变价同比增速。

（二）住房和住房金融市场概况

加拿大人口增长率趋于稳定，城镇化率有所提高，老龄化率趋于上升。1980～2015年，加拿大人口总量保持正增长，增速趋于平稳，2015年人口增长率为0.9%。从人口分布来看，城镇人口占总人口的比例从1980年的75.7%上升到了2015年的81.8%。从年龄结构来看，65岁及以上的人口占比从1980年的9.4%上升到了2015年的16.1%，老龄化程度有所提高。

住房市场复苏较快。根据加拿大房地产协会（CREA）的统计数据，2015年年末，加拿大全国房价平均水平为每套46.8万加元，比上年同期上涨12.9%。全年住房新开工数量为19.6万套，同比增长3.3%；二手住房成交数量为52.5万套，比上年增加11.2%。

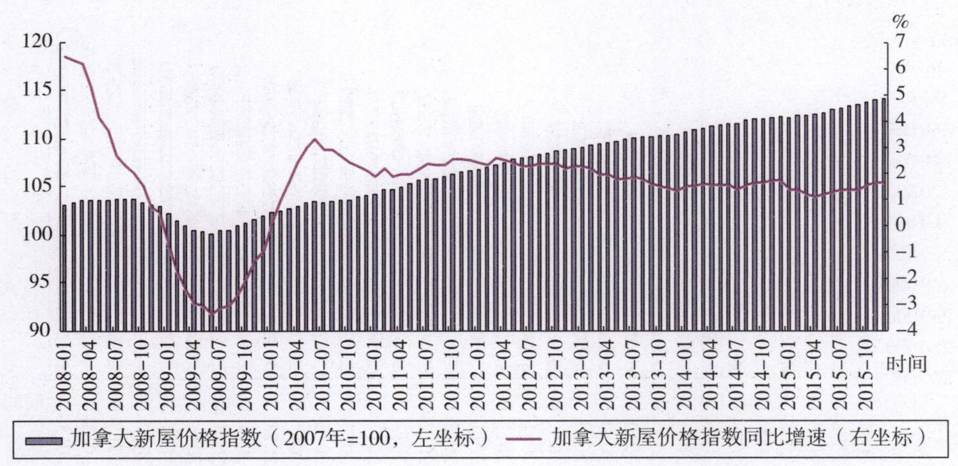

资料来源：加拿大统计局。

图12　2008～2015年加拿大新建住房价格指数及其同比增速

2015年年末，加拿大住房抵押贷款余额为1.3万亿加元，比上年年末增长6.3%。住房抵押贷款余额占GDP的比重从2008年年末的56.2%上升至2015年年末的63.2%。2015年年末，住房抵押贷款余额占居民总资产的比重为11.1%，比2008年年末降低1.2个百分点。

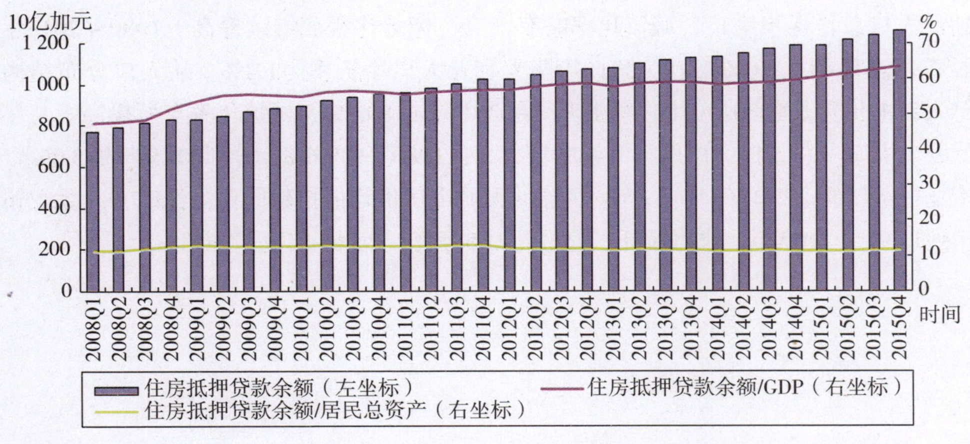

资料来源：加拿大统计局、加拿大CMHC公司（Canada Mortgage and Housing Corporation）。

图13　2008～2015年加拿大居民住房抵押贷款余额及其占比情况

六、澳大利亚住房和住房金融市场概况

（一）经济金融形势

2015年，澳大利亚国内生产总值（GDP）同比增长2.5%，较上年降低0.2个百分点。2015年年末，消费者价格指数（CPI）同比增长1.7%，增速均与上年年末持平；失业率为5.5%，比上年年末降低0.4个百分点。

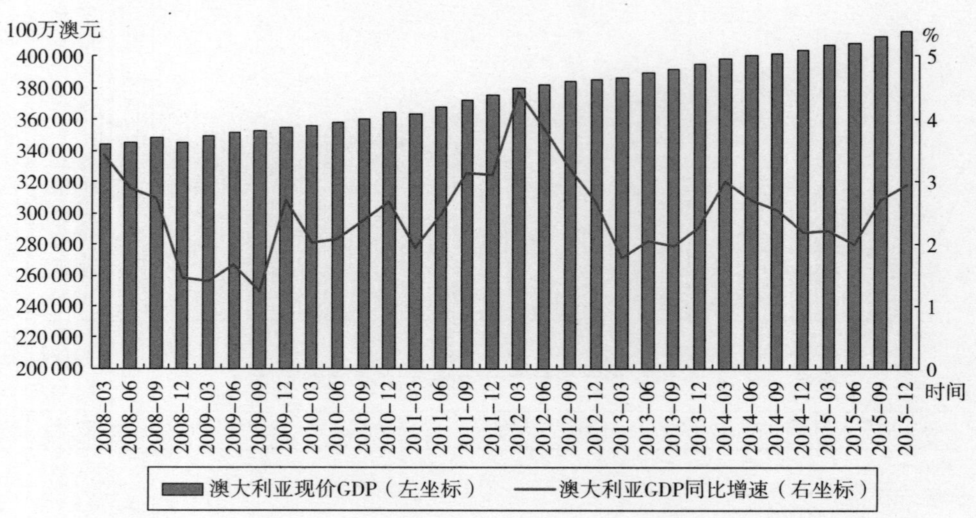

资料来源：澳大利亚统计局。

图14　2008～2015年澳大利亚国内生产总值及其同比增速

（二）住房和住房金融市场概况

澳大利亚人口总量逐步增长，城镇化率略有上升，老龄化程度继续提高。1980～2015年，澳大利亚人口增长率基本保持在1.0%以上，2015年澳大利亚人口增长率为1.4%。从人口分布结构来看，城市人口占总人口的比重从1980年的85.8%上升到了2015年的89.4%，城镇化率有所提高。从年龄结构来看，65岁及以上人口占总人口的比例上升幅度较大，从1980年的9.6%上升到2015年的15.0%。

住房市场持续回暖。2015年年末，澳大利亚8大城市房价均值指数同比上涨8.7%，悉尼市涨幅居各地之首，达到13.9%。2015年，住房新开工数量为21.5万套，较2014年提高10.3%。

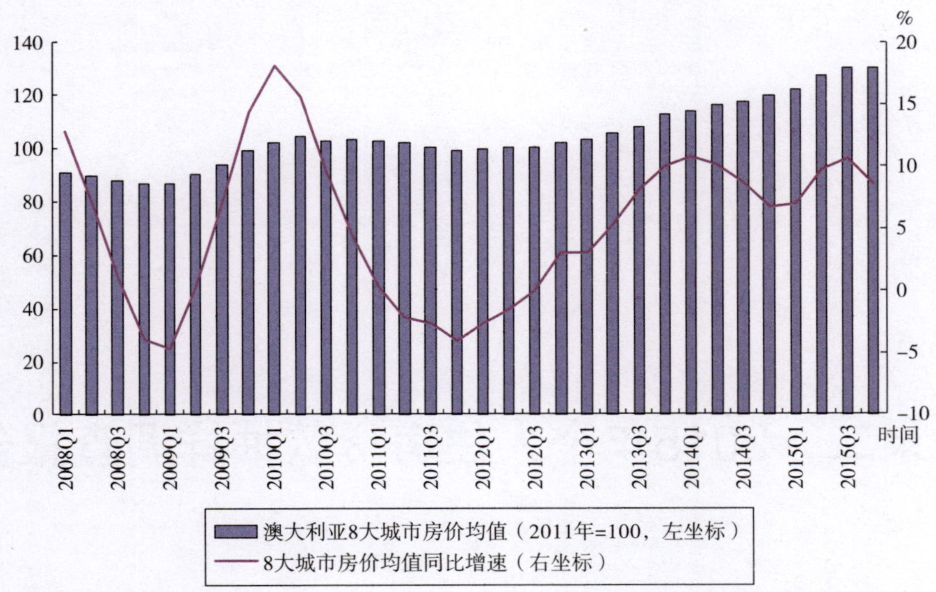

资料来源：澳大利亚统计局。

图15 2008～2015年澳大利亚8大城市房价均值指数及其同比增速

2015年年末，澳大利亚住房抵押贷款余额为9 309亿美元，比上年年末增长11.5%。住房抵押贷款余额占GDP的比重从2008年年末的41.2%上升至2015年年末的57.1%；住房抵押贷款余额占居民总资产的比重从2008年年末的8.3%上升至2015年年末的8.6%。

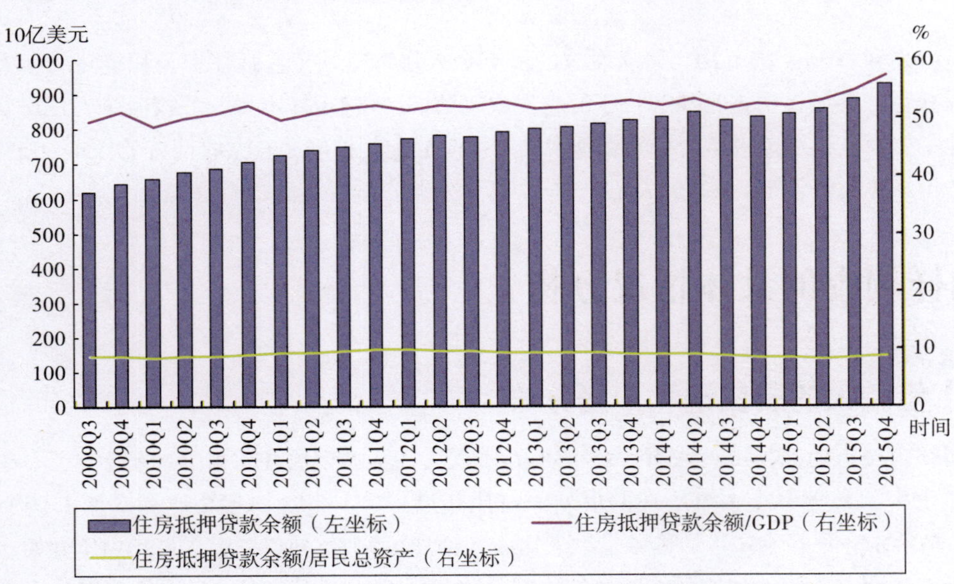

资料来源：澳大利亚统计局、澳大利亚央行。

图16 2009～2015年澳大利亚居民住房抵押贷款余额及其占比情况

附录二　2015年个人住房贷款抽样调查报告

一、抽样调查的基本情况

本次调查的城市范围包括北京、上海、广州、深圳、杭州、天津、沈阳、南京、济南、武汉、成都、西安、重庆、石家庄、呼和浩特、长春、哈尔滨、福州、合肥、郑州、南昌、长沙、南宁、贵阳、昆明、银川、乌鲁木齐、大连、青岛、宁波、厦门、苏州、无锡、东莞、佛山共35个城市。本次抽样调查所选城市为2015年新发放个人住房贷款量较大的城市，35个城市新发放贷款笔数合计占全国的45.8%。

本次调查对象以35个城市2015年新发放的所有个人住房贷款（包括住房公积金贷款）为总体，采用随机抽样获得。各城市根据当地2015年贷款发放笔数的5‰确定样本量，并按照个人住房贷款市场份额，在当地主要商业银行（包括公积金管理中心）之间分配。抽样调查共收回有效样本21 535份，占35个城市2015年新发放贷款笔数的4.9‰，占全国全部新发放贷款笔数的2.2‰。

二、抽样调查的具体情况分析

（一）借款人的居住地和户籍分布

从全部35个城市的抽样统计来看，95.83%的借款人在本城市居住，4.17%的借款人不在本城市居住。其中，南宁、东莞不在本市居住的借款人占比超过14%，与2014年相比都增加了10个百分点以上；佛山、乌鲁木齐不在本城市居住的借款人比去年增加了5个百分点以上。自2014年开始，除北京、上海、广州、深圳、三亚外其他限购城市均放开限购，近两年来不在本城市居住的借款人占比逐年上升（见图1）。值得一提的是，东莞、佛山购房者中不在本市居住的人口数量激增，可能在一定程度上应归因于2015年深圳房价上涨所引发的购房人外溢。

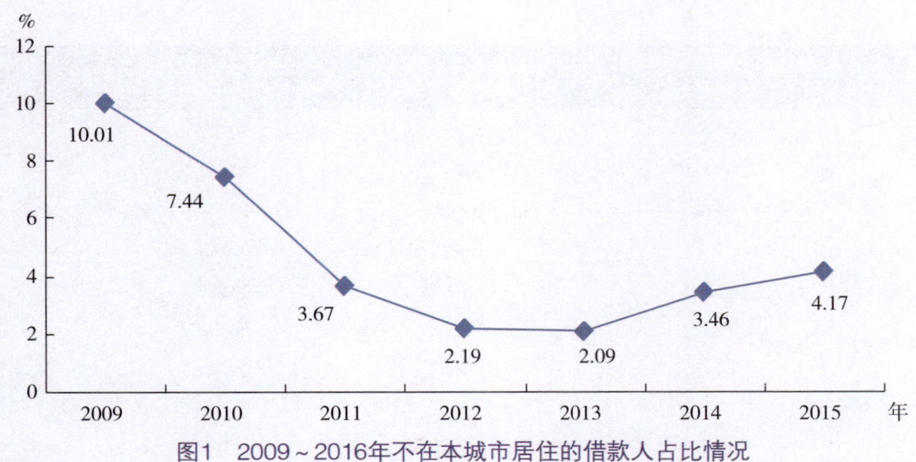

图1 2009～2016年不在本城市居住的借款人占比情况

无本市城镇户籍借款人占32%，连续三年上升，较2014年提高了2个百分点，城镇化和人口流动带来的潜在住房需求正在稳步转化为现实需求。具体城市来看，东莞无本市城镇户籍借款人占比达82.3%，远高于全国平均水平；无锡、苏州等长三角地级城市，长沙、银川、乌鲁木齐等区域核心城市，有本市城镇户籍的借款人占比较低；重庆、南京、天津等城市，有本市城镇户籍的借款人占比较高（见表1）。

表1 2015年借款人的居住地和户籍分布

单位：%

城市	拥有本市城镇户籍且在本市居住	拥有本市城镇户籍不在本市居住	户籍不在本城镇但在本市居住	户籍不在本城镇且不在本市居住
全部样本	66.15	1.89	29.68	2.28
东莞	17.21	0.52	68.33	13.94
无锡	46.34	2.93	45.12	5.61
长沙	49.13	1.90	42.31	6.66
佛山	50.00	1.00	41.50	7.50
银川	50.23	0.00	47.89	1.88
乌鲁木齐	50.67	6.28	41.26	1.79
苏州	51.70	0.50	42.50	5.30
南宁	53.18	12.92	30.51	3.39
郑州	55.70	1.63	40.14	2.53
成都	58.20	0.61	38.90	2.29
厦门	59.46	1.93	34.36	4.25
青岛	59.55	1.13	37.54	1.78
呼和浩特	59.65	0.58	39.77	0.00
合肥	61.76	0.88	34.47	2.89
深圳	63.02	1.74	34.88	0.35
广州	64.17	1.65	34.18	0.00
昆明	65.40	0.00	33.65	0.95

续表

城市	拥有本市城镇户籍且在本市居住	拥有本市城镇户籍不在本市居住	户籍不在本城镇但在本市居住	户籍不在本城镇且不在本市居住
福州	65.74	0.00	32.72	1.54
北京	66.48	2.41	30.36	0.74
杭州	66.61	1.41	30.39	1.59
西安	67.82	2.00	27.82	2.36
武汉	71.12	2.13	23.71	3.03
济南	71.71	0.20	27.70	0.39
上海	72.44	1.30	25.91	0.35
沈阳	73.24	0.41	25.27	1.08
贵阳	73.45	0.34	25.17	1.03
长春	74.08	5.63	20.28	0.00
石家庄	76.13	2.11	20.54	1.21
哈尔滨	77.34	3.50	17.76	1.40
南昌	79.84	2.37	17.79	0.00
宁波	81.20	2.87	14.88	1.04
大连	83.00	0.20	14.80	2.00
天津	83.17	2.95	12.79	1.09
南京	86.84	0.14	13.02	0.00
重庆	89.29	3.41	7.00	0.29

居住地和户籍均不在本地的借款人相对比较特殊，其中，长春、广州、南昌、呼和浩特、南京5个城市没有此类借款人。此类借款人在全部35个城市样本中占2.3%，其中，东莞（13.9%）、佛山（7.5%）等城市占比明显偏高。我们将这部分借款人与全部样本进行对比分析，发现购房用于非自住的占比达7.1%，明显高于全部样本2.8个百分点。这一群体购房用于投资的可能性大于其他借款人（见图2）。

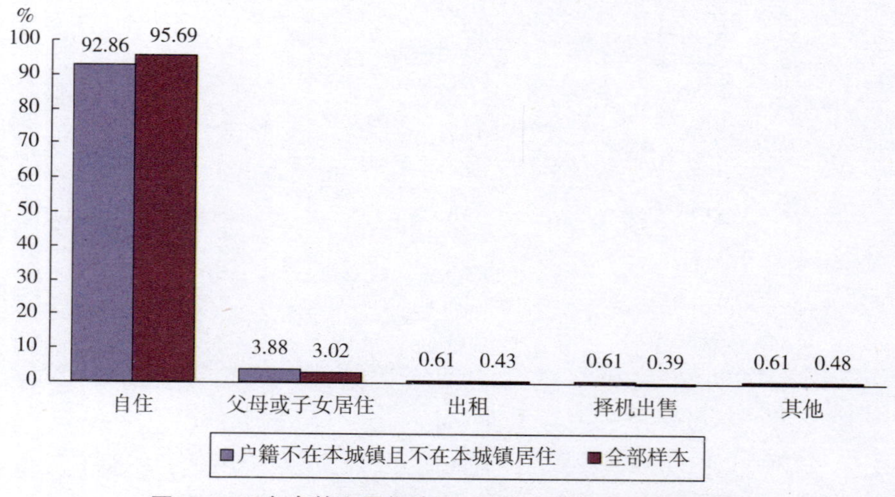

图2 2015年户籍和居住地均不在本市借款人的购房目的

（二）借款人的年龄分布

全部样本借款人的年龄均值为34岁，中位数为33岁。借款人的平均年龄较2014年上升明显（见图3）。

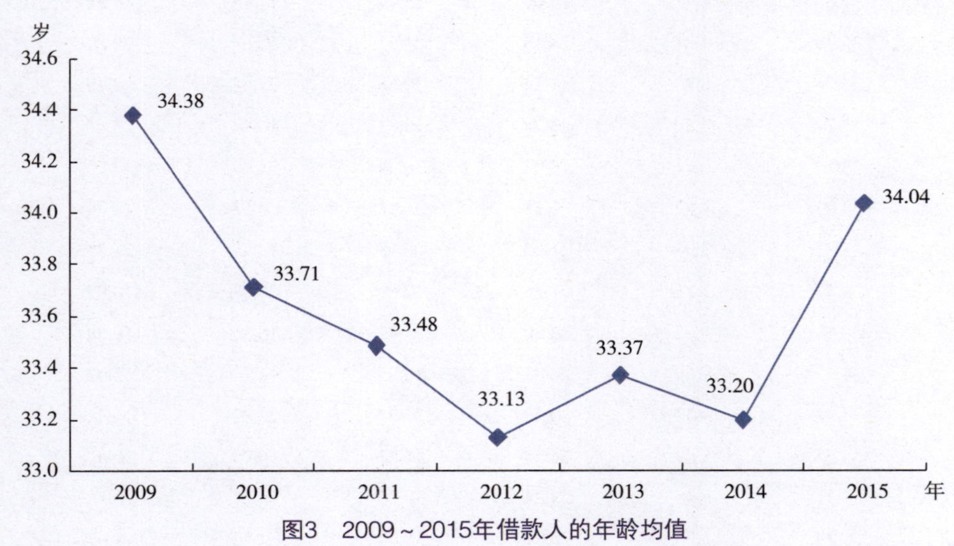

图3　2009～2015年借款人的年龄均值

与2014年相比，35岁以下借款人占比有所下降。相对的，35岁以上借款人占比上升近5个百分点。

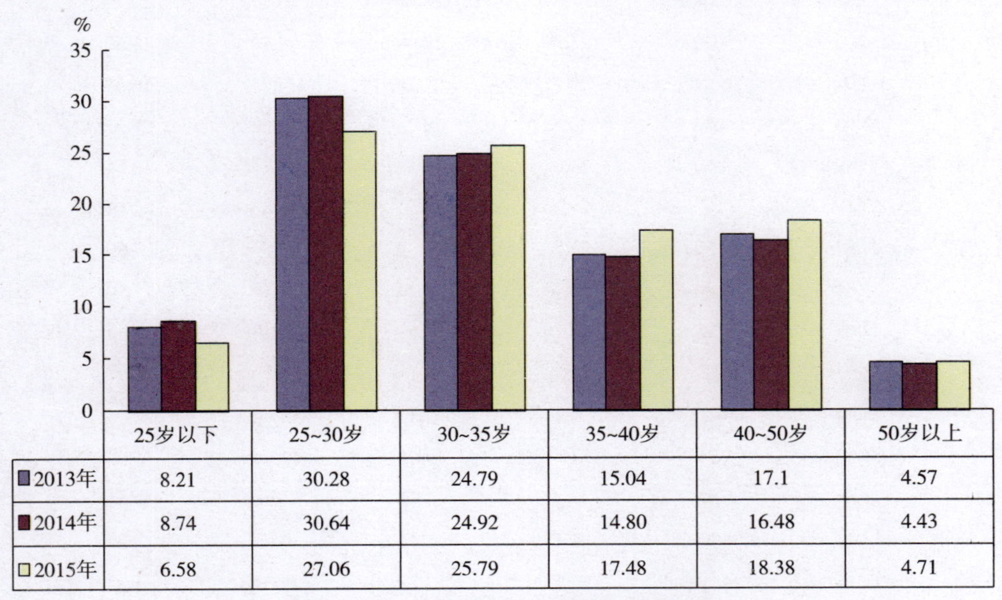

	25岁以下	25~30岁	30~35岁	35~40岁	40~50岁	50岁以上
2013年	8.21	30.28	24.79	15.04	17.1	4.57
2014年	8.74	30.64	24.92	14.80	16.48	4.43
2015年	6.58	27.06	25.79	17.48	18.38	4.71

图4　2013~2015年借款人的年龄分布

分城市来看，借款人年龄均值无明显的区域分布特征。进一步细化年龄区间，北京、上海等城市“25岁以下”借款人占比相对较低，这与当地房价水平较高，借款人依靠财富代际转移实现购房难度较大有关；而这些城市30～40岁的借款人占比相对较高，其中，北京、上海、东莞分别为58.8%、57.5%、55.4%，原因可能是大城市更多的年轻人需要工作一段时间，达到一定的积累后才选择以购房来满足居住需求（见表2）。

表2　2015年35个城市借款人的年龄均值和年龄段占比

单位：%

城市	均值（岁）	25岁以下	[25–30）岁	[30–35]岁	[35–40]岁	[40–50）岁	50岁以上
全部样本	34.04	6.58	27.06	25.79	17.48	18.38	4.71
天津	35.39	4.81	24.15	26.01	15.63	20.87	8.52
福州	35.38	8.33	19.14	20.68	22.84	23.15	5.86
乌鲁木齐	35.27	9.87	23.77	18.83	16.14	23.32	8.07
上海	35.12	2.71	18.02	32.39	25.09	17.79	4.00
北京	34.93	1.67	20.33	35.19	23.58	14.76	4.46
广州	34.81	3.94	24.02	26.68	19.95	21.35	4.07
厦门	34.70	4.25	21.24	30.89	20.08	18.92	4.63
哈尔滨	34.68	6.07	28.50	22.43	16.59	19.39	7.01
重庆	34.63	7.59	26.82	22.53	13.76	23.47	5.82
深圳	34.55	4.53	20.58	31.51	23.02	16.74	3.60
杭州	34.53	3.89	24.38	30.57	16.78	20.32	4.06
宁波	34.41	6.01	23.24	28.20	18.28	20.37	3.92
东莞	34.29	3.96	20.31	32.70	22.72	18.07	2.24
南京	34.18	7.44	24.89	24.18	21.89	16.60	5.01
武汉	34.11	7.08	27.87	23.82	15.17	20.79	5.28
大连	34.08	4.40	27.80	27.00	19.40	15.60	5.80
贵阳	34.04	6.21	29.31	27.24	14.83	16.55	5.86
成都	33.90	9.60	30.52	18.75	14.62	21.21	5.30
长沙	33.89	4.60	29.64	25.67	17.75	18.54	3.80
佛山	33.88	6.67	26.00	24.50	18.83	21.67	2.33
无锡	33.85	6.59	27.56	24.88	18.54	17.80	4.63
苏州	33.81	7.80	23.40	26.20	22.40	17.50	2.70
青岛	33.69	9.55	28.16	23.62	15.70	17.64	5.34
呼和浩特	33.67	7.02	31.58	25.15	11.70	18.71	5.85
南昌	33.64	10.28	26.48	23.32	14.62	20.16	5.14
银川	33.62	9.39	34.74	19.25	11.74	16.90	7.98
石家庄	33.54	5.44	31.42	25.98	14.20	19.34	3.63
南宁	33.44	8.05	27.33	26.48	14.62	20.34	3.18
郑州	33.13	4.70	37.25	22.24	16.64	15.37	3.80
长春	33.00	7.61	35.49	21.69	17.18	12.39	5.63
济南	32.94	5.11	33.79	27.50	15.32	13.95	4.32
西安	32.83	4.00	36.55	29.45	12.00	14.00	4.00
沈阳	32.70	9.05	32.16	27.30	15.27	11.89	4.32
昆明	31.80	7.58	32.23	32.70	13.74	12.80	0.95
合肥	31.74	15.09	35.22	20.63	10.94	13.46	4.65

对不同年龄段借款人的收入及购房情况对比分析后发现（见表3），借款人住房面积、家庭税后年收入、首付款比例以及“首付款全部是自己家庭储蓄占比”与年龄呈正相关，房价收入比和贷款期限则与年龄呈负相关，这可以归因于购房人经济实力随年龄增大而增强。值得注意的是，“25岁以下”的借款人不符合以上特征，其住房总价、住房面积、家庭税后年收入、首付款比例均高于“25 ~ 30岁”的借款人，但“贷款期限”、“首付款全部是自己家庭积蓄占比”则低于“25 ~ 30岁”的借款人，这可以解释为代际间的财富转移，使得“25岁以下”的借款人购买力反而强于“25 ~ 30岁”的借款人。

表3 2015年不同年龄段借款人的收入及购房情况

年龄段	住房总价（万元）	住房面积（平方米）	家庭税后年收入（万元）	房价收入比	首付款比例（%）	贷款期限（月）	首付款全部是自己家庭积蓄占比（%）
25岁以下	101.09	100.13	16.37	7.90	38.44	276	61.09
25 ~ 30岁	99.50	97.35	15.80	7.35	37.41	283	69.68
30 ~ 35岁	123.31	101.21	20.01	7.12	37.65	278	80.33
35 ~ 40岁	143.49	107.92	23.23	7.09	39.91	260	85.90
40 ~ 50岁	141.71	114.16	23.94	6.81	40.85	216	89.03
50岁及以上	132.63	109.61	24.49	6.76	43.11	161	88.67
全部样本	122.76	104.04	20.13	7.15	38.87	259	79.15

（三）借款人的收入和投资情况

全部样本借款人家庭人均月收入均值为8 183元，中位数为5 556元，月收入分布最为集中的两个区间是2 000 ~ 4 000元和4 000 ~ 6 000元，其占比分别达到了23.94%和25.53%（见表4）。分城市看，借款人家庭人均月收入最高的是深圳（19 826元），最低的是银川（4 500元），济南、长春、银川、沈阳等12个城市月收入分布在2 000 ~ 6 000元区间占比在60%以上。

表4 2015年借款人家庭人均月收入分布表

单位：%

城市	均值（元）	城镇人均可支配月收入*	2 000元以下	2 000 ~ 4 000元	4 000 ~ 6 000元	6 000 ~ 8 000元	8 000 ~ 1万元	1万 ~ 2万元	2万元以上
全部样本	8 183	2 600	4.69	23.94	25.53	13.43	11.27	15.04	6.10
深圳	19 826	3 412	0.47	2.44	9.19	10.00	14.30	33.14	30.47
上海	13 581	3 976	0.94	6.12	12.49	11.90	17.20	35.57	15.78
广州	12 842	3 580	0.25	10.67	16.77	18.93	19.95	22.62	10.80
北京	12 785	3 659	3.34	10.21	18.11	9.94	16.53	27.95	13.93
厦门	11 839	3 302	0.39	5.41	25.10	14.67	12.74	27.80	13.90
杭州	11 108	3 719	1.77	10.60	21.73	12.54	16.25	24.20	12.90

续表

城市	均值（元）	城镇人均可支配月收入*	2 000元以下	2 000～4 000元	4 000～6 000元	6 000～8 000元	8 000～1万元	1万～2万元	2万元以上
福州	11 077	2 375	1.23	10.80	25.31	13.27	17.59	20.99	10.80
宁波	9 467	3 680	1.04	13.05	25.33	16.19	15.67	21.93	6.79
南京	9 401	3 547	0.29	17.88	22.46	17.45	13.30	19.89	8.73
佛山	8 422	3 046	2.67	19.00	19.33	18.00	14.50	19.17	7.33
苏州	8 315	3 890	2.60	24.90	28.30	11.40	11.10	15.50	6.20
东莞	8 198	3 064	2.24	18.24	29.26	12.91	9.47	21.86	6.02
郑州	7 979	2 425	6.69	28.03	30.02	14.29	6.51	10.31	4.16
武汉	7 375	2 773	3.48	22.13	30.79	12.70	11.46	15.28	4.16
青岛	6 882	3 191	4.69	27.18	22.65	14.89	11.81	15.86	2.91
无锡	6 875	3 476	1.71	23.90	32.68	12.93	13.66	12.44	2.68
天津	6 738	2 626	5.68	21.75	28.42	13.22	12.13	17.16	1.64
石家庄	6 600	2 012	6.04	28.40	25.38	16.31	8.16	11.78	3.93
哈尔滨	6 544	2 401	11.92	36.45	19.86	12.15	7.48	7.01	5.14
成都	6 476	2 722	6.42	31.36	24.72	14.73	8.76	10.77	3.24
呼和浩特	6 413	2 894	2.92	28.65	36.26	15.79	4.09	9.36	2.92
昆明	6 330	2 608	0.00	25.12	30.81	16.59	16.59	10.43	0.47
大连	6 264	2 799	7.20	29.80	26.00	15.80	9.20	9.00	3.00
合肥	6 206	2 446	6.54	24.91	34.47	14.21	8.81	8.93	2.14
南宁	6 016	2 256	3.39	32.20	29.87	14.41	8.47	8.69	2.97
南昌	6 008	2 424	2.37	32.02	31.23	14.23	7.91	9.88	2.37
乌鲁木齐	5 942	1 980	5.38	30.49	30.94	16.14	8.07	6.73	2.24
贵阳	5 514	2 080	5.52	31.38	30.34	17.93	6.55	6.21	2.07
长沙	5 442	2 214	6.97	30.27	31.54	9.83	12.68	7.77	0.95
西安	5 363	3 008	0.00	31.27	29.27	22.73	14.91	1.82	0.00
沈阳	5 164	2 853	9.59	32.84	32.57	10.27	7.30	5.68	1.76
长春	5 106	2 382	7.61	38.03	31.27	9.58	6.20	5.63	1.69
重庆	5 041	2 096	11.65	36.12	28.06	10.24	6.59	6.41	0.94
济南	4 629	3 230	6.88	43.61	29.67	10.41	5.50	3.54	0.39
银川	4 500	2 176	11.74	41.78	27.23	8.92	3.29	6.57	0.47

注：*为当地统计局公布数据。

通过将各个城市借款人家庭人均月收入和当地统计局公布的城镇居民的月均可支配收入进行比较，我们发现，贷款购房家庭的人均收入不仅远远高于各自区域的平均水平，而且基本达到了后者的2~4倍，有9个城市超过了3倍，其中，深圳达到了5.8倍。

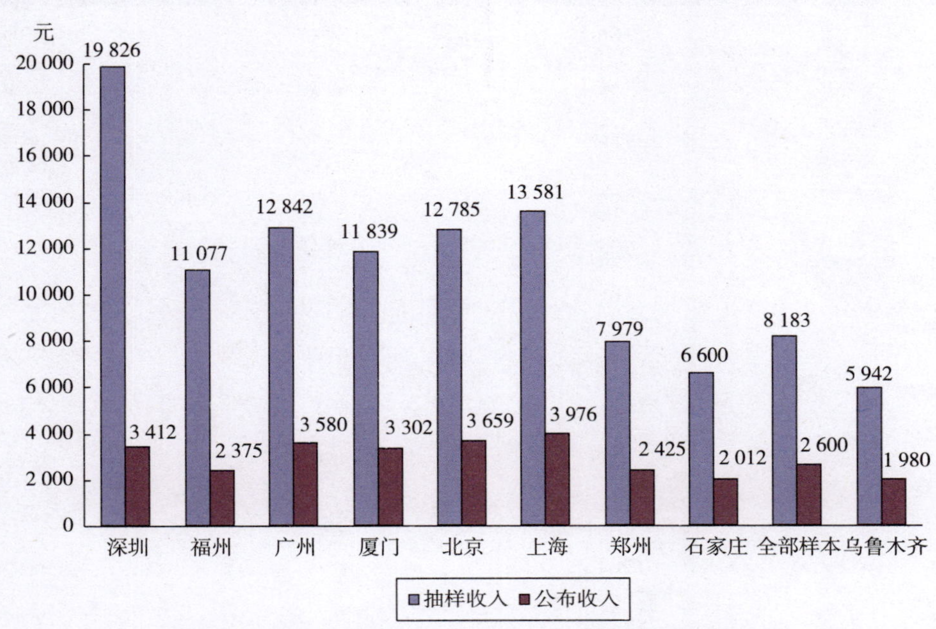

图5　2015年借款人月均收入超过当地人均可支配收入3倍的城市

我们对借款人的家庭积蓄投资方式进行了分析（见表5），结果显示：超过八成借款人有住房以外的其他资产。50%的借款人有定期存款，比2014年高0.2个百分点。43%的借款人有证券投资，比2014年高10.1个百分点，占比显著增加。12.51%的借款人有住房以外资产，但没有定期存款或证券，较2014年下降5.3个百分点。证券投资占比持续扩大，借款人投资理财渠道多元化趋势进一步显现。

表5　2015年借款人家庭积蓄投资方式交叉分布

单位：%

证券投资 存款	有		无		合计
	有其他投资	无其他投资	有其他投资	无其他投资	
有	5.51	14.19	3.73	27.36	50.80
无	4.46	18.82	12.51	13.40	49.20
合计	9.97	33.01	16.25	40.77	100.00

分城市看，家庭积蓄全部为存款的借款人，占比最高的城市为济南（47.54%），最低的是杭州（14.49%）；家庭积蓄中有证券投资的借款人，占比最高的城市是南京（64.23%），最低的是银川（9.39%）（见表6）。

表6　2015年各城市借款人家庭积蓄投资方式中存款和证券投资情况

单位：%

城市	全部是存款	含存款	含证券投资
全部样本	27.36	50.80	42.99
济南	47.54	67.58	36.54
沈阳	39.46	46.76	19.32
成都	38.28	73.60	34.43
青岛	36.25	58.41	47.73
长春	34.08	55.49	42.54
天津	33.88	63.06	47.54
郑州	33.63	66.91	41.05
哈尔滨	33.18	46.03	19.63
合肥	33.08	53.58	40.50
西安	32.00	45.64	33.09
乌鲁木齐	31.84	36.32	26.46
重庆	30.65	49.76	28.24
大连	28.60	55.60	51.20
苏州	28.30	55.50	46.20
无锡	28.29	58.05	54.63
银川	26.29	38.97	9.39
呼和浩特	24.56	40.94	36.26
武汉	24.38	47.53	43.48
南昌	23.72	55.73	36.76
昆明	23.22	34.60	32.70
上海	22.50	50.65	60.90
南宁	22.46	45.34	41.95
贵阳	22.41	28.28	15.17
石家庄	22.36	41.99	35.05
广州	22.11	55.53	53.75
宁波	21.41	39.43	51.70
佛山	21.00	42.17	53.83

续表

城市	全部是存款	含存款	含证券投资
东莞	19.97	60.76	58.18
南京	19.89	56.37	64.23
长沙	19.49	43.42	47.54
北京	17.55	37.70	50.51
厦门	17.37	32.82	55.21
深圳	15.35	30.81	49.30
福州	15.12	28.70	41.98
杭州	14.49	33.22	61.84

一般而言，证券投资行为可在一定程度上反映出借款人的风险承受能力和风险偏好，前者主要与经济基础相关，而后者的影响因素则比较复杂，可能受社会制度、文化、习俗和个体性格等多种因素的影响。通过将35个城市投资证券的借款人比例与借款人的平均月收入的相关关系进行分析，结果表明，各城市投资证券的借款人比例与借款人平均月收入均呈现出一定的正相关性，即随着借款人平均月收入水平的提高，其投资股票的倾向有所增强（见图6）。

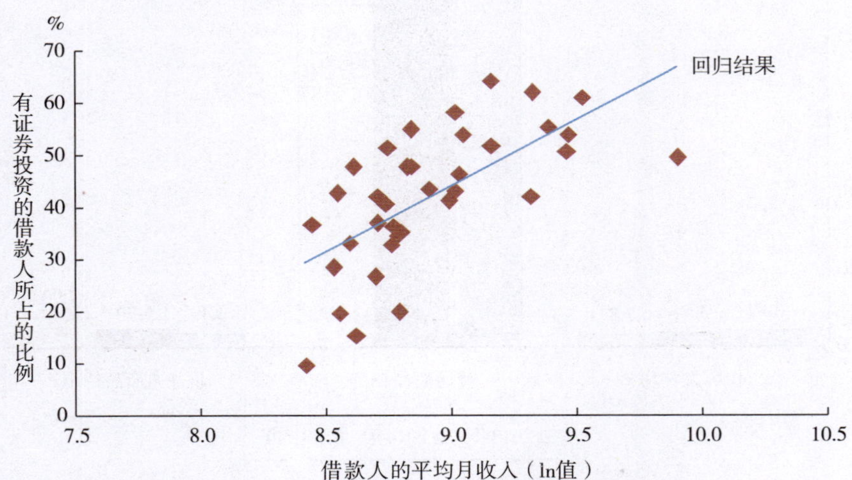

图6　2015年各城市有证券投资的借款人所占比例与借款人的平均月收入的相关关系

不同投资方式的借款人在融资行为上存在差异的实际情况，对商业银行个人住房贷款风险管理的参考意义也不尽相同。我们对不同投资方式的借款人有关信息作了对比（见表7），发现家庭积蓄主要为存款的借款人在购房和贷款方面相对保守，主要表现为住房单价较低、贷款次数超过1次的比例较低，而有证券投资的借款人，住房面积、贷款次数超过1次的比例较高。这表明投资风险偏好会对购房行为产生影响，风险偏好越强的借款人越倾向购买价高的住房，并利用杠杆获得更多的借贷资金。

表7　2015年不同投资方式借款人对比

	有效样本量（份）	年龄（岁）	住房面积（平方米）	住房单价（元/平方米）	首套房占比（%）	贷款总额（万元）	首付款比例（%）	贷款次数超过1次（%）
主要为存款	5 893	34.0	99.61	9 842	90.92	59.09	38.86	4.82
有存款	10 940	34.3	103.10	10 860	87.27	68.47	39.05	7.84
有证券	9 257	34.5	108.74	13 570	79.72	90.27	39.30	13.60
主要为证券	4 053	34.0	108.02	14 452	79.52	95.12	39.23	12.90
全部样本	21 535	34.0	104.04	11 574	85.27	73.86	38.87	9.39

（四）住房性质和单价

从35个城市样本借款人所购住房的性质分布来看，89.23%的借款人购买普通商品住房，购买非普通商品住房（包括高档公寓、别墅）占比为7.9%，比2014年上升3.34个百分点，其余2.87%的借款人购买保障性住房，为近七年的最低值（见图7）。

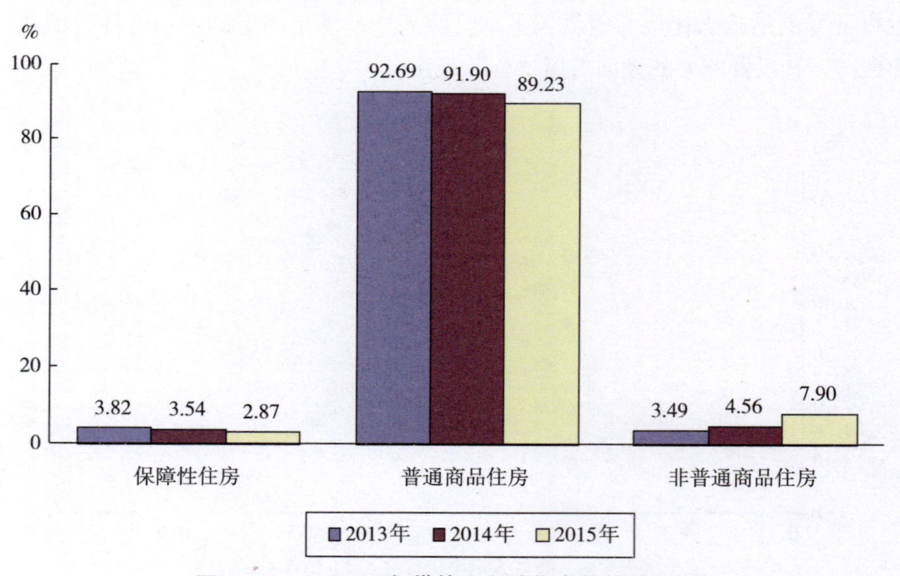

图7　2013～2015年借款人所购住房的性质分布

分城市看（见图8），购买普通商品住房借款人占比最高的城市是青岛（99.5%），购买非普通商品住房借款人占比最高的城市是上海（27.9%），购买保障性住房借款人占比最高的城市是北京（15.6%）。从借款人所购住房性质的区域比较来看，高端住宅更多地集中于上海、宁波、厦门等经济发达的东部沿海城市，这客观反映出这些城市高收入群体的绝对数量和高端住宅市场规模均较大。

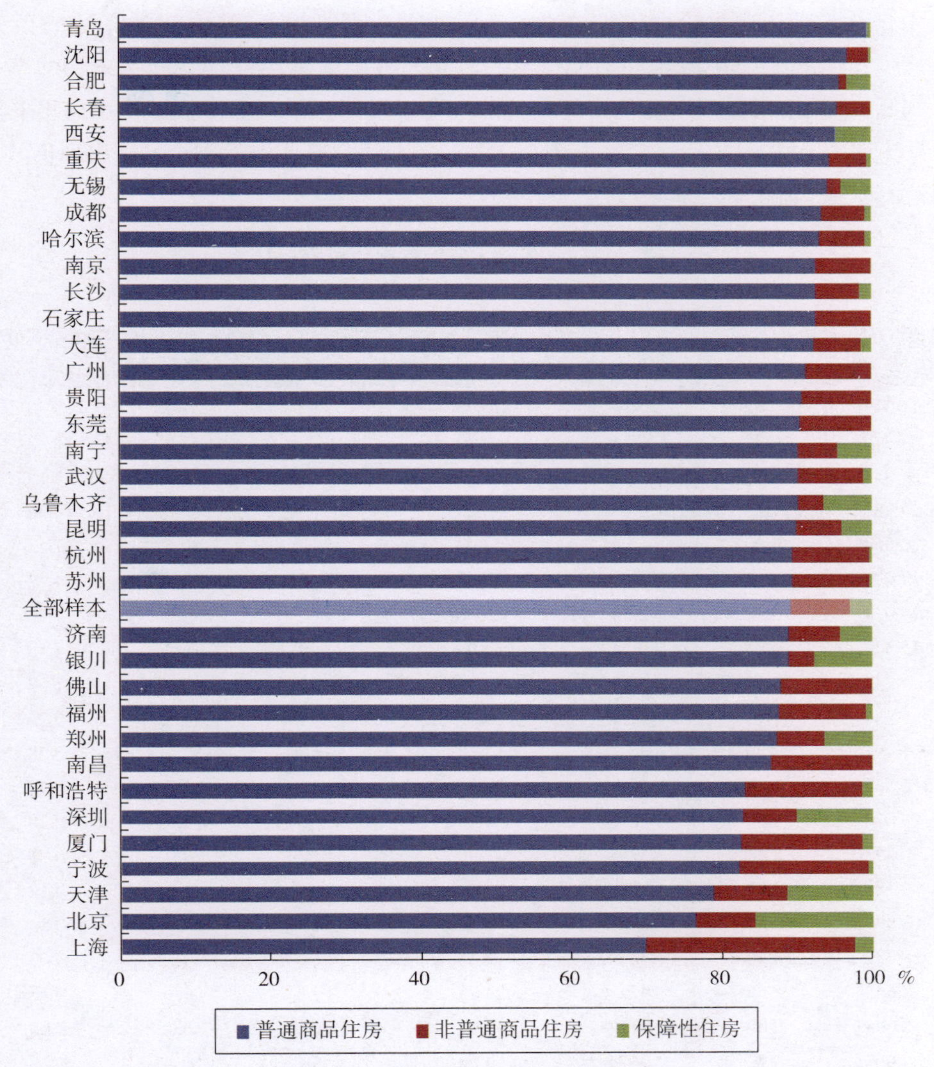

图8 2015年35个城市住房性质分布

为考察不同性质住房借款人的贷款情况和风险状况，我们对各子样本进行了对比分析。结果显示，购买非普通商品住房的借款人在非首套住房占比、非首次贷款占比、家庭人均月收入、房价收入比、首付款比例、贷款期限、月供收入比等方面均高于其他子样本。虽然购买非普通商品住房的借款人支付能力较强，但其还款压力相对其他借款人也更大（见表8）。

表8 2015年购买非普通住房子样本与全部样本对比

	非首套住房占比（%）	非首次贷款占比（%）	年龄（岁）	家庭人均月收入（万元）	房价收入比	首付款比例（%）	贷款期限（月）	月供收入比
购买保障性住房借款人	11.17	4.69	34.79	6 452	7.71	38.97	256	32.86
购买普通商品住房借款人	13.74	8.71	33.73	7 208	6.97	38.68	259	33.01
购买非普通商品住房借款人	27.28	18.75	37.25	19 821	9.08	41.01	265	33.48
全部样本	14.73	9.39	34.04	8 183	7.15	38.87	259	32.94

全部样本借款人的住房单价均值为11 574元，同比上涨13.9%。其中，单价在0.5万元以下的占12.67%，0.5万～1万元的占50.49%，1万元以上的占36.83%（见表9）。分城市来看，北京、上海、深圳、东莞、郑州5个城市借款人所购住房的均价涨幅高于全部样本，城市数量较2014年下降13个，其中，最高的是深圳，上涨36.2%；大连、长春、重庆、青岛、乌鲁木齐等13个城市出现负增长，其中，跌幅最大的是大连，下降6.3%。

表9　2015年借款人所购住房的单价分布

单位：%

城市	均值（元）	0.5万元以下	0.5万～1万元	1万～1.5万元	1.5万～2万元	2万～3万元	3万～4万元	4万元以上
全部样本	11 574	12.67	50.49	16.03	7.67	7.52	3.38	2.24
深圳	31 227	0.35	2.56	6.40	14.07	31.05	23.72	21.86
上海	28 834	0.12	1.41	6.01	17.67	35.34	24.15	15.31
北京	24 986	0.28	5.57	15.13	17.83	33.80	16.34	11.05
厦门	20 364	0.00	5.41	23.94	25.87	30.50	11.58	2.70
南京	17 099	0.14	16.60	27.47	25.46	23.46	4.72	2.15
杭州	15 971	2.30	22.61	25.80	25.09	19.43	3.36	1.41
广州	15 523	0.25	23.89	33.04	22.49	14.23	4.45	1.65
福州	13 279	0.00	23.77	47.84	22.22	4.63	1.54	0.00
天津	12 581	1.75	41.42	27.76	17.81	10.05	0.98	0.22
宁波	11 496	2.09	46.21	33.68	9.66	7.57	0.78	0.00
苏州	10 862	1.80	50.10	30.80	13.30	3.70	0.30	0.00
大连	10 070	3.80	56.40	31.40	6.60	1.60	0.20	0.00
武汉	9 327	8.54	57.64	27.30	4.49	2.02	0.00	0.00
青岛	9 185	3.72	63.92	23.62	6.63	1.94	0.16	0.00
佛山	8 699	8.50	59.33	30.33	1.83	0.00	0.00	0.00
郑州	8 697	4.34	74.68	18.44	1.81	0.72	0.00	0.00
东莞	8 652	5.85	67.64	23.75	2.24	0.34	0.17	0.00
昆明	8 295	0.00	81.99	18.01	0.00	0.00	0.00	0.00
南昌	7 925	6.72	76.28	15.02	1.58	0.40	0.00	0.00
石家庄	7 847	9.37	79.15	10.88	0.60	0.00	0.00	0.00
合肥	7 759	7.17	80.75	10.31	1.26	0.25	0.25	0.00
济南	7 697	17.88	66.80	13.95	1.18	0.20	0.00	0.00
无锡	7 613	5.37	82.68	11.22	0.73	0.00	0.00	0.00
成都	6 871	30.30	55.75	12.61	1.34	0.00	0.00	0.00
沈阳	6 829	14.19	81.08	3.92	0.81	0.00	0.00	0.00
南宁	6 828	8.05	87.29	3.81	0.85	0.00	0.00	0.00
西安	6 625	15.27	80.91	3.64	0.18	0.00	0.00	0.00
哈尔滨	6 565	18.22	75.70	5.37	0.70	0.00	0.00	0.00
长春	6 274	12.96	85.63	1.41	0.00	0.00	0.00	0.00
长沙	6 100	29.16	66.56	3.33	0.63	0.32	0.00	0.00
呼和浩特	6 094	22.81	74.85	2.34	0.00	0.00	0.00	0.00
重庆	5 820	41.35	55.76	2.53	0.29	0.06	0.00	0.00
乌鲁木齐	5 817	31.84	67.26	0.90	0.00	0.00	0.00	0.00
贵阳	5 101	61.38	36.55	2.07	0.00	0.00	0.00	0.00
银川	4 562	70.42	29.58	0.00	0.00	0.00	0.00	0.00

（五）住房面积情况

从住房面积来看，全部样本的均值为104平方米，中位数为94.4平方米。其中，面积在60～90平方米的占比最高，为34.82%，比2014年下降1.58个百分点；其次是90～120平方米，占33.55%，比2014年上升0.71个百分点（见图9）。

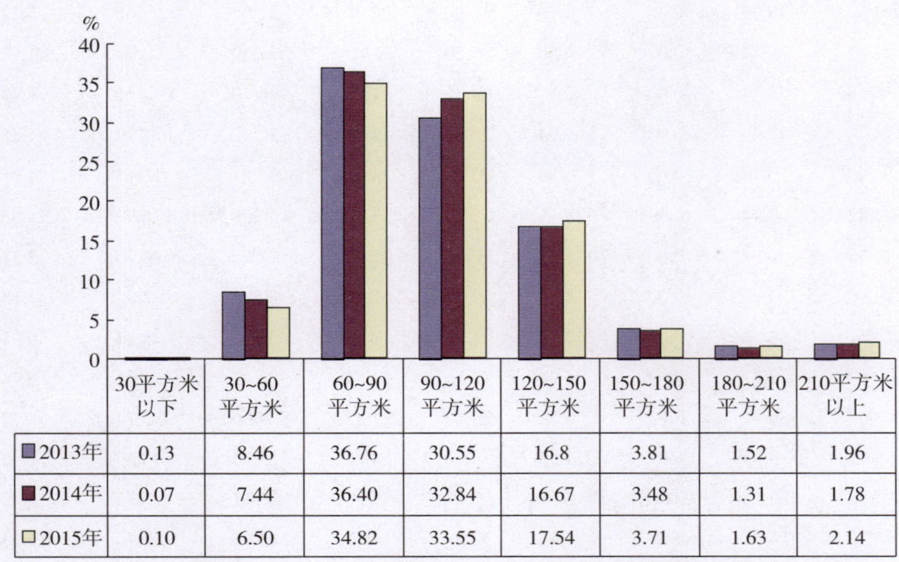

	30平方米以下	30~60平方米	60~90平方米	90~120平方米	120~150平方米	150~180平方米	180~210平方米	210平方米以上
2013年	0.13	8.46	36.76	30.55	16.8	3.81	1.52	1.96
2014年	0.07	7.44	36.40	32.84	16.67	3.48	1.31	1.78
2015年	0.10	6.50	34.82	33.55	17.54	3.71	1.63	2.14

图9　2013～2015年借款人所购住房的面积分布

住房面积均值自2008年开始持续下降，2012年有所回升并连续两年维持在101.6平方米，2015年则呈现较大幅度上升（见图10）。尽管房价有所上涨，但购房者仍然倾向于选择较大面积的住房，一定程度上反映了人们对于改善居住条件的强烈需求。

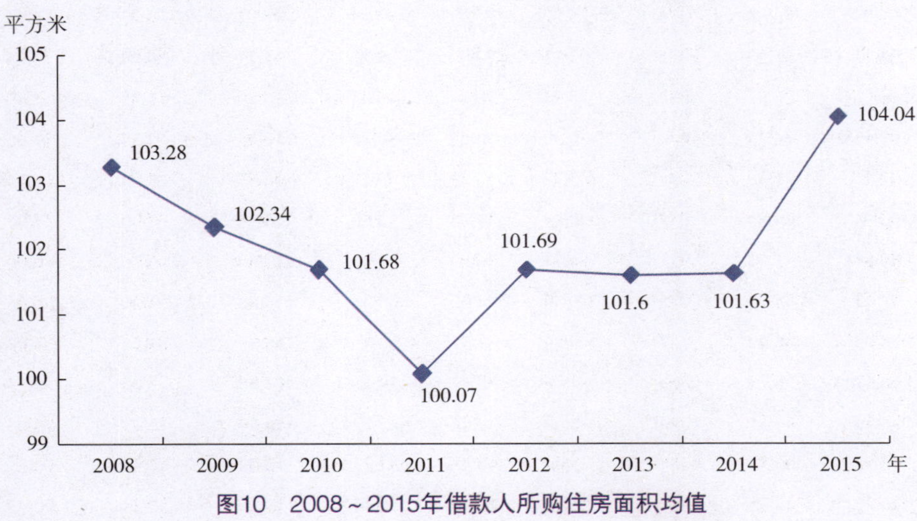

图10　2008～2015年借款人所购住房面积均值

分城市看，住房面积均值最高的是宁波，达到127.34平方米，最低的是深圳，为92.25平方米（见表10）。住房面积均值没有呈现出明显的东西部区域差别，标准差最高的是西安，达到57.67，最低的是石家庄，为16.23。

表10　2015年各城市借款人所购住房的面积均值分布

单位：%

城市	均值（平方米）	标准差	30平方米以下	30～60平方米	60～90平方米	90～120平方米	120～150平方米	150～180平方米	180～210平方米	210平方米以上
全部样本	104.04	40.67	0.10	6.50	34.82	33.55	17.54	3.71	1.63	2.14
宁波	127.34	48.05	0.26	4.96	18.54	27.94	31.07	7.05	5.22	4.96
苏州	122.30	24.47	0.00	0.50	22.00	36.00	31.50	3.70	1.70	4.60
无锡	116.86	31.34	0.00	2.68	24.15	34.88	26.10	7.56	1.46	3.17
福州	114.96	43.64	0.00	4.94	23.46	32.72	30.25	3.70	1.85	3.09
呼和浩特	114.04	30.73	0.00	5.85	22.22	33.33	22.81	11.11	1.75	2.92
厦门	113.82	49.94	0.00	8.49	22.39	33.59	20.08	6.95	1.93	6.56
南昌	113.35	36.24	0.00	1.58	30.04	37.94	17.00	8.70	2.37	2.37
银川	110.95	25.92	0.00	1.88	20.66	41.78	30.99	2.82	1.88	0.00
石家庄	110.51	16.23	0.00	2.11	25.08	37.16	28.10	5.14	0.91	1.51
济南	109.82	42.51	0.00	3.34	13.56	54.81	22.40	2.55	0.98	2.36
贵阳	108.68	36.71	0.00	4.83	28.62	27.93	29.66	5.17	1.72	2.07
佛山	108.61	39.55	0.33	1.33	33.33	38.17	15.50	6.50	2.67	2.17
武汉	108.35	36.55	0.00	2.81	29.89	40.79	17.42	3.37	3.03	2.70
东莞	107.72	35.83	0.00	3.61	30.29	44.23	12.91	2.93	2.93	3.10
杭州	107.35	50.31	0.00	3.89	54.77	13.60	17.84	4.95	2.30	2.65
西安	105.77	57.67	0.00	5.45	31.27	36.18	18.18	4.73	1.45	2.73
长沙	105.68	34.70	0.16	4.60	30.27	35.18	23.93	3.65	1.11	1.11
郑州	105.31	36.34	0.00	5.06	44.85	24.05	20.25	2.71	1.27	1.81
广州	104.54	37.88	0.13	5.34	30.62	38.50	17.79	3.56	2.54	1.52
南京	104.24	40.72	0.00	5.87	37.48	33.19	16.02	3.72	1.43	2.29
上海	104.11	31.39	0.00	15.31	29.80	28.15	14.72	4.48	3.65	3.89
乌鲁木齐	103.26	26.82	0.00	3.14	30.04	46.64	16.59	1.35	1.79	0.45
南宁	102.97	34.35	0.00	5.30	36.65	34.32	18.43	2.54	1.06	1.69
青岛	102.41	31.48	0.00	3.72	33.82	40.45	16.67	3.88	0.49	0.97
天津	100.04	44.39	0.00	8.85	35.41	34.86	13.22	3.50	1.97	2.19
昆明	99.86	37.07	0.00	4.74	36.49	35.07	17.54	6.16	0.00	0.00
重庆	99.17	44.07	0.06	5.59	39.00	36.35	13.88	3.00	0.94	1.18
沈阳	98.65	38.49	0.00	9.59	37.57	30.41	16.89	3.51	1.08	0.95
北京	98.47	36.78	0.09	14.48	38.72	24.51	14.58	3.06	1.67	2.88
合肥	98.19	44.31	0.00	6.04	32.45	45.53	14.59	1.13	0.00	0.25
长春	96.68	26.51	0.00	7.04	40.28	34.37	14.08	2.54	0.28	1.41
成都	96.42	42.21	0.06	6.25	45.93	32.14	11.10	2.34	0.95	1.23
哈尔滨	94.96	40.56	0.70	15.89	31.07	28.74	17.52	2.57	2.10	1.40
大连	94.27	34.95	0.20	12.40	42.20	24.40	14.20	4.20	1.40	1.00
深圳	92.25	40.60	1.05	13.02	56.63	14.30	7.91	3.14	0.93	3.02

从家庭人均住房面积来看，按每个样本的人均住房面积计算的均值为45.66平方米，从分布来看，家庭人均住房面积较多地集中于20～40平方米，占比为42.6%，较上年有所上升。10平方米以下的占比仅为0.95%（见图11）。

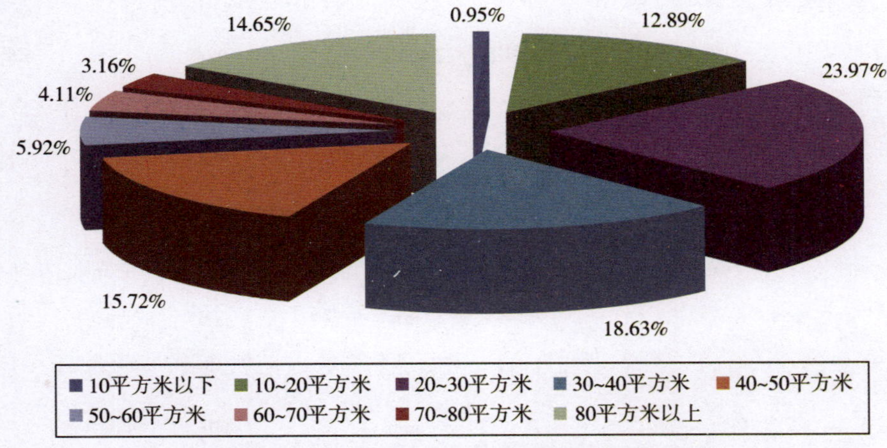

图11 2015年借款人家庭人均住房面积分布

分城市看，家庭人均住房面积均值最高的是呼和浩特（56.44平方米），最低的是长沙（36.08平方米），面积均值无明显的区域分布特征。

表11 2015年各城市借款人人均住房面积均值分布

单位：%

城市	均值（平方米）	10平方米以下	10～20平方米	20～30平方米	30～40平方米	40～50平方米	50～60平方米	60～70平方米	70～80平方米	80平方米以上
全部样本	45.66	0.95	12.89	23.97	18.63	15.72	5.92	4.11	3.16	14.65
呼和浩特	56.44	0.58	5.26	18.71	17.54	16.37	11.11	5.26	1.75	23.39
合肥	54.19	0.13	7.55	18.74	18.11	17.74	4.53	2.26	5.16	25.79
沈阳	54.02	0.95	11.22	14.19	16.35	13.11	8.51	6.49	6.22	22.97
石家庄	53.46	0.00	4.53	19.03	19.34	23.26	6.04	5.74	1.81	20.24
郑州	53.06	1.27	10.67	25.68	8.32	20.61	5.06	4.52	4.88	18.99
哈尔滨	52.90	1.87	11.92	17.06	19.86	11.92	5.84	5.84	3.50	22.20
昆明	51.90	0.00	8.06	19.91	19.43	12.80	8.06	5.69	4.27	21.80
乌鲁木齐	51.02	0.90	8.07	19.73	20.63	13.90	10.31	3.14	1.35	21.97
济南	50.08	0.39	6.09	14.34	25.54	21.02	7.66	4.13	2.16	18.66
无锡	50.03	0.49	7.07	20.49	20.49	21.22	8.29	3.66	3.41	14.88
青岛	49.80	0.00	6.96	22.82	23.30	16.18	4.53	1.94	1.62	22.65
宁波	49.03	0.52	10.18	18.28	18.28	20.37	8.88	8.09	2.09	13.32
南宁	48.02	0.00	11.23	30.93	13.98	15.04	4.03	2.75	2.12	19.92

续表

城市	均值（平方米）	10平方米以下	10～20平方米	20～30平方米	30～40平方米	40～50平方米	50～60平方米	60～70平方米	70～80平方米	80平方米以上
长春	47.45	0.00	8.73	26.76	21.13	13.80	4.51	4.51	2.82	17.75
银川	47.42	0.94	5.63	22.07	18.31	21.60	7.98	8.45	1.88	13.15
苏州	47.25	0.00	8.40	25.60	20.00	20.90	4.90	3.70	2.50	14.00
南京	47.24	0.14	5.15	27.32	24.46	17.31	5.58	3.43	3.72	12.88
贵阳	47.15	1.72	12.41	21.38	18.28	15.86	5.17	6.21	3.45	15.52
成都	46.83	0.89	11.22	25.39	18.97	12.22	6.31	4.46	4.63	15.90
南昌	45.55	1.98	15.02	20.55	17.00	16.21	9.09	3.56	2.77	13.83
北京	44.87	2.14	17.27	20.43	16.16	15.32	6.87	5.11	2.51	14.21
天津	44.86	0.22	13.11	27.10	17.60	14.54	5.03	4.37	2.73	15.30
东莞	44.85	0.34	12.74	22.20	20.48	19.62	5.16	4.65	2.07	12.74
厦门	44.09	1.16	16.60	23.55	20.08	12.74	8.88	2.32	3.86	10.81
佛山	43.62	1.00	12.50	24.00	19.33	18.17	7.17	2.67	2.00	13.17
福州	43.62	0.31	11.73	23.46	23.15	20.37	5.56	4.32	1.85	9.26
武汉	43.56	0.56	13.26	25.96	20.45	16.52	4.72	4.16	2.02	12.36
上海	43.32	1.18	14.61	22.38	20.85	15.19	7.66	4.48	3.06	10.60
大连	42.36	0.20	11.80	28.80	17.40	16.20	4.80	5.00	5.40	10.40
广州	42.03	1.14	15.63	22.74	24.02	15.50	4.32	4.19	3.05	9.40
杭州	40.77	0.88	17.31	33.75	9.01	17.14	3.89	3.18	2.12	12.72
西安	39.45	0.00	10.55	29.82	21.45	16.18	8.55	3.27	3.27	6.91
重庆	38.91	1.65	20.18	27.59	19.18	10.18	5.53	3.24	3.18	9.29
深圳	38.84	3.49	24.53	27.33	10.47	12.21	3.49	2.91	4.42	11.16
长沙	36.08	3.01	25.52	25.20	16.32	13.00	3.96	3.49	0.48	9.03

（六）住房总价和房价收入比

从全部样本借款人的住房总价来看，均值为122.76万元，中位数为82.02万元，与2014年相比，住房总价均值上升17.48万元，上涨16.61%。从住房总价分布来看，100万元以下的占61.04%，100万～150万元的占16.41%，150万元以上的占22.55%。

分城市看，上海、深圳、北京、厦门的住房总价均值超过200万元，而银川的住房总价均值为51.44万元。从区域分布来看，西部和东北城市贷款购买住房的总价更多地集中于100万元以下，东部城市多在50万～150万元，其中，上海、深圳、北京、厦门集中于150万元以上，占比均超过60%。

表12 2015年借款人所购住房的总价分布

单位：%

城市	均值（万元）	50万元以下	50万～100万元	100万～150万元	150万～200万元	200万～250万元	250万～300万元	300万元以上
全部样本	122.76	18.53	42.51	16.41	8.43	4.92	2.56	6.64
上海	302.65	0.35	4.59	12.25	18.61	17.43	8.48	38.28
深圳	301.68	0.81	6.05	14.77	18.84	16.28	12.09	31.16
北京	253.51	1.02	9.84	19.96	22.93	9.29	7.61	29.34
厦门	242.31	0.39	7.34	27.80	22.01	13.90	6.95	21.62
南京	183.08	1.14	25.18	24.18	16.45	15.31	4.86	12.88
杭州	174.51	2.30	22.26	28.09	21.38	12.90	3.53	9.54
广州	166.01	1.40	26.81	31.39	17.41	9.28	5.21	8.51
福州	157.89	2.78	23.15	30.56	25.31	11.42	2.47	4.32
宁波	151.48	4.18	34.73	28.46	11.49	6.79	3.39	10.97
苏州	138.54	3.00	38.40	28.30	14.40	7.30	3.80	4.80
天津	128.00	6.67	41.97	24.04	11.80	7.21	4.15	4.15
武汉	103.15	10.00	52.92	22.25	8.76	2.47	1.46	2.13
大连	98.60	13.20	55.80	18.20	6.40	3.00	1.80	1.60
郑州	96.79	11.21	62.93	19.35	2.53	0.90	1.08	1.99
东莞	96.75	12.05	59.72	18.59	3.44	1.89	1.72	2.58
青岛	95.89	12.62	54.53	21.84	4.85	3.56	1.46	1.13
佛山	94.41	10.50	55.67	24.50	5.67	2.17	1.00	0.50
无锡	92.27	13.66	57.80	17.32	5.85	3.90	0.24	1.22
南昌	91.16	8.30	69.17	13.04	4.35	2.37	1.19	1.58
石家庄	87.67	11.78	61.93	20.24	4.23	1.51	0.00	0.30
济南	85.28	15.13	61.49	19.45	1.77	0.98	0.20	0.98
昆明	82.63	9.95	65.88	22.75	1.42	0.00	0.00	0.00
合肥	77.77	16.48	68.30	9.06	4.15	1.01	0.75	0.25
西安	72.22	29.27	56.55	8.73	2.73	1.82	0.91	0.00
南宁	72.08	21.19	66.10	8.69	1.69	1.48	0.21	0.64
呼和浩特	71.98	29.82	53.22	11.70	3.51	0.58	0.00	1.17
沈阳	69.10	32.03	52.84	12.16	2.43	0.27	0.00	0.27
成都	68.03	40.57	46.32	8.20	2.73	1.00	0.39	0.78
长沙	65.76	37.56	53.88	6.34	1.43	0.16	0.00	0.63
哈尔滨	62.05	43.93	47.20	5.61	1.87	0.93	0.23	0.23
长春	61.65	36.34	56.62	5.92	0.28	0.56	0.00	0.28
乌鲁木齐	60.59	35.43	58.30	5.38	0.00	0.00	0.90	0.00
重庆	58.88	50.94	41.59	5.53	1.06	0.41	0.18	0.29
贵阳	55.87	49.66	44.14	5.17	0.69	0.34	0.00	0.00
银川	51.44	60.09	37.09	0.94	1.88	0.00	0.00	0.00

2015年，全部样本借款人的房价收入比均值为7.15，较2014年小幅上升，中位数为6.37，较2014年小幅下降（见图12）。这反映出房价收入比相对较低的样本数量较上年有所增加，与此同时，房价收入比相对较高的样本借款人的房价负担较上年变得更重。

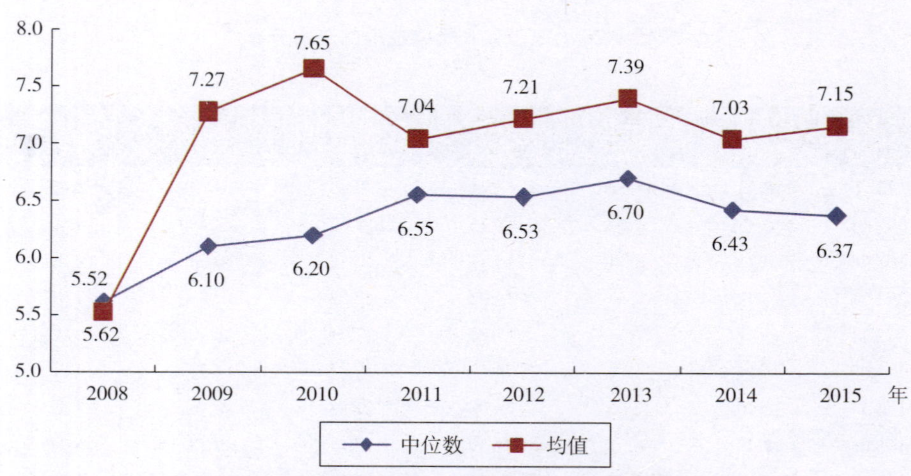

图12　2008～2015年借款人房价收入比均值和中位数

分城市看，房价收入比均值最高的城市是北京，达到10.57，最低的是贵阳，为4.87（见图13）。从区域分布来看，在经济较为发达、房价较高的沿海地区，如北京、天津、上海、南京等，房价收入比较高，中西部地区尤其是西部地区，房价收入比则较低。而东莞作为非省会地级城市，在东部沿海地区中房价收入比相对较低。

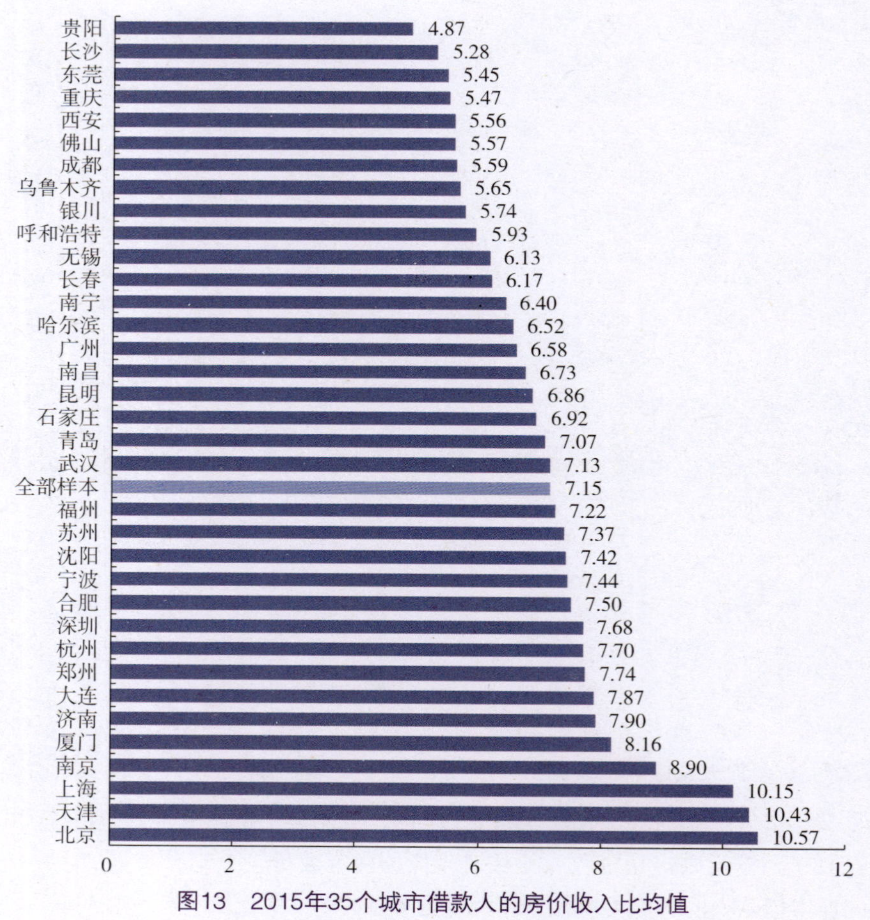

图13　2015年35个城市借款人的房价收入比均值

与2014年相比，35个城市中房价收入比上升的城市有13个，其中，上升较快的城市是郑州、深圳、合肥，分别比2014年提高1.7、0.81，0.61；房价收入比均值下降的城市有22个，其中，广州下降较多，比2014年下降0.87。

（七）贷款总额和首付款比例

全部样本借款人的贷款总额均值为73.86万元。从历年抽样调查数据看，借款人的贷款总额均值从2007年到2015年累计涨幅达127.5%，年均涨幅为10.8%，除2011年小幅回落外，总体呈逐年走高态势，这与近年来住房价格持续上涨不无关系。

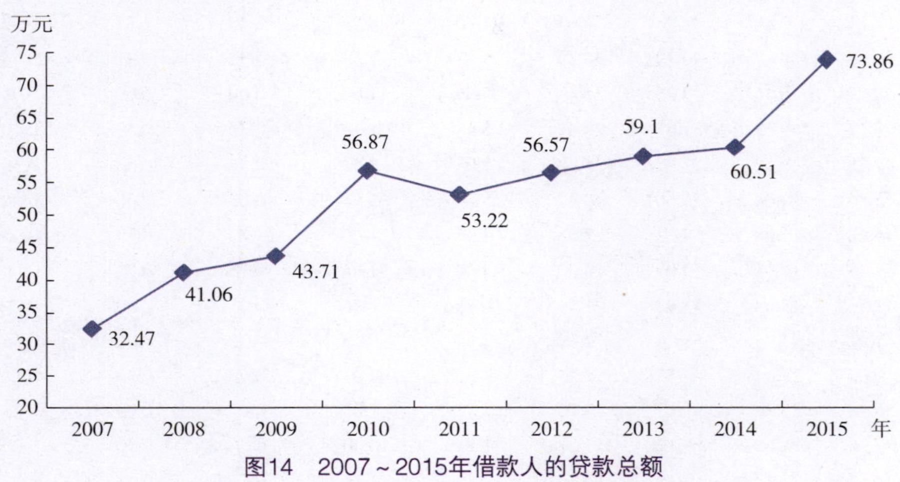

图14 2007～2015年借款人的贷款总额

从具体分布来看，贷款总额集中分布于50万元以下，所占比重为48.91%，其中，贷款总额分布在25万元以下和25万～50万元的样本占比分别为10.49%、38.43%（见表13）。分城市看，在35个城市样本中，贷款总额均值最高的是深圳，达198.58万元；最低的是银川，为29.68万元。经济发达、房价较高的东部城市贷款总额远高于中西部城市。

表13 2015年各城市贷款总额均值及分布

单位：%

城市	均值（万元）	25万元以下	25万～50万元	50万～75万元	75万～100万元	100万～125万元	125万～150万元	150万～175万元	175万～200万元	200万元及以上
全部样本	73.86	10.49	38.43	21.80	9.30	7.08	3.35	2.74	1.52	5.29
深圳	198.58	0.47	4.42	7.09	12.33	14.30	11.40	10.93	8.02	31.05
上海	168.59	0.59	4.00	10.48	11.19	17.67	11.31	12.01	6.60	26.15
厦门	149.24	0.77	5.02	15.83	19.69	20.85	7.72	6.56	3.09	20.46
北京	145.50	1.21	5.76	11.42	15.60	28.60	7.15	7.34	3.90	19.03
南京	105.17	3.43	19.03	24.03	13.59	11.87	9.73	4.43	3.29	10.59
杭州	103.82	2.83	14.84	23.67	18.20	15.72	8.30	6.36	2.30	7.77
福州	101.34	1.54	15.74	20.37	22.53	16.36	11.42	5.86	1.54	4.63
广州	97.74	2.67	14.61	28.72	20.33	15.25	4.70	4.32	2.29	7.12
宁波	88.07	6.27	23.76	28.20	16.71	7.83	3.39	3.92	1.83	8.09
苏州	84.84	1.90	25.00	32.00	14.90	10.90	5.20	3.60	2.40	4.10
天津	78.70	4.92	28.74	26.12	15.19	9.62	5.79	3.93	1.75	3.93

续表

城市	均值（万元）	25万元以下	25万～50万元	50万～75万元	75万～100万元	100万～125万元	125万～150万元	150万～175万元	175万～200万元	200万元及以上
东莞	61.69	6.37	39.41	37.52	7.40	2.41	2.07	1.20	1.03	2.58
武汉	59.74	8.54	38.09	33.71	8.43	4.83	1.80	2.25	0.67	1.69
郑州	59.11	5.97	40.69	38.70	9.40	1.81	0.36	0.54	0.54	1.99
佛山	58.87	6.00	38.67	33.67	12.67	5.00	1.67	1.17	0.83	0.33
青岛	57.51	3.88	44.50	29.13	15.21	3.40	1.13	1.46	0.32	0.97
南昌	57.27	5.14	45.85	33.20	7.11	2.77	1.58	1.19	1.58	1.58
大连	56.59	12.20	44.20	24.00	9.00	4.40	2.20	1.80	0.60	1.60
无锡	54.34	7.80	49.76	24.63	7.80	4.88	2.20	1.22	0.73	0.98
石家庄	53.01	9.67	40.79	34.14	9.37	4.53	0.30	0.91	0.00	0.30
昆明	48.23	6.16	49.76	36.49	5.69	1.90	0.00	0.00	0.00	0.00
济南	48.17	9.63	51.67	29.47	6.68	1.18	0.20	0.59	0.20	0.39
合肥	47.38	8.55	57.99	24.40	5.03	2.52	0.38	0.50	0.38	0.25
呼和浩特	45.36	14.04	55.56	20.47	5.26	2.92	0.00	0.58	0.58	0.58
南宁	45.18	12.08	59.32	22.03	2.97	1.06	1.27	0.85	0.00	0.42
西安	44.48	12.91	59.09	19.09	4.00	1.64	2.18	0.73	0.36	0.00
沈阳	43.56	15.68	53.78	21.49	6.76	1.76	0.27	0.00	0.00	0.27
长沙	41.98	13.95	58.64	22.19	3.65	0.79	0.32	0.00	0.16	0.32
成都	40.04	23.44	55.52	14.23	3.01	2.01	0.67	0.39	0.11	0.61
哈尔滨	38.44	25.70	51.17	17.76	2.57	1.87	0.47	0.00	0.23	0.23
长春	37.96	14.65	68.17	15.21	1.13	0.00	0.56	0.00	0.00	0.28
重庆	36.74	27.47	57.12	10.59	2.59	1.18	0.53	0.06	0.12	0.35
乌鲁木齐	35.98	23.32	62.33	10.76	2.69	0.00	0.00	0.45	0.45	0.00
贵阳	35.70	24.14	62.07	9.31	3.10	1.03	0.34	0.00	0.00	0.00
银川	29.68	37.09	57.28	3.76	0.94	0.94	0.00	0.00	0.00	0.00

从最近几年的调查结果看，平均首付款比例一直处于较高水平，2015年，受下调个人住房贷款最低首付比政策的影响，出现明显下降。分城市看，北京、天津等30个城市平均首付款比例下降，昆明、乌鲁木齐、大连等5个城市平均首付款比例小幅上升。

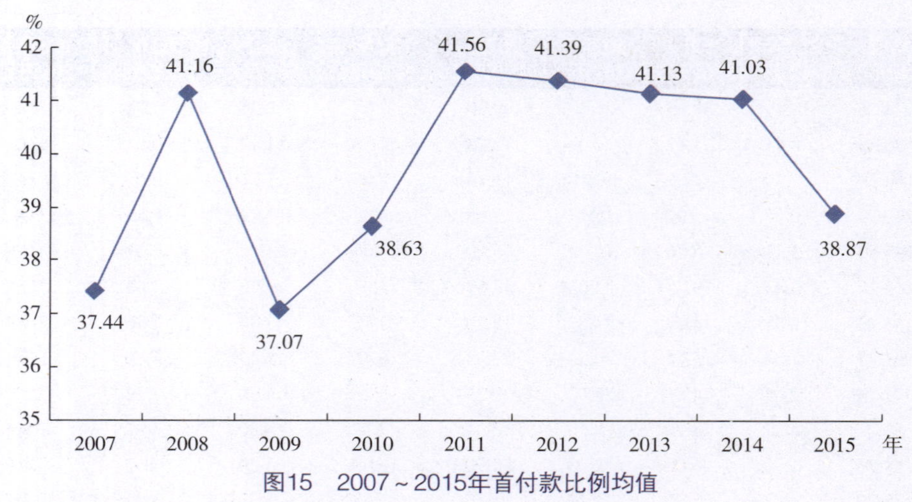

图15　2007～2015年首付款比例均值

分贷款类别看，执行首套房政策贷款的首付款比例均值为38.34%，执行第二套住房政策贷款的首付款比例均值为52.86%。在35个城市中，有16个城市首套房首付款比例超过全部样本平均水平，其中，南京最高；最低的是深圳，为34.34%。除深圳外，一线城市首套房贷款首付比例均值高于平均水平，上海、北京、广州分别为42.37%、39.29%、39.09%。

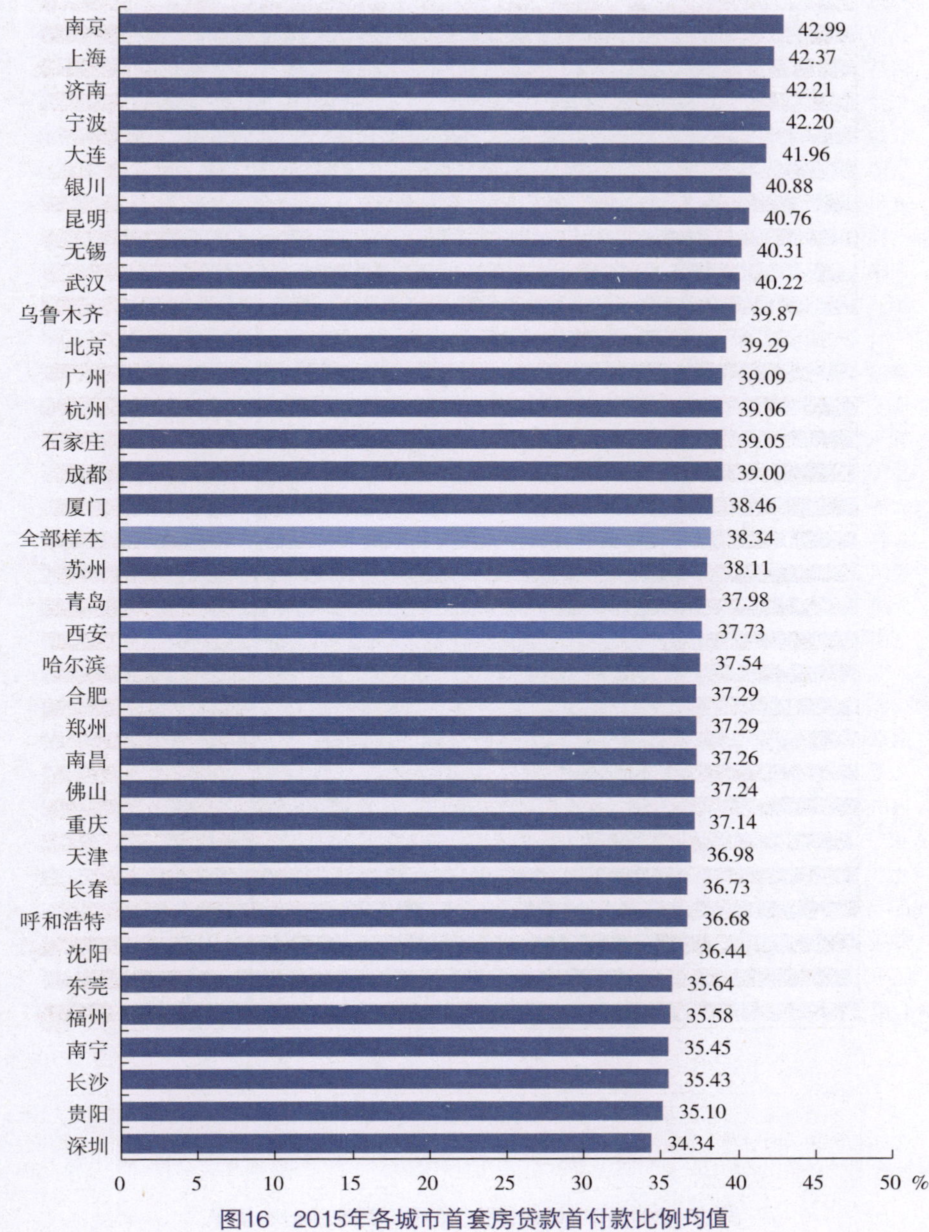

图16 2015年各城市首套房贷款首付款比例均值

从全部样本借款人的首付款来源看，79.3%的借款人完全依靠自己家庭积蓄，有亲属或他人无偿资助的占19.4%，通过互联网金融"首付贷"的形式支付首付款的占0.2%，向他人借款占1%。这反映了样本借款人的首付款来源比较稳定，承贷能力较强，出现断供、违约的可能性相对较小。分城市看，合肥完全依靠自己家庭积蓄的占比最低，为63.9%；成都最高，达90.5%（见图17）。

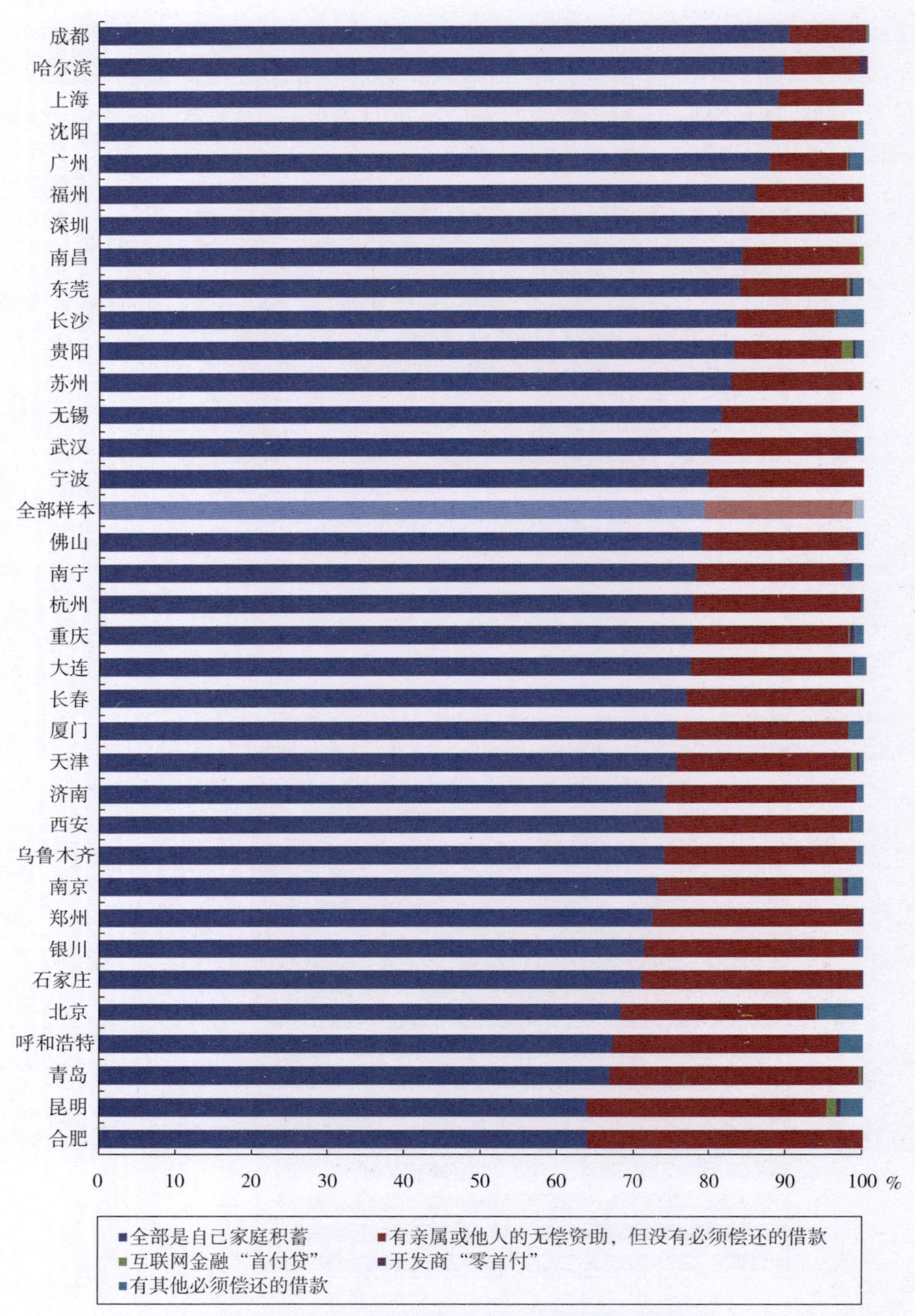

图17　2015年各城市借款人的首付款来源分布情况

（八）利率水平和利率调整方式

全部样本借款人的贷款利率均值为基准利率的0.96倍，较2014年下降明显。分月度来看，样本借款人的贷款利率执行水平变化总体较为平缓。

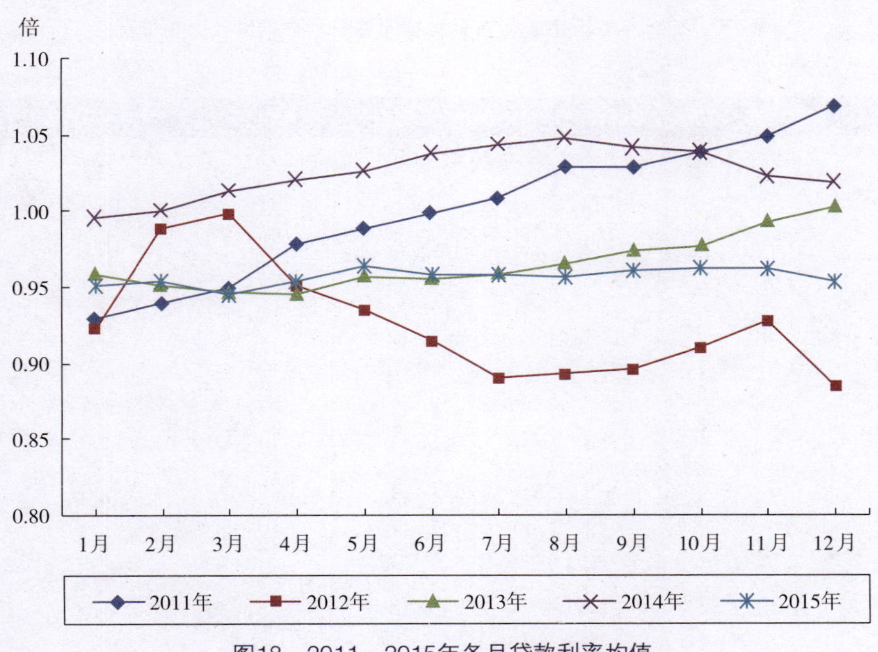

图18 2011～2015年各月贷款利率均值

购买首套房的借款人，贷款利率均值为基准利率的0.95倍。其中，57.43%的住房贷款利率水平低于基准利率，执行基准利率的住房贷款占29.83%，执行基准利率1.0～1.1倍的住房贷款占7.68%，执行基准利率1.1倍及以上的住房贷款占5.06%（见图19）。

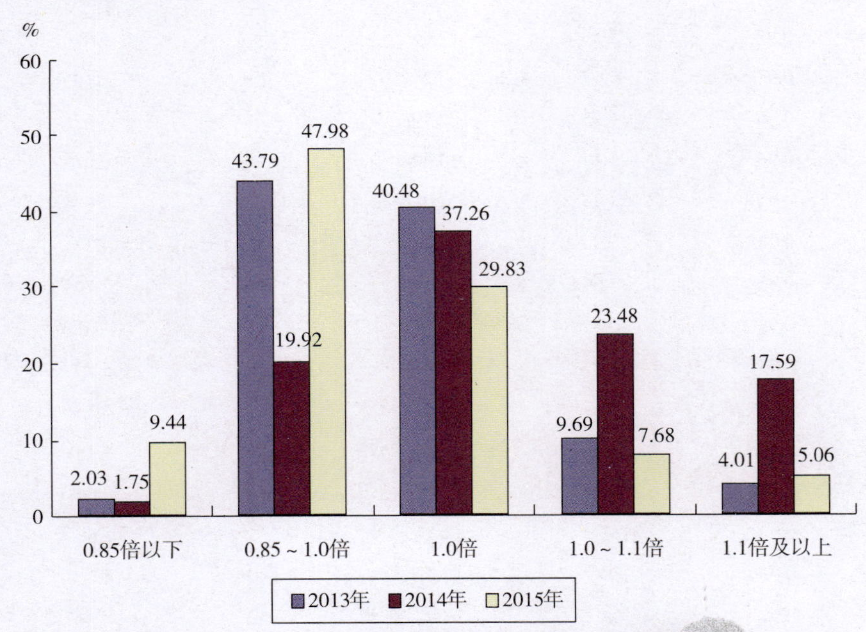

图19 2013~2015年借款人购买首套房贷款利率分布情况

分城市来看，首套房贷的贷款利率均值最高的是乌鲁木齐，为基准利率的1.05倍，最低的是北京、宁波，分别为基准利率的0.88倍、0.91倍，大部分东部城市的贷款利率均值明显低于西部城市（见表14）。

表14 2015年各城市执行首套房贷的贷款利率均值及分布情况

单位：%

单位	均值（倍）	0.85倍以下	0.85～1.0倍	1.0倍	1.0～1.1倍	1.1倍及以上
全部样本	0.96	9.44	47.98	29.83	7.68	5.06
乌鲁木齐	1.05	0.00	2.55	50.96	15.92	30.57
郑州	1.01	0.00	13.32	68.22	11.68	6.78
银川	1.01	0.00	0.00	95.21	2.74	2.05
南宁	1.01	2.84	12.78	65.34	16.19	2.84
西安	1.00	0.94	5.94	85.94	5.31	1.88
石家庄	1.00	2.53	27.85	52.74	5.06	11.81
呼和浩特	1.00	3.70	6.79	70.37	16.05	3.09
合肥	1.00	5.38	11.66	69.06	8.97	4.93
贵阳	0.99	9.78	20.44	47.56	7.11	15.11
厦门	0.99	1.10	34.81	55.25	6.63	2.21
福州	0.98	8.63	20.39	57.65	9.02	4.31
南昌	0.98	7.50	35.50	44.50	6.00	6.50
成都	0.98	10.59	39.88	16.59	22.12	10.83
重庆	0.98	8.44	38.31	27.21	13.68	4.76
哈尔滨	0.98	8.26	22.71	50.44	11.21	7.37
长春	0.97	8.16	31.56	53.19	4.96	2.13
东莞	0.97	5.53	52.96	32.41	6.52	2.57
沈阳	0.97	7.13	30.23	56.59	3.10	2.95
济南	0.96	11.75	42.79	35.48	6.65	3.33
长沙	0.96	21.17	36.69	24.80	9.07	8.06
杭州	0.95	14.96	57.01	21.38	4.75	1.90
南京	0.95	0.00	88.16	6.38	4.37	1.09
武汉	0.95	23.66	34.16	31.89	7.20	3.09
苏州	0.94	10.34	63.89	16.56	4.61	4.61
广州	0.94	3.97	77.62	7.32	4.60	6.49
昆明	0.94	27.65	26.47	39.41	3.53	2.94
青岛	0.93	5.76	72.94	14.40	5.18	1.73
上海	0.93	4.87	84.42	6.54	2.50	1.67
佛山	0.93	16.36	61.21	11.92	5.66	4.85
深圳	0.92	16.42	72.27	5.92	4.71	0.67
无锡	0.92	1.01	91.92	6.40	0.34	0.34
大连	0.92	8.91	76.04	13.65	0.56	0.84
天津	0.91	20.40	61.91	13.90	2.17	1.62
宁波	0.91	5.00	90.77	3.46	0.00	0.77
北京	0.88	20.56	74.65	3.19	1.20	0.40

从全部样本借款人的利率调整方式来看，以浮动利率为主，其占比高达96.3%，选择其他利率调整方式的借款人占比只有3.7%。分城市看，东莞、广州、呼和浩特等7个城市全部是浮动利率贷款。

（九）贷款期限分布

全部样本的贷款期限均值为21.62年，较2014年有所延长（见图20）。贷款期限超过20年的占比超七成，房价较高城市平均贷款期限较长。

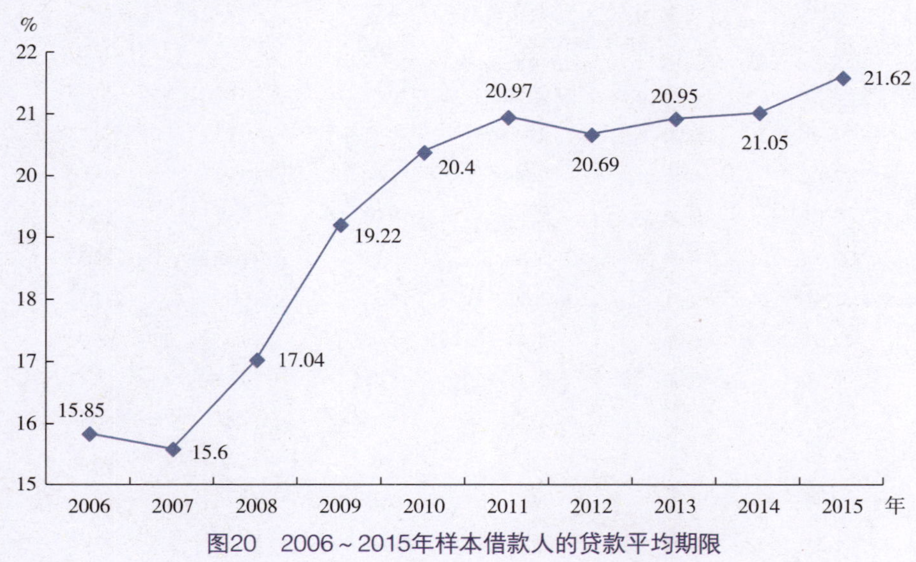

图20 2006～2015年样本借款人的贷款平均期限

从样本分布来看，74.02%的购房者贷款期限在20～30年区间，其中，期限在20～25年的占比为35.74%，期限在25～30年的占比为38.28%，期限在10年以下的仅占2.72%。

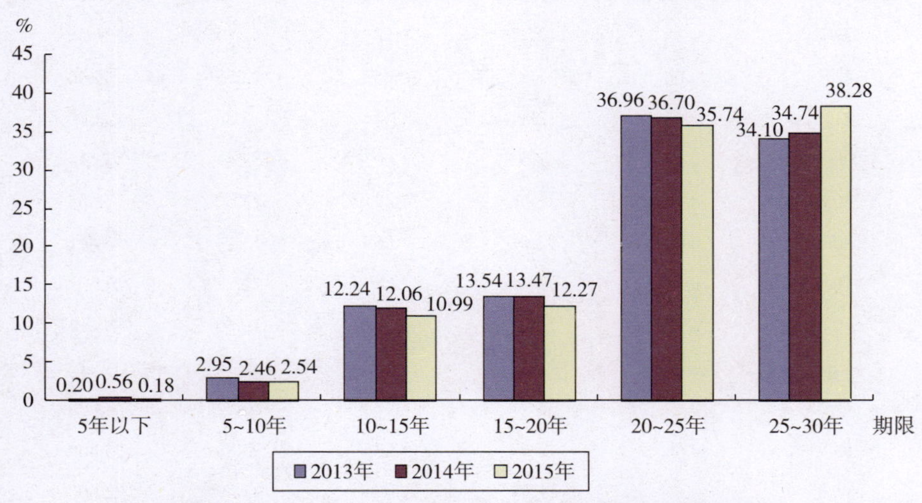

图21 2013～2015年样本借款人的贷款期限分布比较

分城市来看，深圳、北京、上海等房价较高的城市贷款期限均值较高，其中，贷款期限均值最高的深圳达到26.08年；最低的银川仅为16.67年。从各城市贷款期限分布来看，北京、深圳、上海、郑州在25～30年的占比均超过55%，远高于全部样本38.28%的平均水平（见表15）。

表15　2015年各城市贷款期限分布

单位：%

城市	均值（年）	5年以下	5~10年	10~15年	15~20年	20~25年	25~30年
全部样本	21.62	0.18	2.54	10.99	12.27	35.74	38.28
深圳	26.08	0.00	0.47	4.53	5.35	20.00	69.65
北京	25.20	0.19	2.41	6.04	8.36	16.62	66.39
上海	24.80	0.00	1.41	4.71	9.78	21.32	62.78
郑州	24.39	0.18	1.27	5.06	7.96	27.67	57.87
石家庄	23.50	0.00	2.42	10.88	6.65	24.77	55.29
沈阳	23.25	0.00	1.49	10.81	10.95	24.32	52.43
苏州	23.17	0.30	2.00	7.80	10.70	28.60	50.60
济南	23.17	0.00	2.36	9.04	10.81	26.13	51.67
南京	23.05	0.00	1.14	6.29	12.45	34.33	45.78
南宁	22.87	0.21	1.69	9.32	10.59	31.57	46.61
昆明	22.86	0.00	1.42	9.00	9.95	36.02	43.60
厦门	22.78	0.00	0.39	5.41	14.67	35.14	44.40
武汉	22.69	0.00	1.24	11.24	11.46	29.10	46.97
大连	22.59	0.20	2.40	10.00	10.40	30.40	46.60
西安	22.26	0.18	3.64	7.45	12.36	32.36	44.00
长春	22.25	0.00	2.25	10.99	14.37	27.04	45.35
杭州	22.23	0.35	2.12	9.72	11.84	31.80	44.17
青岛	21.96	0.00	3.07	10.36	10.36	34.79	41.42
南昌	21.84	0.40	2.77	10.28	9.88	35.18	41.50
天津	21.75	0.11	2.73	9.62	14.10	36.50	36.94
福州	21.73	0.00	1.54	6.48	13.58	45.06	33.33
广州	21.13	0.00	2.54	11.44	15.88	33.80	36.34
合肥	20.99	0.25	1.64	11.07	12.45	43.14	31.45
佛山	20.85	0.17	1.67	14.67	11.00	38.33	34.17
宁波	20.52	0.00	2.61	13.05	15.14	40.21	28.98
东莞	19.71	0.52	3.44	14.80	12.22	43.03	25.99
长沙	19.37	0.79	2.38	10.78	12.36	58.16	15.53
无锡	19.30	0.24	6.83	14.63	16.34	35.12	26.83
哈尔滨	19.26	0.23	3.97	16.59	16.82	39.95	22.43
重庆	18.97	0.06	2.47	15.35	15.88	50.06	16.18
乌鲁木齐	18.23	0.45	11.21	15.70	18.39	29.60	24.66
呼和浩特	17.99	0.00	3.51	21.05	16.96	43.86	14.62
成都	17.92	0.45	3.68	18.25	12.56	56.03	9.04
贵阳	17.22	0.00	5.52	21.03	21.38	39.66	12.41
银川	16.67	1.41	8.92	13.62	24.88	42.25	8.92

（十）还款方式和月供收入比

从还款方式看，74.1%的借款人采用等额本息还款法，其中，武汉为100%，而北京选择该还款方式的仅占48.3%。还款方式的选择与借款人偏好与收入状况有关，收入预期较为稳定的借款人通常选择等额本息还款法，此外不同城市还款方式分布还取决于辖内银行提供的还款选择（见图22）。

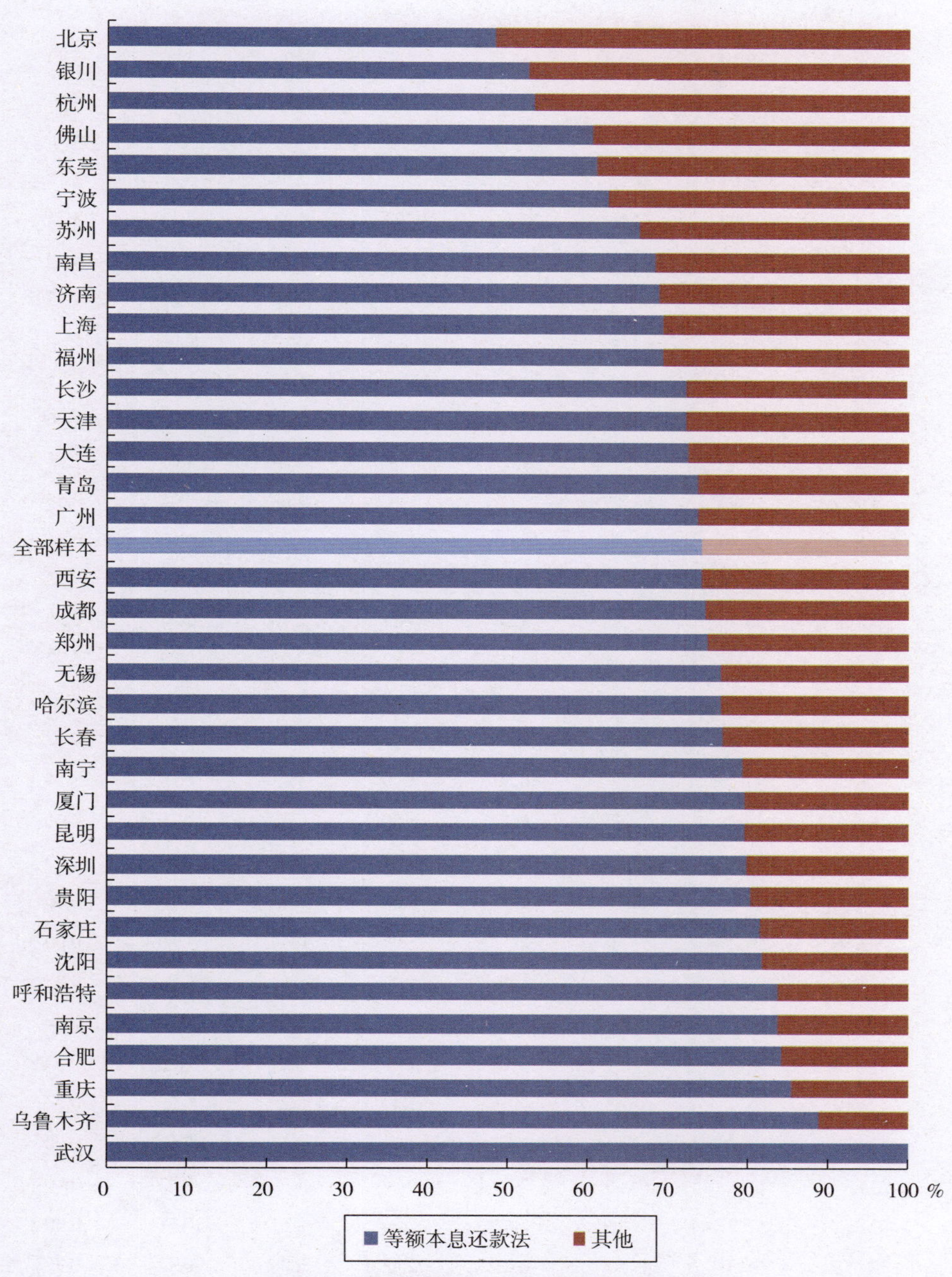

图22 各城市借款人的还款方式分布

全部样本借款人的贷款月供均值为4 604元，分城市看，贷款月供均值最高的是深圳，达到11 441元/月，最低的是银川，为2 459元/月（见表16）。

表16　2015年各城市借款人的贷款月供均值分布

单位：%

城市	均值（元）	2 000元以下	2 000～4 000元	4 000～6 000元	6 000～8 000元	8 000～10 000元	10 000～15 000元	15 000～20 000元	2万元以上
全部样本	4 604	17.54	47.31	15.26	7.84	4.13	4.87	1.55	1.50
深圳	11 441	0.58	8.31	17.06	18.66	15.74	22.01	8.60	9.04
北京	10 576	0.19	6.92	16.15	22.50	14.23	25.00	6.92	8.08
上海	9 932	0.68	9.18	16.84	22.96	15.14	21.94	6.46	6.80
厦门	9 044	0.97	14.56	28.64	16.02	12.14	16.50	3.88	7.28
广州	6 575	2.93	31.15	27.88	18.24	7.06	6.88	2.41	3.44
南京	6 450	5.63	32.76	22.53	16.72	8.70	7.34	3.75	2.56
杭州	6 431	1.99	27.48	31.79	15.56	11.26	7.28	2.98	1.66
福州	6 089	2.22	22.67	30.22	26.67	9.78	6.67	1.33	0.44
宁波	5 663	9.62	42.68	23.85	9.62	2.93	4.60	3.35	3.35
苏州	5 204	2.56	46.99	24.85	12.20	5.72	6.17	0.75	0.75
天津	4 812	10.27	40.03	24.02	12.84	5.44	6.04	1.06	0.30
东莞	4 187	10.73	53.67	24.29	4.80	2.54	1.69	1.41	0.85
佛山	4 029	9.92	54.82	20.66	7.16	4.68	2.20	0.55	0.00
青岛	3 855	11.18	57.02	19.08	7.46	1.97	2.63	0.44	0.22
南昌	3 797	11.56	62.43	14.45	4.62	1.16	5.20	0.58	0.00
武汉	3 755	15.06	57.53	15.28	5.84	2.70	2.58	0.56	0.45
无锡	3 742	11.46	61.15	17.83	3.82	2.23	2.23	1.27	0.00
大连	3 662	23.48	50.83	14.36	4.42	2.49	3.04	0.83	0.55
郑州	3 617	19.76	58.80	13.73	3.86	1.45	0.72	0.72	0.96
石家庄	3 434	17.78	59.26	16.30	3.70	1.11	0.74	0.74	0.37
呼和浩特	3 421	16.08	61.54	15.38	3.50	2.10	0.70	0.00	0.70
昆明	3 162	16.67	59.52	21.43	2.38	0.00	0.00	0.00	0.00
合肥	3 139	13.13	70.30	12.09	2.84	0.75	0.75	0.00	0.15
长沙	2 966	21.27	62.50	12.72	1.97	0.44	1.10	0.00	0.00
西安	2 951	29.66	56.86	7.84	1.96	2.45	0.98	0.25	0.00
成都	2 910	30.40	56.01	8.59	2.69	0.75	0.90	0.30	0.37
南宁	2 886	22.99	65.51	7.49	1.60	1.07	0.80	0.53	0.00
济南	2 860	21.14	67.43	9.14	1.43	0.29	0.29	0.29	0.00
乌鲁木齐	2 857	28.79	63.13	5.56	1.01	0.51	0.51	0.00	0.51
贵阳	2 839	29.61	59.66	7.73	0.86	1.29	0.43	0.00	0.43
哈尔滨	2 711	29.27	59.15	7.32	2.74	0.61	0.61	0.30	0.00
沈阳	2 658	38.35	47.93	10.41	2.48	0.33	0.17	0.33	0.00
重庆	2 468	39.26	53.03	5.58	1.45	0.28	0.34	0.07	0.00
长春	2 467	34.43	58.97	5.13	1.10	0.37	0.00	0.00	0.00
银川	2 459	42.86	49.11	4.46	3.57	0.00	0.00	0.00	0.00

在全部样本中，64.85%的借款人贷款月供在4 000元以下，其中，47.31%的借款人集中在2 000～4 000元，17.54%集中在2 000元以下（见图23）。从各城市贷款月供的具体分布来看，多数城市一半以上借款人的月供集中于4 000元以下，而北京、深圳、上海、厦门4个城市4 000元以下月供的比例不到20%。

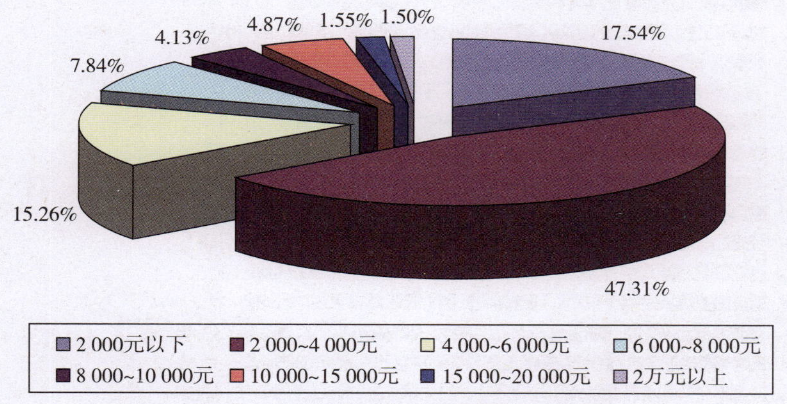

图23　2015年借款人的贷款月供分布

借款人的房贷月供收入比为32.94%，2008年以来保持回落趋势，反映出这些年借款人家庭收入增幅大于购房贷款增速，借款人还款压力有所下降（见图24）。同时，受2015年多次下调贷款基准利率的影响，2015年借款人月供收入比下降明显。

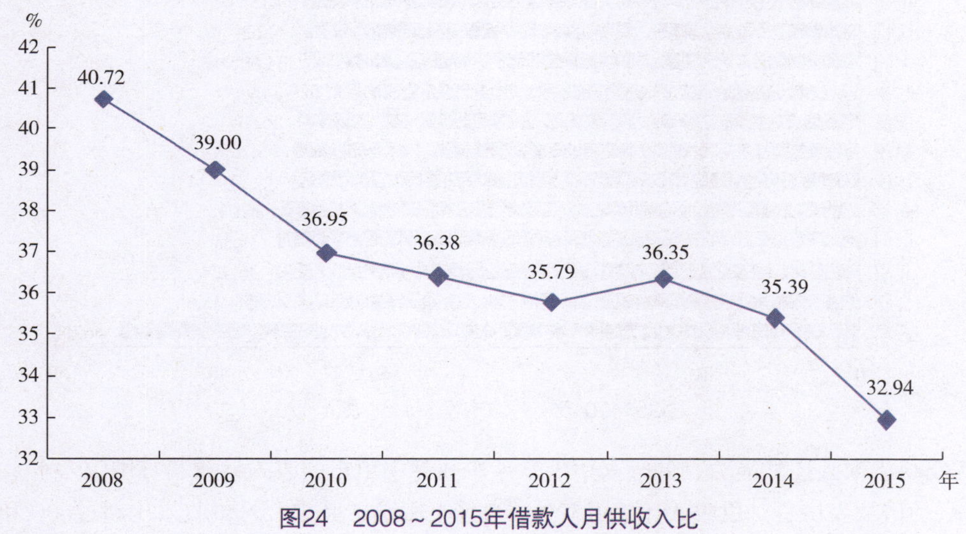

图24　2008～2015年借款人月供收入比

分城市来看，借款人房贷月供收入比均值最高的城市是天津，为46.08%，最低的是佛山，为28.59%（见图25）。

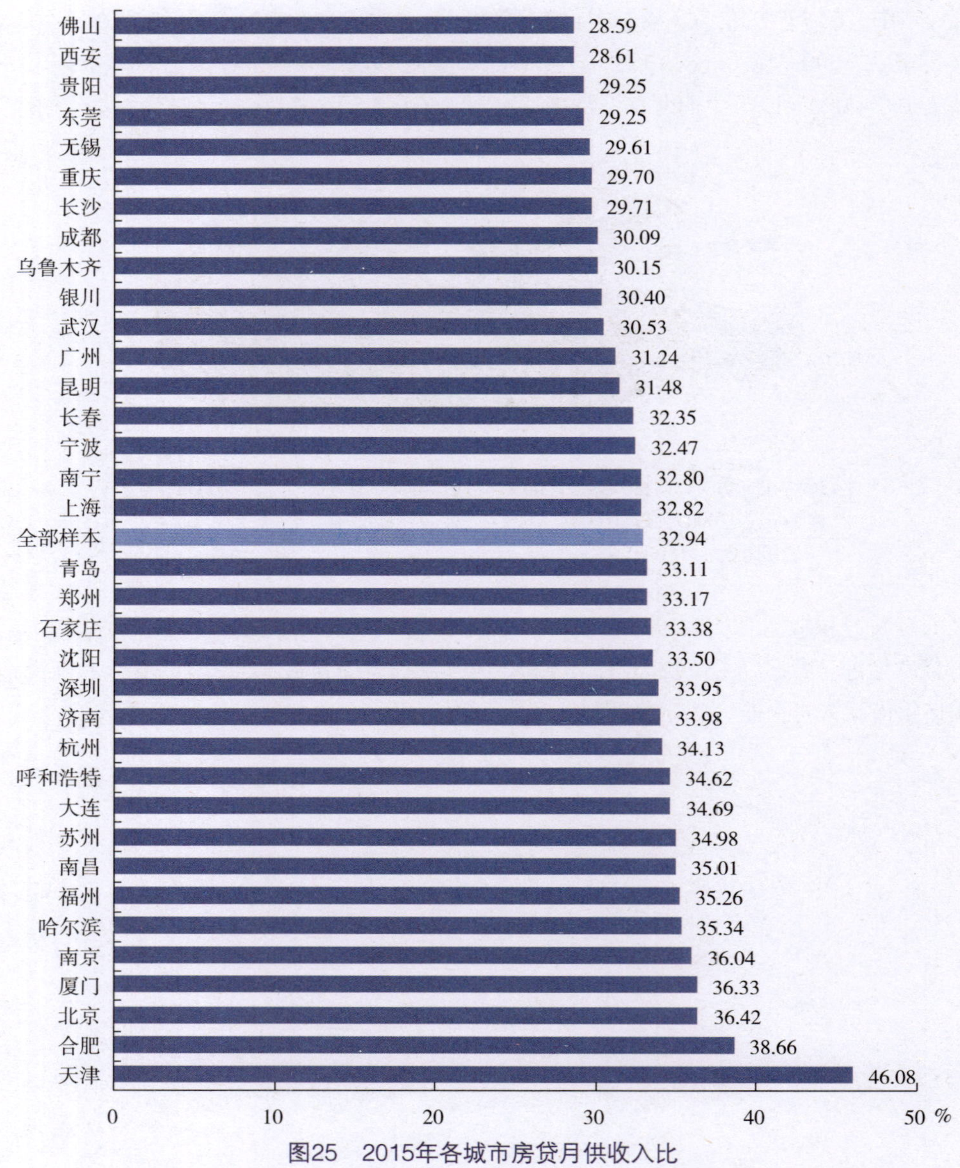

图25　2015年各城市房贷月供收入比

为真实反映借款人还款能力，调查采用借款人在问卷中填报的收入计算其月供收入水平。结果显示，有4.16%的借款人房贷月供收入比超过50%（政策上限），其中，月供收入比超过60%和70%的，分别占全部样本的2.07%和1.16%。调查中了解到，借款人月供收入比较高主要有两个原因：一是有本家庭以外的共同借款人（父母或子女），借款人在填写调查问卷时未将其收入计算在内；二是部分借款人披露收入低于实际情况。

对房贷月供收入比超过50%样本的分析显示（见表17），该类借款人的住房面积均值远高于全部样本，而家庭年收入均值约为后者的2/3，同时这部分样本购买住房单价较高，导致月供收入比远超全部样本。在贷款时，上述借款人还选择了较低的首付比例，进而加剧了还款压力。值得注意的是，这部分借款人的未来预期偏向整体乐观，预期房价大幅上涨和收入大幅上涨均比全部样本值高，一旦收入预期无法实现，此类借款人风险可能上升。

表17　2015年月供收入比超过50%的相关分析

	住房面积（平方米）	住房单价（万元/平方米）	家庭税后年收入（万元）	房价收入比	预期房价大幅上涨的占比（%）	预期收入大幅增长的占比（%）	首次购房占比（%）	贷款期限（年）	首付款比例（%）
月供收入比超过70%	130.45	1.51	12.22	17.78	18.00	11.60	86.80	21	35.45
月供收入比超过60%	125.68	1.49	13.22	15.41	15.06	12.36	88.54	21	35.46
月供收入比超过50%	119.43	1.39	13.51	13.00	14.62	10.04	88.50	21	35.27
全部样本	104.04	1.16	20.13	7.15	13.08	8.11	85.27	21.6	38.87

个人住房贷款期限最长可达30年，在此期间贷款利率和收入变动都会显著影响借款人还款能力。利率和收入变化对借款人房贷月供收入比的敏感性分析结果显示（见表18），如果贷款利率提高1个百分点，在收入增加10%的情况下，借款人月供收入比超过50%的占比提高1.99个百分点；在收入增加5%的情况下，月供收入比超过50%的占比提高4.26个百分点，达到8.42%；在收入不变的情况下，月供收入比超过50%的占比提高近2倍，达到12.23%；如果贷款利率提高5个百分点，在收入不变的情况下，36.23%的借款人的月供收入比会超过50%。只有大力发展金融市场，提高银行管理利率风险的能力，推动固定利率贷款产品发展，才能从机制上有效防范利率变化对贷款信用风险的不利影响。在住房贷款比重不断提高的背景下，住房贷款产品创新对系统稳定性的作用会越来越突出。

表18　2015年贷款利率和收入变动后房贷月供收入比超过50%的占比变化

单位：%

收入	增长10%			增长5%			不变		
月供收入比 贷款利率	大于70%	大于60%	大于50%	大于70%	大于60%	大于50%	大于70%	大于60%	大于50%
不变	1.25	2.30	4.42	1.53	2.76	5.18	1.83	3.36	6.18
提高1个百分点	1.75	3.15	6.15	2.10	3.66	8.42	2.55	4.37	12.23
提高2个百分点	2.40	4.23	11.19	2.89	4.96	15.04	3.40	6.27	19.05
提高3个百分点	3.19	5.97	17.49	3.76	7.85	21.09	4.50	10.84	24.64
提高4个百分点	4.20	9.78	23.17	5.22	13.05	26.75	7.10	16.40	30.53
提高5个百分点	6.41	14.90	28.73	8.32	17.99	32.23	10.89	22.00	36.23

（十一）借款人的经济预期

如果借款人经济预期谨慎，则因预期无法实现而违约的可能性就将降低。由于借款人与银行之间的信息不对称客观存在，银行不可能了解到借款人的所有情况并确保真实，在这种情况下，假定借款人贷款购房时并不愿意违约，那么他们当时对经济变量的预期是否合理、能否实现，就可以作为评估他们还款能力的重要参考。调查显示，48.04%的借款人认为未来收入将上涨，连续两年小幅下降，46.37%的借款人认为未来收入基本稳定，有1.88%的借款人认为未来收入将下降（见图26）。

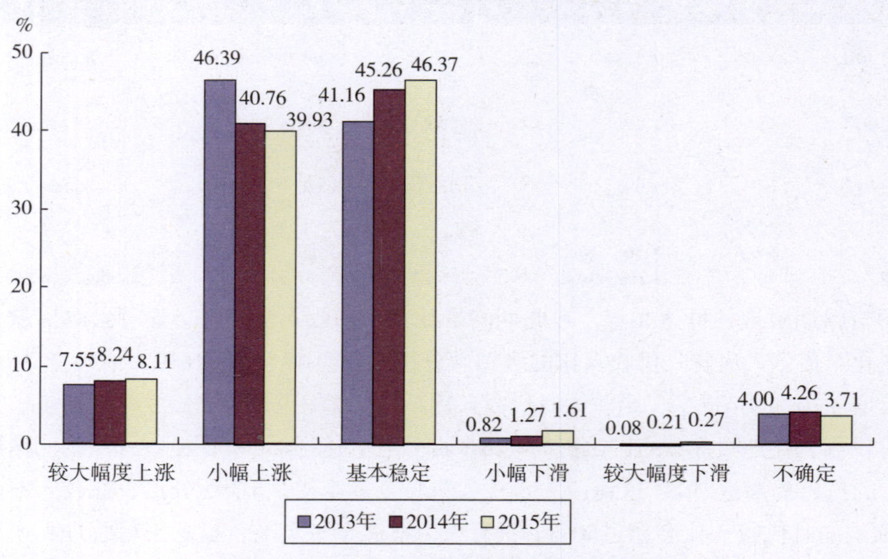

图26 2013～2015年借款人的收入预期

在全部样本的借款人中，57.55%的借款人预期未来房价将上涨，其中预期房价大幅上涨的借款人占13.08%，为近五年来的最高值；相比之下，认为房价会小幅下降的借款人占3.86%，较2014年下降六成。另有27.13%的借款人认为房价基本稳定，较2014年下降近三成（见图27）。

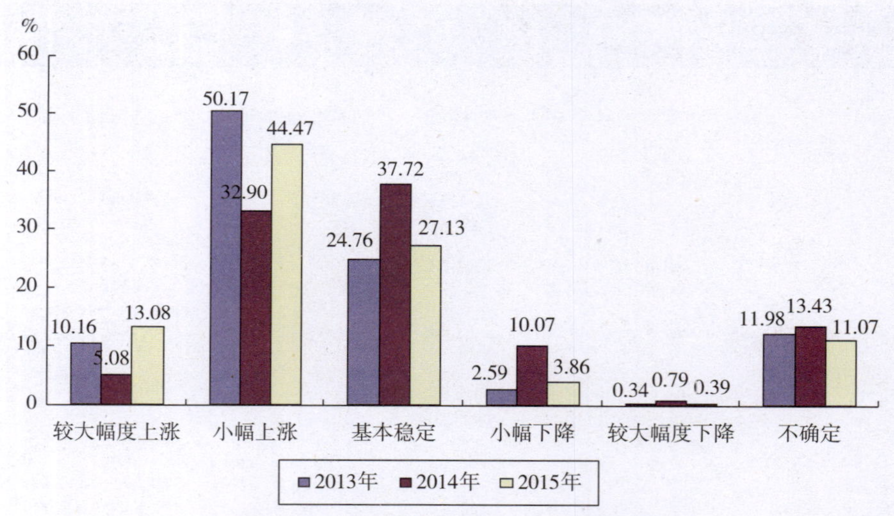

图27 2013～2015年借款人对未来房价预期

调查还发现，借款人的还款意愿较高，虽然房价涨跌会对其有一些影响，但强度不大。超过九成的借款人表示“即使所购房屋价格下跌到低于贷款余额，也不会放弃偿还贷款”，当房价跌至贷款余额的80%～90%时，1.58%的借款人表示会停止还贷；当房价跌至贷款余额的70%～80%时，1.62%的借款人表示会停止还贷；当房价低于贷款余额的70%时，4.12%的借款人表示会停止还贷（见图28）。

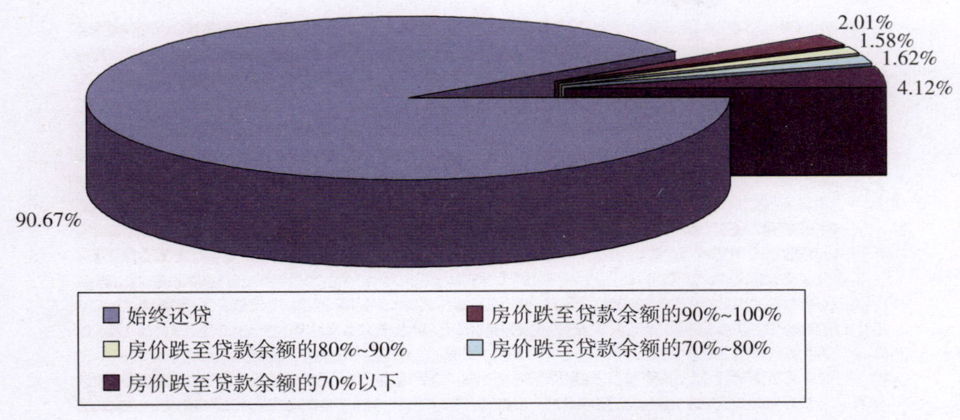

图28　2015年借款人的断供可能性

从借款人对利率走势的预期来看，受2015年人民银行五次降低贷款基准利率等因素的影响，仅有15.49%的借款人认为利率将提高；预期利率基本稳定的占37.33%；预期利率会下降的占28.81%，另有18.37%的借款人对利率预期不确定（见图29）。

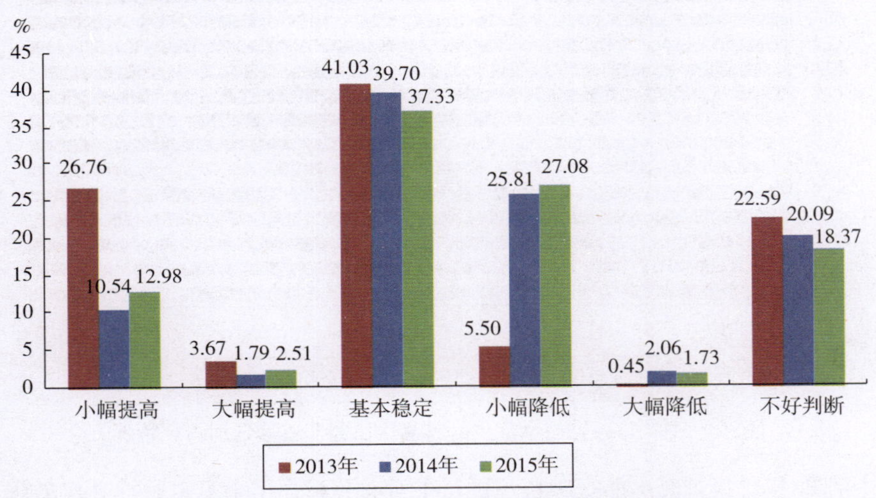

图29　2013～2015年借款人对未来利率的预期

综合借款人的收入、房价和利率预期，可以看出，样本借款人的经济预期处于“谨慎乐观”范围，虽然认为未来房价上涨人数占比增加明显，但预期收入上涨人数占比呈下降趋势。总体上看，购房者的购房选择比较理性，未来收入、房价和利率走势大幅超过借款人预期并导致借款人无法正常还款的可能性较小。因此，从借款人预期角度看，由非理性预期引发的违约风险相对较小。

（十二）借款人的住房套数

全部样本中，贷款所购住房为家庭首套房的占比为85.3%，比2014年低5.2个百分点。首次贷款的借款人占90.6%，比2014年低2.7个百分点。对比两项数据，说明有5.3%的借款人以前买房时并没有使用贷款。

分城市来看，首套住房贷款占比最高的城市为呼和浩特，达到94.7%，广州首套住房贷款占比最低，为70.9%（见图30）。

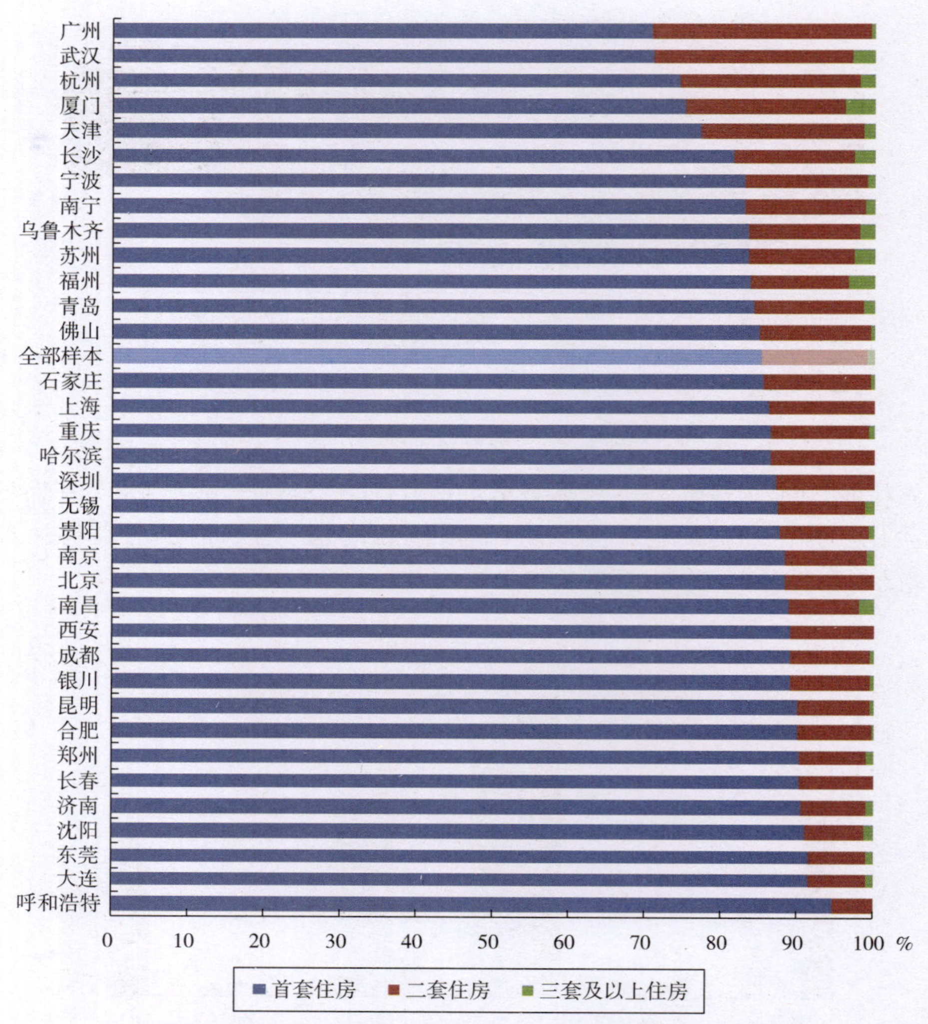

图30 2015年各城市借款人的首套住房和非首套住房占比情况

我们对贷款所购住房为首套房的行为特征进行了对比分析，结果显示，首套房借款人平均年龄偏小，多为适婚人群的婚房置业者，其所购住房面积较小，住房单价较低，家庭税后年收入远低于非首套房借款人（见表19）。

表19 2015年首套房和非首套房借款人的住房和收入情况对比

	年龄（岁）	住房面积（平方米）	住房单价（元/平方米）	家庭税后年收入（万元）	家庭人均月收入（元）	房价收入比
首套	33.63	102.88	10 846.64	19.20	8 173.44	6.92
二套	36.79	118.94	13 454.17	29.73	10 126.26	6.29
三套及以上	37.97	151.96	12 807.76	47.89	16 330.94	5.47
全部样本	34.11	105.60	11 226.78	20.95	8 526.45	6.82

从贷款情况来看，首套房借款人的平均首付款比例远低于其他借款人，贷款期限较长，平均贷款利率较低，且月供收入比明显高于非首套房借款人（见表20）。

表20 2015年首套房和非首套房借款人的贷款情况对比

	借款总额（万元）	首付款比例（%）	期限（月）	平均利率（%）	月供（元）	月供收入比（倍）
首套	70.31	37.88	260	0.96	4 742.08	33.66
二套	97.26	41.80	253	0.98	6 700.55	28.84
三套及以上	126.96	39.88	257	0.98	9 319.18	24.81
全部样本	74.61	38.44	259	0.96	5 060.80	32.94

从调查情况来看，全部借款人中95.7%贷款购房为了自住，3%为了给父母或子女居住，0.4%为了出租，择机出售的仅占0.4%。14.7%的借款人不是首次置业，调查进一步询问了购房自住借款人如何处理原来的住房，有30.8%的借款人作为第二居所或给父母、子女居住，18.9%的借款人明确表示其他住房已经卖掉或者打算近期卖掉，19.0%的借款人表示其他住房已用于出租，23.4%的借款人表示没想好或其他。

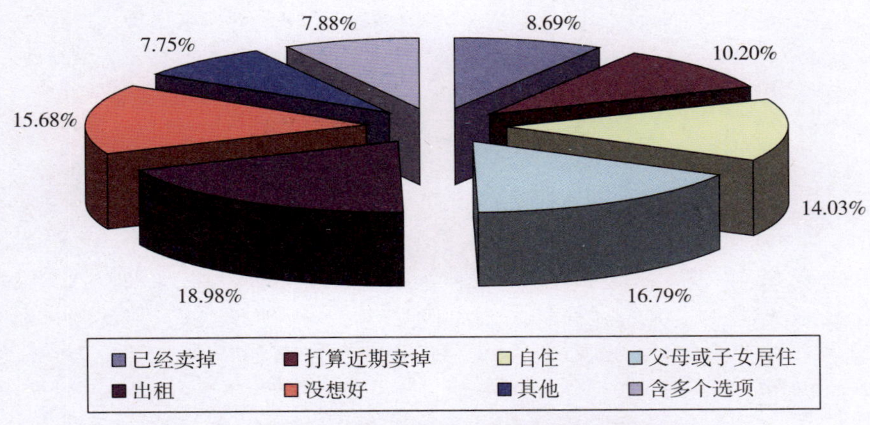

图31 2015年非首套房借款人对其他住房的处理分布

（十三）购房贷款次数分布情况

从贷款次数的分布来看，90.61%的样本借款人仅有一次贷款，有两次贷款的借款人占比为8.77%，有过三次及以上贷款的借款人仅占全部样本的0.62%（见表21）。从未结清贷款笔数来看，90.61%的借款人仅有被调查贷款这1笔贷款未结清。

表21 2015年贷款次数和未结清贷款笔数交叉分析

单位：%

贷款次数 \ 未结清笔数	1笔	2笔	3笔及以上	合计
1次	90.61	—	—	90.61
2次	5.86	2.91	—	8.77
3次及以上	0.49	0.10	0.02	0.62
合计	96.97	3.01	0.02	100.00

从借款人贷款次数的区域差异来看，广州首次贷款的借款人占比最低，为73.95%，西安首次贷款的借款人占比最高，为97.64%；杭州只有1笔未结清贷款的占比最低，为91.7%，银川只有1笔未结清贷

款的占比最高，为99.53%。总体来看，广州、杭州、厦门等10个城市有过两次及两次以上贷款的借款人占比超过10%（见表22）。

表22　2015年各城市借款人的贷款笔数和剩余贷款笔数分布

单位：%

城市	贷款笔数			未还清贷款笔数（含本次贷款）		
	1笔	2笔	3笔及以上	1笔	2笔	3笔及以上
全部样本	90.61	8.77	0.62	96.97	3.01	0.02
西安	97.64	2.36	0	98.73	1.27	0
哈尔滨	97.2	2.8	0	98.83	1.17	0
呼和浩特	95.91	4.09	0	97.08	2.92	0
济南	95.09	4.52	0.39	99.21	0.79	0
银川	94.84	5.16	0	99.53	0.47	0
大连	94.4	5.6	0	98	2	0
东莞	94.15	5.34	0.52	96.21	3.79	0
石家庄	93.96	6.04	0	98.79	1.21	0
沈阳	93.92	5.54	0.54	98.11	1.89	0
合肥	93.84	6.16	0	97.36	2.64	0
郑州	93.49	6.15	0.36	98.01	1.99	0
北京	93.41	5.57	1.02	99.26	0.74	0
南昌	93.28	6.72	0	95.65	4.35	0
南京	93.28	6.44	0.29	97.42	2.58	0
贵阳	93.1	6.9	0	96.9	3.1	0
昆明	92.89	7.11	0	98.58	1.42	0
长春	92.68	7.32	0	94.93	5.07	0
深圳	92.56	6.28	1.16	98.95	0.93	0.12
重庆	92.53	6.82	0.65	96.94	3.06	0
青岛	91.26	8.74	0	97.73	2.27	0
成都	91.24	8.48	0.28	94.75	5.19	0.06
上海	91.05	7.54	1.41	97.17	2.47	0.35
佛山	90.83	9.17	0	97	3	0
无锡	90.73	8.29	0.98	97.07	2.93	0
乌鲁木齐	90.58	9.42	0	98.65	1.35	0
福州	89.51	9.26	1.23	99.07	0.93	0
宁波	89.03	10.7	0.26	98.69	1.31	0
南宁	88.77	11.23	0	93.64	6.36	0
苏州	88.4	9.8	1.8	99.2	0.8	0
长沙	88.27	10.94	0.79	91.92	8.08	0
天津	85.36	13.77	0.87	98.69	1.31	0
武汉	85.17	13.93	0.9	94.16	5.84	0
厦门	80.69	16.22	3.09	93.05	6.95	0
杭州	79.86	18.73	1.41	91.7	8.3	0
广州	73.95	25.16	0.89	96.19	3.81	0

附录三　2015年房地产相关重要政策文件汇编

住房城乡建设部　财政部　中国人民银行
关于放宽提取住房公积金支付房租条件的通知

2015年1月29日　　建金〔2015〕19号

各省、自治区、直辖市住房城乡建设厅（建委）、财政厅（局），新疆生产建设兵团建设局、财务局，中国人民银行上海总部、各分行、营业管理部、省会（首府）城市中心支行，直辖市、新疆生产建设兵团住房公积金管理委员会、住房公积金管理中心：

为保障住房公积金缴存职工合法权益，改进住房公积金提取机制，提高制度有效性和公平性，促进住房租赁市场发展，现就有关问题通知如下。

一、明确租房提取条件

职工连续足额缴存住房公积金满3个月，本人及配偶在缴存城市无自有住房且租赁住房的，可提取夫妻双方住房公积金支付房租。

二、规范租房提取额度

职工租住公共租赁住房的，按照实际房租支出全额提取；租住商品住房的，各地住房公积金管理委员会根据当地市场租金水平和租住住房面积，确定租房提取额度。

三、简化租房提取要件

职工租房提取应向住房公积金管理中心提出申请，并提供以下材料：租住公共租赁住房，提供房屋租赁合同和租金缴纳证明；租住商品住房，提供本人及配偶名下无房产的证明。因租房提取住房公积金需出具房产信息查询结果证明的，房地产管理部门不收取费用。

四、提高提取审核效率

各设区城市要加强住房公积金服务网点建设，方便职工办理提取业务，要积极创造条件，抓紧开展网上提取咨询和业务办理。缴存职工提取申请资料齐全，审核无误后应即时办理。需对申请资料进一步核查时，应在受理提取申请之日起3个工作日内办结。提取支付住房租金，住房公积金管理中心可受缴存职工委托，定期将提取资金划转至缴存职工指定账户。

五、防范骗提套取行为

各设区城市要抓紧建立住房公积金、房屋交易和产权管理、公共租赁住房信息共享机制，核查职工租赁行为。对伪造合同、出具虚假证明、编造虚假租赁等骗提套取行为，住房公积金管理中心向职工工作单位通报，追回骗提套取资金，取消职工一定时限内提取住房公积金和申请住房公积金个人住房贷款资格。住房公积金管理中心将相关信息依法向社会公开并纳入征信系统；对协助造假的机构和人员，要严肃处理；构成犯罪的，依法追究刑事责任。

各设区城市要按照本通知要求，结合当地实际情况，抓紧制定实施细则，并报省、自治区住房城乡建设厅、财政厅和人民银行分支机构备案。

国土资源部　住房城乡建设部
关于优化2015年住房及用地供应结构促进房地产市场平稳健康发展的通知

2015年3月27日　　国土资发〔2015〕37号

各省、自治区、直辖市国土资源主管部门、住房城乡建设厅（建委、房地局、规划局）：

为切实贯彻国务院关于房地产市场分类调控、因地施策的总要求，进一步加强住房及用地供应分类管理，合理优化住房及用地供应规模、结构，支持居民自住和改善性住房需求，促进房地产市场平稳健康发展，现就有关问题通知如下：

一、合理安排住房及其用地供应规模

（一）科学编制住房建设规划及年度实施计划

省级住房城乡建设主管部门要根据城镇住房发展规划，指导和监督市、县住房城乡建设主管部门依据住房现状调查、需求预测以及在建、在售住房规模等，立足当地经济社会发展和资源、环境、人口等约束条件，加快编制本地区的住房建设规划及年度实施计划，对住房的建设总量、供应结构、空间布局和开发进度等作出统筹安排，因地制宜确定保障性住房和商品住房的供应比例。各类棚户区改造应纳入住房建设规划及年度实施计划，加强实物分类管理。住房供过于求的，要适当控制2015年住房开发建设规模、进度。

（二）加强住房用地年度供应计划编制

省级国土资源主管部门要加强对市、县住房用地年度供应计划编制工作的指导，按照稳定市场的原则，要求和督促各市、县根据住房建设规划及年度实施计划，结合商品住房累积可售面积总量、未开工住宅用地总量等指标，合理确定住宅用地年度供应规模。市、县国土资源主管部门在编制2015年住房用地年度供应计划时，应按市场供求情况，合理确定商品住房用地供应规模，并对保障性安居工程和棚户区改造年度任务所需用地应保尽保。住房供应明显偏多的市、县，或在建住宅用地规模过大的市、县，应明显减少住宅用地供应量直至暂停计划供应；住房供求矛盾比较突出的热点城市，应根据市场实际情况有效增加住宅用地供应规模。

（三）强化住宅用地供应管理

各地国土资源主管部门要根据市场实际情况，控制好住宅用地供应的规模、布局和节奏，将住房用地年度供应计划落实到具体地块，明确上市时间，定期分批推出，稳定、均衡供应住宅用地。要进一步采取措施，灵活确定地块面积、组合不同用途和面积地块搭配供应。综合运用多种供地方式，完善招拍挂手段，减少流标流拍，避免异常高价地，稳定市场预期。

二、优化住房及用地供应结构

（四）优化住房供应套型结构

各地要立足市场实际需求，科学把握住房供应套型结构。对于在建商品住房项目，各地国土资源、城乡规划主管部门在不改变用地性质和容积率等必要规划条件的前提下，允许房地产开发企业适当调整套型结构，对不适应市场需求的住房户型作出调整，满足合理的自住和改善性住房需求。

（五）促进房地产用地结构调整

房地产供应明显偏多或在建房地产用地规模过大的市、县，国土资源主管部门，住房城乡建设、城乡规划主管部门可以根据市场状况，研究制订未开发房地产用地的用途转换方案，通过调整土地用途、规划条件，引导未开发房地产用地转型利用，用于国家支持的新兴产业、养老产业、文化产业、体育产业等项目用途的开发建设，促进其他产业投资。对按照新用途或者新规划条件开发建设的项目，应重新办理相关用地手续，重新核定相应的土地价款。

三、统筹保障性安居工程建设

（六）多渠道筹措房源

省级住房城乡建设主管部门要及时总结地方经验，进一步加大住房保障货币化工作力度，将符合条件的商品住房作为棚改安置房和公共租赁住房房源。整体购买在建房地产项目用于棚改安置房和公共租赁住房，或将尚未开工建设的房地产用地转为棚改安置房和公共租赁住房用地的，允许其适当调整规划建设条件，优化户型结构。

（七）完善配套土地政策和用地手续

将尚未开工房地产项目用地转变用途、调整规划建设条件用于棚改安置房和公共租赁住房建设的，市、县国土资源主管部门应重新核定相应的土地价款，更改土地出让合同。对购买在建、已建成商品住房用于棚改安置房和公共租赁住房的，要签订土地出让补充合同，明确土地分摊、地价款核算等事项。改变尚未开工房地产项目的宗地用途，或整体购买在建、已建成商品住房项目用于公共租赁住房，符合划拨用地条件的，应重新办理划拨用地手续，核发划拨用地决定书。

四、加大市场秩序和供应实施监督力度

（八）加强联动监管

各地住房城乡建设、国土资源主管部门要依法依规，强化房地产开发全过程的联动监管，进一

步规范市场秩序。对在房地产开发和交易环节中有严重违法违规行为的房地产开发企业，以及违反有关资质管理规定的房地产开发企业，国土资源主管部门可以根据住房城乡建设主管部门提供的处罚信息，限制或禁止其参与新出让房地产用地的竞买。国土资源主管部门要及时将在土地市场中有违法违规行为的房地产开发企业信息告知住房城乡建设主管部门，住房城乡建设主管部门要依据房地产开发企业资质管理规定，予以相应处罚；情节严重的，依法注销其资质证书。

（九）加强监督检查

省级住房城乡建设、国土资源主管部门要按照省级人民政府负总责，市县人民政府抓落实以及落实地方政府主体责任的有关要求，认真履职，进一步加大对市、县主管部门工作的指导、监督和检查力度，既要防止不作为，又要防止乱作为。住房建设规划、年度实施计划和住房用地供应年度计划要经过专家咨询、科学论证后形成，报同级人民政府审批后实施，同时分别报省级住房城乡建设部门和国土资源主管部门备案，并向社会公开。市、县住房建设规划、年度实施计划和住房用地供应年度计划的完成情况，调整房地产项目的土地用途、改变套型结构等规划建设条件的情况，以及住房开发建设和销售情况，要主动向社会公开，接受社会监督。对措施不落实、工作不到位的，省级住房城乡建设、国土资源主管部门要责成整改，并依法追究有关单位和个人的责任。

关于调整个人住房转让营业税政策的通知

2015年3月30日　财税〔2015〕39号

各省、自治区、直辖市、计划单列市财政厅（局）、地方税务局，西藏、宁夏、青海省（自治区）国家税务局，新疆生产建设兵团财务局：

为促进房地产市场健康发展，经国务院批准，现将个人住房转让营业税政策通知如下：

一、个人将购买不足两年的住房对外销售的，全额征收营业税；个人将购买两年以上（含两年）的非普通住房对外销售的，按照其销售收入减去购买房屋的价款后的差额征收营业税；个人将购买两年以上（含两年）的普通住房对外销售的，免征营业税。

二、上述普通住房和非普通住房的标准、办理免税的具体程序、购买房屋的时间、开具发票、差额征税扣除凭证、非购买形式取得住房行为及其他相关税收管理规定，按照《国务院办公厅转发建设部等部门关于做好稳定住房价格工作意见的通知》（国办发〔2005〕26号）、《国家税务总局 财政部 建设部关于加强房地产税收管理的通知》（国税发〔2005〕89号）和《国家税务总局关于房地产税收政策执行中几个具体问题的通知》（国税发〔2005〕172号）的有关规定执行。

三、本通知自2015年3月31日起执行，《财政部 国家税务总局关于调整个人住房转让营业税政策的通知》（财税〔2011〕12号）同时废止。

中国人民银行 住房城乡建设部 中国银行业监督管理委员会关于个人住房贷款政策有关问题的通知

2015年3月30日　　银发〔2015〕98号

为进一步完善个人住房信贷政策，支持居民自住和改善性住房需求，促进房地产市场平稳健康发展，经国务院批准，现就有关事项通知如下：

一、继续做好住房金融服务工作，满足居民家庭改善性住房需求

鼓励银行业金融机构继续发放商业性个人住房贷款与住房公积金委托贷款的组合贷款，支持居民家庭购买普通自住房。对拥有1套住房且相应购房贷款未结清的居民家庭，为改善居住条件再次申请商业性个人住房贷款购买普通自住房，最低首付款比例调整为不低于40%，具体首付款比例和利率水平由银行业金融机构根据借款人的信用状况和还款能力等合理确定。

二、进一步发挥住房公积金对合理住房消费的支持作用

缴存职工家庭使用住房公积金委托贷款购买首套普通自住房，最低首付款比例为20%；对拥有1套住房并已结清相应购房贷款的缴存职工家庭，为改善居住条件再次申请住房公积金委托贷款购买普通自住房，最低首付款比例为30%。

三、加强政策指导，做好贯彻落实、监督和政策评估工作

人民银行、银监会各级派出机构要按照"因地施策，分类指导"的原则，做好与地方政府的沟通工作，加强对银行业金融机构执行差别化住房信贷政策情况的监督；在国家统一信贷政策基础上，指导银行业金融机构合理确定辖内商业性个人住房贷款最低首付款比例和利率水平；密切跟踪和评估住房信贷政策的执行情况和实施效果，有效防范风险，促进当地房地产市场平稳健康发展。

请人民银行各分行、营业管理部、省会（首府）城市中心支行、副省级城市中心支行，各省（自治区、直辖市）银监局将本通知转发至辖区内城市商业银行、农村商业银行、农村合作银行、城乡信用社、外资银行、村镇银行。

最高人民法院关于人民法院办理执行异议和复议案件若干问题的规定

2015年5月5日　法释〔2015〕10号

（2014年12月29日　最高人民法院审判委员会第1638次会议通过）

为了规范人民法院办理执行异议和复议案件，维护当事人、利害关系人和案外人的合法权益，根据民事诉讼法等法律规定，结合人民法院执行工作实际，制定本规定。

第一条　异议人提出执行异议或者复议申请人申请复议，应当向人民法院提交申请书。申请书应当载明具体的异议或者复议请求、事实、理由等内容，并附下列材料：

（一）异议人或者复议申请人的身份证明；

（二）相关证据材料；

（三）送达地址和联系方式。

第二条　执行异议符合民事诉讼法第二百二十五条或者第二百二十七条规定条件的，人民法院应当在三日内立案，并在立案后三日内通知异议人和相关当事人。不符合受理条件的，裁定不予受理；立案后发现不符合受理条件的，裁定驳回申请。

执行异议申请材料不齐备的，人民法院应当一次性告知异议人在三日内补足，逾期未补足的，不予受理。

异议人对不予受理或者驳回申请裁定不服的，可以自裁定送达之日起十日内向上一级人民法院申请复议。上一级人民法院审查后认为符合受理条件的，应当裁定撤销原裁定，指令执行法院立案或者对执行异议进行审查。

第三条　执行法院收到执行异议后三日内既不立案又不作出不予受理裁定，或者受理后无正当理由超过法定期限不作出异议裁定的，异议人可以向上一级人民法院提出异议。上一级人民法院审查后认为理由成立的，应当指令执行法院在三日内立案或者在十五日内作出异议裁定。

第四条　执行案件被指定执行、提级执行、委托执行后，当事人、利害关系人对原执行法院的执行行为提出异议的，由提出异议时负责该案件执行的人民法院审查处理；受指定或者受委托的人民法院是原执行法院的下级人民法院的，仍由原执行法院审查处理。

执行案件被指定执行、提级执行、委托执行后，案外人对原执行法院的执行标的提出异议的，参照前款规定处理。

第五条　有下列情形之一的，当事人以外的公民、法人和其他组织，可以作为利害关系人提出执行行为异议：

（一）认为人民法院的执行行为违法，妨碍其轮候查封、扣押、冻结的债权受偿的；

（二）认为人民法院的拍卖措施违法，妨碍其参与公平竞价的；

（三）认为人民法院的拍卖、变卖或者以物抵债措施违法，侵害其对执行标的的优先购买权的；

（四）认为人民法院要求协助执行的事项超出其协助范围或者违反法律规定的；

（五）认为其他合法权益受到人民法院违法执行行为侵害的。

第六条 当事人、利害关系人依照民事诉讼法第二百二十五条规定提出异议的，应当在执行程序终结之前提出，但对终结执行措施提出异议的除外。

案外人依照民事诉讼法第二百二十七条规定提出异议的，应当在异议指向的执行标的执行终结之前提出；执行标的由当事人受让的，应当在执行程序终结之前提出。

第七条 当事人、利害关系人认为执行过程中或者执行保全、先予执行裁定过程中的下列行为违法提出异议的，人民法院应当依照民事诉讼法第二百二十五条规定进行审查：

（一）查封、扣押、冻结、拍卖、变卖、以物抵债、暂缓执行、中止执行、终结执行等执行措施；

（二）执行的期间、顺序等应当遵守的法定程序；

（三）人民法院作出的侵害当事人、利害关系人合法权益的其他行为。

被执行人以债权消灭、丧失强制执行效力等执行依据生效之后的实体事由提出排除执行异议的，人民法院应当参照民事诉讼法第二百二十五条规定进行审查。

除本规定第十九条规定的情形外，被执行人以执行依据生效之前的实体事由提出排除执行异议的，人民法院应当告知其依法申请再审或者通过其他程序解决。

第八条 案外人基于实体权利既对执行标的提出排除执行异议又作为利害关系人提出执行行为异议的，人民法院应当依照民事诉讼法第二百二十七条规定进行审查。

案外人既基于实体权利对执行标的提出排除执行异议又作为利害关系人提出与实体权利无关的执行行为异议的，人民法院应当分别依照民事诉讼法第二百二十七条和第二百二十五条规定进行审查。

第九条 被限制出境的人认为对其限制出境错误的，可以自收到限制出境决定之日起十日内向上一级人民法院申请复议。上一级人民法院应当自收到复议申请之日起十五日内作出决定。复议期间，不停止原决定的执行。

第十条 当事人不服驳回不予执行公证债权文书申请的裁定的，可以自收到裁定之日起十日内向上一级人民法院申请复议。上一级人民法院应当自收到复议申请之日起三十日内审查，理由成立的，裁定撤销原裁定，不予执行该公证债权文书；理由不成立的，裁定驳回复议申请。复议期间，不停止执行。

第十一条 人民法院审查执行异议或者复议案件，应当依法组成合议庭。

指令重新审查的执行异议案件，应当另行组成合议庭。

办理执行实施案件的人员不得参与相关执行异议和复议案件的审查。

第十二条 人民法院对执行异议和复议案件实行书面审查。案情复杂、争议较大的，应当进行听证。

第十三条 执行异议、复议案件审查期间，异议人、复议申请人申请撤回异议、复议申请的，是否准许由人民法院裁定。

第十四条 异议人或者复议申请人经合法传唤，无正当理由拒不参加听证，或者未经法庭许可中途退出听证，致使人民法院无法查清相关事实的，由其自行承担不利后果。

第十五条 当事人、利害关系人对同一执行行为有多个异议事由，但未在异议审查过程中一并提出，撤回异议或者被裁定驳回异议后，再次就该执行行为提出异议的，人民法院不予受理。

案外人撤回异议或者被裁定驳回异议后，再次就同一执行标的提出异议的，人民法院不予受理。

第十六条 人民法院依照民事诉讼法第二百二十五条规定作出裁定时，应当告知相关权利人申请复议的权利和期限。

人民法院依照民事诉讼法第二百二十七条规定作出裁定时，应当告知相关权利人提起执行异议之诉的权利和期限。

人民法院作出其他裁定和决定时，法律、司法解释规定了相关权利人申请复议的权利和期限的，应当进行告知。

第十七条 人民法院对执行行为异议，应当按照下列情形，分别处理：

（一）异议不成立的，裁定驳回异议；

（二）异议成立的，裁定撤销相关执行行为；

（三）异议部分成立的，裁定变更相关执行行为；

（四）异议成立或者部分成立，但执行行为无撤销、变更内容的，裁定异议成立或者相应部分异议成立。

第十八条 执行过程中，第三人因书面承诺自愿代被执行人偿还债务而被追加为被执行人后，无正当理由反悔并提出异议的，人民法院不予支持。

第十九条 当事人互负到期债务，被执行人请求抵销，请求抵销的债务符合下列情形的，除依照法律规定或者按照债务性质不得抵销的以外，人民法院应予支持：

（一）已经生效法律文书确定或者经申请执行人认可；

（二）与被执行人所负债务的标的物种类、品质相同。

第二十条 金钱债权执行中，符合下列情形之一，被执行人以执行标的系本人及所扶养家属维持生活必需的居住房屋为由提出异议的，人民法院不予支持：

（一）对被执行人有扶养义务的人名下有其他能够维持生活必需的居住房屋的；

（二）执行依据生效后，被执行人为逃避债务转让其名下其他房屋的；

（三）申请执行人按照当地廉租住房保障面积标准为被执行人及所扶养家属提供居住房屋，或者同意参照当地房屋租赁市场平均租金标准从该房屋的变价款中扣除五至八年租金的。

执行依据确定被执行人交付居住的房屋，自执行通知送达之日起，已经给予三个月的宽限期，被执行人以该房屋系本人及所扶养家属维持生活的必需品为由提出异议的，人民法院不予支持。

第二十一条 当事人、利害关系人提出异议请求撤销拍卖，符合下列情形之一的，人民法院应予支持：

（一）竞买人之间、竞买人与拍卖机构之间恶意串通，损害当事人或者其他竞买人利益的；

（二）买受人不具备法律规定的竞买资格的；

（三）违法限制竞买人参加竞买或者对不同的竞买人规定不同竞买条件的；

（四）未按照法律、司法解释的规定对拍卖标的物进行公告的；

（五）其他严重违反拍卖程序且损害当事人或者竞买人利益的情形。

当事人、利害关系人请求撤销变卖的，参照前款规定处理。

第二十二条 公证债权文书对主债务和担保债务同时赋予强制执行效力的，人民法院应予执行；仅对主债务赋予强制执行效力未涉及担保债务的，对担保债务的执行申请不予受理；仅对担保债务赋予强制执行效力未涉及主债务的，对主债务的执行申请不予受理。

人民法院受理担保债务的执行申请后，被执行人仅以担保合同不属于赋予强制执行效力的公证债权文书范围为由申请不予执行的，不予支持。

第二十三条 上一级人民法院对不服异议裁定的复议申请审查后，应当按照下列情形，分别处理：

（一）异议裁定认定事实清楚，适用法律正确，结果应予维持的，裁定驳回复议申请，维持异议裁定；

（二）异议裁定认定事实错误，或者适用法律错误，结果应予纠正的，裁定撤销或者变更异议裁定；

（三）异议裁定认定基本事实不清、证据不足的，裁定撤销异议裁定，发回作出裁定的人民法院重新审查，或者查清事实后作出相应裁定；

（四）异议裁定遗漏异议请求或者存在其他严重违反法定程序的情形，裁定撤销异议裁定，发回作出裁定的人民法院重新审查；

（五）异议裁定对应当适用民事诉讼法第二百二十七条规定审查处理的异议，错误适用民事诉讼法第二百二十五条规定审查处理的，裁定撤销异议裁定，发回作出裁定的人民法院重新作出裁定。

除依照本条第一款第三、四、五项发回重新审查或者重新作出裁定的情形外，裁定撤销或者变更异议裁定且执行行为可撤销、变更的，应当同时撤销或者变更该裁定维持的执行行为。

人民法院对发回重新审查的案件作出裁定后，当事人、利害关系人申请复议的，上一级人民法院复议后不得再次发回重新审查。

第二十四条 对案外人提出的排除执行异议，人民法院应当审查下列内容：

（一）案外人是否系权利人；

（二）该权利的合法性与真实性；

（三）该权利能否排除执行。

第二十五条 对案外人的异议，人民法院应当按照下列标准判断其是否系权利人：

（一）已登记的不动产，按照不动产登记簿判断；未登记的建筑物、构筑物及其附属设施，按照土地使用权登记簿、建设工程规划许可、施工许可等相关证据判断。

（二）已登记的机动车、船舶、航空器等特定动产，按照相关管理部门的登记判断；未登记的特定动产和其他动产，按照实际占有情况判断。

（三）银行存款和存管在金融机构的有价证券，按照金融机构和登记结算机构登记的账户名称判断；有价证券由具备合法经营资质的托管机构名义持有的，按照该机构登记的实际投资人账户名称判断。

（四）股权按照工商行政管理机关的登记和企业信用信息公示系统公示的信息判断。

（五）其他财产和权利，有登记的，按照登记机构的登记判断；无登记的，按照合同等证明财产权属或者权利人的证据判断。

案外人依据另案生效法律文书提出排除执行异议，该法律文书认定的执行标的权利人与依照前款规定得出的判断不一致的，依照本规定第二十六条规定处理。

第二十六条 金钱债权执行中，案外人依据执行标的被查封、扣押、冻结前作出的另案生效法律文书提出排除执行异议，人民法院应当按照下列情形，分别处理：

（一）该法律文书系就案外人与被执行人之间的权属纠纷以及租赁、借用、保管等不以转移财产权属为目的的合同纠纷，判决、裁决执行标的归属于案外人或者向其返还执行标的且其权利能够排除执行的，应予支持；

（二）该法律文书系就案外人与被执行人之间除前项所列合同之外的债权纠纷，判决、裁决执行标的归属于案外人或者向其交付、返还执行标的的，不予支持；

（三）该法律文书系案外人受让执行标的的拍卖、变卖成交裁定或者以物抵债裁定且其权利能够排除执行的，应予支持。

金钱债权执行中，案外人依据执行标的被查封、扣押、冻结后作出的另案生效法律文书提出排除执行异议的，人民法院不予支持。

非金钱债权执行中，案外人依据另案生效法律文书提出排除执行异议，该法律文书对执行标的权属作出不同认定的，人民法院应当告知案外人依法申请再审或者通过其他程序解决。

申请执行人或者案外人不服人民法院依照本条第一、二款规定作出的裁定，可以依照民事诉讼法第二百二十七条规定提起执行异议之诉。

第二十七条 申请执行人对执行标的依法享有对抗案外人的担保物权等优先受偿权，人民法院对案外人提出的排除执行异议不予支持，但法律、司法解释另有规定的除外。

第二十八条 金钱债权执行中，买受人对登记在被执行人名下的不动产提出异议，符合下列情形且其权利能够排除执行的，人民法院应予支持：

（一）在人民法院查封之前已签订合法有效的书面买卖合同；

（二）在人民法院查封之前已合法占有该不动产；

（三）已支付全部价款，或者已按照合同约定支付部分价款且将剩余价款按照人民法院的要求交付执行；

（四）非因买受人自身原因未办理过户登记。

第二十九条 金钱债权执行中，买受人对登记在被执行的房地产开发企业名下的商品房提出异议，符合下列情形且其权利能够排除执行的，人民法院应予支持：

（一）在人民法院查封之前已签订合法有效的书面买卖合同；

（二）所购商品房系用于居住且买受人名下无其他用于居住的房屋；

（三）已支付的价款超过合同约定总价款的百分之五十。

第三十条 金钱债权执行中，对被查封的办理了受让物权预告登记的不动产，受让人提出停止处分异议的，人民法院应予支持；符合物权登记条件，受让人提出排除执行异议的，应予支持。

第三十一条 承租人请求在租赁期内阻止向受让人移交占有被执行的不动产，在人民法院查封之前已签订合法有效的书面租赁合同并占有使用该不动产的，人民法院应予支持。

承租人与被执行人恶意串通，以明显不合理的低价承租被执行的不动产或者伪造交付租金证据的，对其提出的阻止移交占有的请求，人民法院不予支持。

第三十二条 本规定施行后尚未审查终结的执行异议和复议案件，适用本规定。本规定施行前已经审查终结的执行异议和复议案件，人民法院依法提起执行监督程序的，不适用本规定。

关于运用政府和社会资本合作模式推进公共租赁住房投资建设和运营管理的通知

2015年5月22日 财综〔2015〕15号

各省、自治区、直辖市、计划单列市财政厅（局）、国土资源厅（局）、住房城乡建设厅（委、局），中国人民银行上海总部、各分行、营业管理部、省会（首府）城市中心支行、副省级城市中心支行，各省、自治区、直辖市、计划单列市国家税务局、地方税务局、银监局，新疆生产建设兵团财务局、国土资源局、建设局：

为贯彻落实党的十八届三中全会精神，提高公共租赁住房供给效率，按照《财政部关于推广运用政府和社会资本合作模式有关问题的通知》（财金〔2014〕76号）和《财政部关于印发政府和社会资本合作模式操作指南（试行）的通知》（财金〔2014〕113号）有关要求，现就运用政府和社会资本合作模式（Public-Private Partnership）推进公共租赁住房投资建设和运营管理的有关事宜通知如下：

一、充分认识运用政府和社会资本合作模式推进公共租赁住房投资建设和运营管理的重要意义

政府和社会资本合作模式是政府与社会资本在公共服务领域建立的一种长期合作关系，通过这种合作和管理过程，可以更有效率地为社会提供公共服务。运用这种模式推进公共租赁住房投资建设和运营管理，有利于转变政府职能，提升保障性住房资源配置效率；有利于消化库存商品住房，促进房地产市场平稳健康发展；有利于提升政府治理能力，改善住房保障服务。运用政府和社会资本合作模式推进公共租赁住房投资建设和运营管理，作为一项政策创新和制度创新，对于稳增长、调结构、惠民生具有十分重要意义，各地要充分认识这项工作的重要性，积极有序开展试点工作。

二、运用政府和社会资本合作模式推进公共租赁住房投资建设和运营管理的基本目标和原则

（一）基本目标

通过运用政府和社会资本合作模式，发挥政府与社会资本各自优势，把政府的政策意图、住房保障目标和社会资本的运营效率结合起来，逐步建立“企业建房、居民租房、政府补贴、社会管理”的新型公共租赁住房投资建设和运营管理模式，有效提高公共租赁住房服务质量和管理效率。

（二）基本原则

1. 政府组织，社会参与。政府根据本地区公共租赁住房需求状况，制订公共租赁住房发展规划和

年度计划，组织合适的公共租赁住房项目开展政府和社会资本合作试点，选择社会资本参与投资建设和运营管理公共租赁住房。

2. 权责清晰，各司其职。在公共租赁住房项目合同中，明确政府与社会资本的各自责任，按照合同约定承担相应的权利、义务、责任和风险。

3. 激励相容，提高效率。通过综合运用多种政策手段，建立动态调整的租金价格机制，确保社会资本具有稳定合理的投资回报；建立严格的绩效评价机制，对项目运作、住房保障服务质量和资金使用效率等进行综合考核评价，确保公共租赁住房项目建设运营达到预期效果。

三、公共租赁住房项目政府和社会资本合作模式和条件

（一）公共租赁住房政府和社会资本合作项目的基本模式

运用政府和社会资本合作模式推进公共租赁住房投资建设和运营管理，主要是政府选择社会资本组建公共租赁住房项目公司，项目公司与政府签订合同，负责承担设计、投资建设、运营、维护管理任务，在合同期内通过“承租人支付租金”及必要的“政府政策支持”获得合理投资回报，依法承担相应的风险；政府负责提供政策支持，定期调整公共租赁住房租金价格，加强公共租赁住房工程建设及运营维护质量监管。合同期满后，项目公司终结，并按合同约定作善后处理。政府对项目公司承担有限责任，不提供担保或承诺。

（二）公共租赁住房政府和社会资本合作项目的基本条件

适合运用政府和社会资本合作模式的公共租赁住房项目应当同时具备以下条件：1.已纳入住房保障规划和年度计划。2.项目规划所在区域交通便利，学校、医院等公共基础设施配套齐全。3.户型建筑面积符合公共租赁住房条件。户型建筑面积以40平方米左右的小户型为主，单套建筑面积控制在60平方米以内。4.承租公共租赁住房的保障对象数量稳定。5.保障对象按市场租金水平向项目公司缴纳住房租金。6.政府按保障对象支付能力给予分档补贴及其他政策支持。7.公共租赁住房运营期限不少于十五年。

四、公共租赁住房政府和社会资本合作项目的适用范围

适用政府和社会资本合作模式的公共租赁住房项目主要包括：（一）政府自建自管项目；（二）政府收购的符合公共租赁住房条件的存量商品住房项目；（三）符合公共租赁住房条件且手续完备、债务清晰的停工未完工程项目；（四）以企业为主建设管理的公共租赁住房项目。

对于存量和在建的项目，特别是债务规模比较大的政府融资平台公司持有的公共租赁住房，应当在科学评估的基础上，采取招投标、拍卖、挂牌等法律法规规定的方式将公共租赁住房资产整体转让给项目公司，实行规范的政府和社会资本合作模式运作，转让收入优先用于偿还对应的存量政府债务；对于拟新建和收购的项目，从规划、设计、投资建设、运营、管理全过程均可按政府和社会资本合作模式运作。

五、规范运用政府和社会资本合作模式推进公共租赁住房投资建设和运营管理

（一）建立公共租赁住房政府和社会资本合作项目库

各地应认真梳理、科学甄别适合政府和社会资本合作模式的公共租赁住房项目，建立项目储备库。政府和社会资本合作的公共租赁住房项目由市县财政部门会同同级住房保障部门从存量和新增项目中筛选。

（二）做好项目前期论证和准备工作

市县财政部门会同同级住房保障部门引入第三方中介机构和专家，对拟实施政府和社会资本合作的公共租赁住房项目进行必要性、可行性、经济性、合规性评估和物有所值评价，论证项目是否满足政府和社会资本合作项目的必要条件。在此基础上，财政部门应组织开展政府和社会资本合作项目财政承受能力论证工作，通过识别、测算项目的各项财政支出责任，科学评估项目实施对当前及今后年度财政支出的影响，为项目财政预算管理提供依据，以保障政府切实履行合同义务，有效防范和控制财政风险，促进项目可持续发展。

（三）选择合作伙伴

按照《中华人民共和国政府采购法》、《财政部关于印发〈政府和社会资本合作项目政府采购管理办法〉的通知》（财库〔2014〕215号）等有关法律法规规定，综合考虑企业资质、经营业绩、技术和管理能力、资金实力、服务质量、信誉等因素，择优选择公共租赁住房项目合作伙伴。

（四）筹组项目公司

按照“政府引导、企业主导、市场运作、利益分享、风险分担”的原则，由合作企业组建项目公司，具体负责公共租赁住房项目的设计、投资、建设、运营、维护和管理。

（五）签订合作合同

合同的主要内容应当包括：公共租赁住房项目名称、建设规模、投资规模、资金筹集、合作期限、户型结构、运营期限、维修维护责任；住房保障服务的数量、质量和标准；公共租赁住房租金价格及调整机制；合同期满后项目移交的内容、方式、程序及验收标准，涉及资产处置的，应当事先约定政府与社会资本收益分享比例；建设和运营管理的风险分担机制；项目终止的条件、流程和终止补偿；违约责任；争议解决方式等内容。

（六）建立监管和绩效评价机制

政府对公共租赁住房政府和社会资本合作项目运作、服务质量和资金使用效率等进行全过程监管和综合考核评价，认真把握和确定服务价格和项目收益指标，加强成本监审、考核评估、价格调整审核，引入第三方进行社会评价，评价结果向社会公示，并作为项目价格、政府补贴、合作期限等调整

的依据。

六、构建政府支持政府和社会资本合作模式公共租赁住房的政策体系

（一）财政政策

市县财政部门统筹运用各级政府安排用于公共租赁住房的资金，通过贷款贴息方式支持公共租赁住房政府和社会资本合作项目购建和运营管理，具体贴息办法按照财政部印发的《城镇保障性安居工程贷款贴息办法》（财综〔2014〕76号）规定执行。同时，根据公共租赁住房保障对象的支付能力给予分档补贴，重点对城镇低收入住房困难家庭发放租赁补贴，配合同级住房保障部门督促保障对象按照合同约定的市场租金水平向项目公司缴纳住房租金。对于试行公共租赁住房政府和社会资本合作项目试点的地区，中央财政不改变城镇保障性安居工程资金分配方式。

（二）税费政策

对公共租赁住房建设按照国家现行有关规定免收各项行政事业性收费和政府性基金；落实现行有关公共租赁住房购建和运营管理税收优惠政策。

（三）土地政策

一是新建公共租赁住房建设用地可以租赁方式取得，租金收入作为土地出让收入纳入政府性基金预算管理。二是对于新建公共租赁住房项目，以及使用划拨建设用地的存量公共租赁住房项目，经市县人民政府批准，政府可以土地作价入股方式注入项目公司，支持公共租赁住房政府和社会资本合作项目，不参与公共租赁住房经营期间收益分享，但拥有对资产的处置收益权。三是在新建公共租赁住房政府和社会资本合作项目中，可以规划建设一定比例建筑面积的配套商业服务设施用于出租和经营，以实现资金平衡并有合理盈利，但不得用于销售和转让。

（四）收购政策

对于收购符合公共租赁住房条件的存量商品住房项目，按照政府搭桥、公司主导、双方自愿、保本不亏的原则确定收购价格；也可以按当地公共租赁住房建设成本及合理收益率确定收购价格。

（五）融资政策

一是银行业金融机构要在房地产开发贷款大项下建立公共租赁住房开发贷款的明细核算，对公共租赁住房贷款单独核算、单独管理、单独考核，根据自身实际，在依法合规、风险可控的前提下，加大对政府和社会资本合作模式公共租赁住房试点项目的信贷支持力度。二是鼓励社保基金、保险资金等公共基金通过债权、股权等多种方式支持项目公司融资。三是支持项目公司发行企业债券，适当降低中长期企业债券的发行门槛。四是支持以未来收益覆盖融资本息的公共租赁住房资产发行房地产投资信托基金（REITs），探索建立以市场机制为基础、可持续的公共租赁住房投融资模式。

七、扎实做好政府和社会资本合作模式公共租赁住房项目实施工作

（一）落实工作责任

财政部会同住房城乡建设部、国家税务总局等相关部门完善落实财税支持政策；国土资源部会同财政部完善落实土地供应支持政策；人民银行、银监会指导督促金融机构做好金融服务工作。地方各级财政、住房保障、国土、人民银行、银监会等部门，按照职责分工落实工作责任。同时，地方各级财政部门要会同住房保障部门结合本地区实际情况，制订政府和社会资本合作模式公共租赁住房项目试点方案，指导项目具体实施工作。

（二）建立工作机制

各级财政、住房保障、国土、人民银行、银监会等部门，要建立政府和社会资本合作模式公共租赁住房部门联席会议，专门研究解决运用政府和社会资本合作模式推进公共租赁住房投资建设和运营管理过程中出现的问题，联席会议各部门要加强协作，密切配合，确保各项政策措施落到实处，规范开展政府和社会资本合作模式公共租赁住房项目试点。

（三）开展项目试点

2015年，各地区应当抓紧组织开展政府和社会资本合作模式公共租赁住房项目试点工作，政府和社会资本合作模式公共租赁住房试点项目由市县财政部门会同同级住房保障部门筛选，报省级财政部门会同住房保障部门共同审核确认后实施。对于市县筛选的公共租赁住房项目，每省可选择一定数量的项目开展试点。对于拟实施的试点项目，省级财政部门应当会同住房保障部门将项目区位、投资规模、建筑面积和套数、合作方式、合作期限、资金来源等情况报财政部、住房城乡建设部备案。

国务院关于进一步做好城镇棚户区和城乡危房改造及配套基础设施建设有关工作的意见

2015年6月30日　国发〔2015〕37号

各省、自治区、直辖市人民政府，国务院各部委、各直属机构：

近年来，各地区、各有关部门认真贯彻落实党中央、国务院决策部署，持续加大城镇棚户区和城乡危房改造力度，有关工作取得显著进展。截至2014年年底，全国共改造各类棚户区住房2 080万套、农村危房1 565万户，其中2013～2014年改造各类棚户区住房820万套、农村危房532万户，有效改善了困难群众的住房条件，发挥了带动消费、扩大投资的积极作用，促进了社会和谐稳定。但也要看到，与党中央、国务院确定的改造约1亿人居住的城镇棚户区和城中村的目标相比，任务仍然十分艰巨，特别是待改造的棚户区多为基础差、改造难度大的地块，在创新融资机制、完善配套基础设施等方面还存在不少困难和问题。同时，农村困难群众对改善居住条件、住上安全住房的诉求比较强烈，加快农村危房改造的要求十分迫切。为进一步做好城镇棚户区和城乡危房改造及配套基础设施建设工作，切实解决群众住房困难，有效促进经济增长，现提出以下意见：

一、总体要求

（一）指导思想

深入贯彻党的十八大、十八届二中、三中、四中全会和中央城镇化工作会议精神，全面落实国务院决策部署，坚持走以人为核心的新型城镇化道路，以改善群众住房条件为出发点和落脚点，突出稳增长、惠民生，明确工作责任，创新体制机制，强化政策落实，加大城镇棚户区和城乡危房改造力度，加快配套基础设施建设，扩大有效投资，推动经济社会和谐发展。

（二）工作目标

制订城镇棚户区和城乡危房改造及配套基础设施建设三年计划（2015～2017年，以下简称三年计划）。2015～2017年，改造包括城市危房、城中村在内的各类棚户区住房1 800万套（其中2015年580万套），农村危房1 060万户（其中2015年432万户），加大棚改配套基础设施建设力度，使城市基础设施更加完备，布局合理、运行安全、服务便捷。

二、加大改造建设力度

（一）加快城镇棚户区改造

各地区要抓紧编制2015～2017年城镇棚户区改造实施方案并抓好组织落实。一要加快棚改项目建设。依法合规推进棚改，切实做好土地征收、补偿安置等前期工作。建立行政审批快速通道，简化程序，提高效率，对符合相关规定的项目，限期完成立项、规划许可、土地使用、施工许可等审批手续。加强工程质量安全监管，保证工程质量和进度，确保完成三年计划确定的目标任务。把城市危房改造纳入棚改政策范围。二要积极推进棚改货币化安置。缩短安置周期，节省过渡费用，让群众尽快住上新房，享有更好的居住环境和物业服务，满足群众多样化居住需求。各省（自治区、直辖市）要因地制宜，抓紧摸清存量商品住房底数，制定推进棚改货币化安置的指导意见和具体安置目标，完善相关政策措施，督促市、县抓好落实，加快安置棚户区居民。

（二）完善配套基础设施

各地区要尽快编制2015～2017年棚改配套基础设施建设计划（以下简称配套建设计划），确定棚改安置住房小区配套基础设施项目，以及与棚改项目直接相关的城市道路和公共交通、通信、供电、供水、供气、供热、停车库（场）、污水与垃圾处理等城市基础设施项目，努力做到配套设施与棚户区改造安置住房同步规划、同步报批、同步建设、同步交付使用。各地区要对2014年年底前已开工的棚改安置房等保障房小区配套基础设施情况进行排查，对配套基础设施不完备的项目要列出清单，并纳入本地区配套建设计划。

（三）推进农村危房改造

各地区要抓紧编制2015～2017年农村危房改造实施方案，明确目标任务、资金安排和政策措施，确保年度任务按时完成。落实省级补助资金，将农村危房改造补助资金纳入财政预算，由县级财政直接发放到危房改造农户。严格执行一户一档的要求，做好农村危房改造信息系统录入和管理工作。统筹推进农房抗震改造，加大对8级及以上地震高烈度设防地区的改造力度，认真贯彻执行《农村危房改造最低建设要求（试行）》和《农村危房改造抗震安全基本要求（试行）》，确保改造后的住房符合建设及安全标准。加强农房风貌管理和引导，县级住房城乡建设部门应制定符合当地实际的农房设计图和风貌管理要求，指导到户。

三、创新融资体制机制

（一）推动政府购买棚改服务

各省（自治区、直辖市）应根据棚改目标任务，统筹考虑财政承受能力等因素，制定本地区政府购买棚改服务的管理办法。市、县人民政府要公开择优选择棚改实施主体，并与实施主体签订购买棚改服务协议。市、县人民政府将购买棚改服务资金逐年列入财政预算，并按协议要求向提供棚改服务的实施主体支付。年初预算安排有缺口确需举借政府债务弥补的市、县，可通过省（自治区、直辖市）人民政府代发地方政府债券予以支持，并优先用于棚改。政府购买棚改服务的范围，限定在政府应当承担的棚改征地拆迁服务以及安置住房筹集、公益性基础设施建设等方面，不包括棚改项目中配套建设的商品房以及经营性基础设施。

（二）推广政府与社会资本合作模式

在城市基础设施建设运营中积极推广特许经营等各种政府与社会资本合作（PPP）模式。各地应建立健全城市基础设施建设财政投入与价格补偿统筹协调机制，合理确定服务价格，深化政府与社会资本合作，推动可持续发展。

（三）构建多元化棚改实施主体

鼓励多种所有制企业作为实施主体承接棚改任务。各地原融资平台公司可通过市场化改制，建立现代企业制度，实现市场化运营，在明确公告今后不再承担政府融资职能的前提下，作为实施主体承接棚改任务。原融资平台公司转型改造后举借的债务实行市场化运作，不纳入政府债务。政府在出资范围内依法履行出资人职责，不对原融资平台公司提供担保。

（四）发挥开发性金融支持作用

承接棚改任务及纳入各地区配套建设计划的项目实施主体，可依据政府购买棚改服务协议、特许经营协议等政府与社会资本合作合同进行市场化融资，开发银行等银行业金融机构据此对符合条件的实施主体发放贷款。在依法合规、风险可控的前提下，开发银行可以通过专项过桥贷款对符合条件的实施主体提供过渡性资金安排。鼓励农业发展银行在其业务范围内对符合条件的实施主体，加大城中村改造、农村危房改造及配套基础设施建设的贷款支持。鼓励商业银行对符合条件的实施主体提供棚改及配套基础设施建设贷款。

四、加强组织领导

（一）落实地方责任

各省（区、市）人民政府对本地区城镇棚户区和城乡危房改造及配套基础设施建设工作负总责，要抓紧组织落实三年计划及相关实施方案，完善工作机制，强化目标责任考核，加大资金投入，落实好税费减免政策。

（二）明确部门职责

住房城乡建设部要会同有关部门督促各地尽快编制和落实三年计划及相关实施方案。发展改革委、财政部要会同有关部门进一步加大中央预算内投资和中央财政支持力度。财政部要会同有关部门安排中央国有资本经营预算资金，对困难中央企业特别是独立工矿区、三线地区和资源枯竭型城市中央企业棚改配套设施建设予以支持。人民银行、财政部、银监会要完善政策措施，支持开发银行、农业发展银行等金融机构加大信贷支持力度。

（三）强化监督检查

住房城乡建设部要会同有关部门建立有效的督查制度，对各地区城镇棚户区和城乡危房改造及配套基础设施建设三年计划实施情况进行督促检查。各地区要加强监督检查，全面落实各项工作任务和政策措施。加强对农村危房改造补助资金使用的监管，严禁截留、挤占、挪用或变相使用。加大考核和问责力度，对态度不积极、工作不主动、进度缓慢、弄虚作假的单位和责任人员予以通报批评，并明确整改期限和要求。

住房城乡建设部等部门关于调整房地产市场外资准入和管理有关政策的通知

2015年8月19日　建房〔2015〕122号

各省、自治区、直辖市人民政府，国务院各部委、各直属机构：

为促进房地产市场平稳健康发展，经国务院同意，决定对《关于规范房地产市场外资准入和管理的意见》（建住房〔2006〕171号）中有关外商投资房地产企业和境外机构、个人购房的部分政策进行调整，现就有关事项通知如下：

一、外商投资房地产企业注册资本与投资总额比例，按照《国家工商行政管理局关于中外合资经营企业注册资本与投资总额比例的暂行规定》（工商企字〔1987〕第38号）执行。

二、取消外商投资房地产企业办理境内贷款、境外贷款、外汇借款结汇必须全部缴付注册资本金的要求。

三、境外机构在境内设立的分支、代表机构（经批准从事经营房地产的企业除外）和在境内工作、学习的境外个人可以购买符合实际需要的自用、自住商品房。对于实施住房限购政策的城市，境外个人购房应当符合当地政策规定。

四、住房城乡建设部、商务部、发展改革委、人民银行、工商总局、外汇局等有关部门进一步简化程序，提高办事效率，优化和改进外商投资房地产管理。自本通知印发之日起，外商投资房地产企业可按照相关外汇管理规定直接到银行办理外商直接投资项下相关外汇登记。

除上述政策调整以外，《关于规范房地产市场外资准入和管理的意见》（建住房〔2006〕171号）继续有效。

国土资源部 住房城乡建设部 关于做好不动产统一登记与房屋交易管理衔接的指导意见

2015年8月31日 国土资发〔2015〕90号

各省、自治区、直辖市国土资源主管部门、住房城乡建设厅（建委、房地局）：

为贯彻落实《国务院机构改革和职能转变方案》、《中央编办关于整合不动产登记职责的通知》（中央编办发〔2013〕134号，以下简称《通知》）和《国土资源部 中央编办关于地方不动产登记职责整合的指导意见》（国土资发〔2015〕50号），促进房地产市场平稳健康发展，确保不动产统一登记工作平稳推进，现就做好不动产统一登记与房屋交易管理有序衔接，提出以下指导意见。

一、充分认识不动产统一登记与房屋交易管理有序衔接的重要意义

整合不动产登记职责机构是建立和实施不动产统一登记制度的组织保障，是确保《不动产登记暂行条例》（以下简称《条例》）顺利实施的前提。根据中央要求，房屋登记等不动产登记职责将统一整合到不动产登记机构，房屋交易管理职责继续由房产管理部门承担。不动产统一登记与房屋交易管理关联性强，做好相关工作衔接，有利于保障房屋交易安全，维护房地产权利人合法权益；有利于稳定住房消费，促进房地产市场平稳健康发展；有利于方便群众办事，提升政府治理效率和水平。

各级不动产登记机构、房产管理部门要高度重视，在工作中要加强配合，相互兼顾，统筹协调，按照方便群众办事、保障交易安全、提升管理效率的原则，确保房地产交易市场规范有序，不动产统一登记平稳推进，年底前完成不动产登记职责机构整合。

二、加强房屋交易管理与不动产统一登记

（一）加强房屋交易管理

房屋交易管理是房地产市场监管的基础和核心。各级房产管理部门要强化房屋转让、抵押、租赁、面积管理、房屋交易档案、房屋中介、个人住房信息系统建设等工作，特别是要做好商品房预售许可、房屋买卖合同网签备案、房屋交易资金监管、楼盘表的建立、购房资格审核、房源验核、存量房与政策性住房上市交易管理，以及房屋抵押政策制定及监督执行等交易监管具体工作，实现关联业务有序衔接。

（二）加快不动产统一登记

各省级国土资源主管部门、住房城乡建设主管部门要认真贯彻落实《条例》和《通知》，指导各地充分利用现有资源，将房屋登记的申请、受理、审核、登簿、发证等房屋登记职责统一到不动产登记机构，不得随意拆分房屋登记职责。不动产登记机构要切实做好涉及房屋的所有权、用益物权、担保物权的首次登记、变更登记、转移登记、注销登记、更正登记、异议登记、预告登记、查封登记等工作。

三、做好不动产统一登记与房屋交易管理有序衔接

各地在加强房屋交易管理、推进不动产统一登记工作中，既要梳理再造登记流程，保证不动产统一登记有序推进，又要加强房屋交易管理，保证交易与登记安全便民。对于房屋交易管理部门与不动产登记机构分设的，要切实做好交易与登记有关工作衔接。

（一）确保业务衔接顺畅

房产管理部门要对新建商品房、二手房，以及保障性等政策性住房的交易活动进行监管，实时将依法办理的房屋转让、抵押等相关交易信息提供给不动产登记机构，不动产登记机构应当依据相关交易信息进行登记。在完成房屋登记后，不动产登记机构也要实时将各类登记信息提供给房产管理部门，有效防范一房多卖、已抵押房屋违规出售等行为的发生，确保交易安全。

（二）实现信息互通共享

不动产登记信息管理基础平台与房屋交易管理信息平台要相互对接，通过交换接口、数据抄送等形式，实现实时互通共享，消除“信息孤岛”，确保相关业务办理的连续、安全、便捷。现阶段尚未建成不动产登记信息管理基础平台的，应当按照职责分工，加快推进不动产登记信息整理、入库和不动产登记信息系统建设。

（三）做好资料移交与共用

不动产登记机构与房屋交易管理部门应当建立房屋登记档案和房屋交易档案查询互用制度，保证房屋登记和交易管理的正常运行。按照《中华人民共和国物权法》、《条例》和《通知》的有关规定，房屋登记簿等房屋登记资料由不动产登记机构管理。房产交易资料由房屋交易管理部门管理。

（四）加强服务窗口建设

各地要按照便民利民的原则，切实做好房屋交易、不动产登记窗口服务。房屋交易和登记业务办理尽量在一个服务大厅，进一步优化服务流程，提升服务水平，实现一个窗口受理，“一站式”、规范化服务。对于房屋交易与不动产登记服务大厅分设的，不动产登记机构和房产管理部门要加强沟通协调，可以互设服务窗口，受理相关业务。为方便群众办事，对于能够通过实时互通共享取得的信息，不得要求群众重复提交。

各地要按照本指导意见要求，认真抓好落实。在执行中遇到的有关情况可向国土资源部、住房城乡建设部反映。

住房城乡建设部 财政部 中国人民银行
关于调整住房公积金个人住房贷款购房最低首付款比例的通知

2015年8月31日　　建金〔2015〕128号

各省、自治区、直辖市住房城乡建设厅（建委）、财政厅（局），新疆生产建设兵团建设局、财务局，中国人民银行各分行、营业管理部、各省会（首府）城市中心支行、副省级城市中心支行，直辖市、新疆生产建设兵团住房公积金管理委员会、住房公积金管理中心：

为进一步完善住房公积金个人住房贷款政策，支持缴存职工合理住房需求，对拥有1套住房并已结清相应购房贷款的居民家庭，为改善居住条件再次申请住房公积金委托贷款购买住房的，最低首付款比例由30%降低至20%。北京、上海、广州、深圳可在国家统一政策基础上，结合本地实际，自主决定申请住房公积金委托贷款购买第二套住房的最低首付款比例。

本通知自2015年9月1日起执行。

关于做好城市棚户区改造相关工作的通知

2015年9月16日　财综〔2015〕57号

各省、自治区、直辖市，计划单列市财政厅（局），新疆生产建设兵团财务局：

近期，国务院印发了《关于进一步做好城镇棚户区和城乡危房改造及配套基础设施建设有关工作的意见》（国发〔2015〕37号）。为认真贯彻落实国发〔2015〕37号文件精神，现就做好城市棚户区改造相关工作有关事宜通知如下：

一、大力推进2015年城市棚户区改造项目实施

2015年全国城市棚户区改造目标任务已确定为540万套，各级财政部门要积极配合住房城乡建设等部门做好相关工作，确保完成2015年城市棚户区改造目标任务。对于已经签订合同并实施的城市棚户区改造项目，市县财政部门要按照合同和项目实施进度及时拨付财政资金，确保项目资金需要；对于尚未签订合同或已签订合同但尚未实施的城市棚户区改造项目，市县财政部门要积极配合相关部门做好房屋征收、拆迁以及补偿安置等工作。

二、科学编制2016～2017年城市棚户区改造计划

地方各级财政部门在做好2015年城市棚户区改造工作的同时，要积极配合相关部门对当地城市棚户区居民住房状况和需求情况进行摸底统计，根据当地经济社会发展水平和财政承受能力，科学制订2016年、2017年城市棚户区改造年度计划，包括实物安置和货币安置计划。在此基础上，各级财政部门要提前做好2016年城市棚户区改造财政资金预算编制工作，按规定渠道筹集和安排资金。

三、主动参与研究制定城市棚户区改造实施方案

市县财政部门要积极配合有关部门摸清本地区存量商品住房底数，根据本地区房地产市场状况，主动参与研究制订本地区城市棚户区改造实施方案，因地制宜确定城市棚户区改造安置方式。对于人口较少、住房供需矛盾不突出、房价不高、市场房源较多的城市，应当积极推行货币化安置方式，将货币安置补偿款发放给被拆迁居民，由被拆迁居民自主到市场购买安置住房；或通过政府部门搭桥组织房源，严格审核商品住房价格，由被拆迁居民与开发企业按核定的价格签订购买安置住房合同或协议，政府部门根据合同或协议将货币安置补偿款支付给开发企业。对于人口较多、住房供需矛盾突出、房价较高、市场房源短缺的城市，确需新建安置住房的，要督促相关部门抓紧做好项目选址等各项前期准备工作。

四、积极稳妥做好城市棚户区改造政府购买服务工作

（一）多渠道筹集城市棚户区改造资金

按照“省级负总责，市县抓落实、中央适当补助”的原则，中央和省级财政根据各地区财政困难状况、城市棚户区改造任务完成情况给予适当补助，市县财政部门要按照国家规定筹集城市棚户区改造资金。目前，市县可用于城市棚户区改造的财政资金来源包括城市维护建设税、城镇公用事业附加、城市基础设施配套费以及土地出让收入等。具体如何安排、安排多少，应当根据当地年度城市棚户区改造资金总体需要、相关资金来源状况、政府资金需求、上级补助等因素，按照统筹兼顾的原则，通过市县一般公共预算和政府性基金预算统筹安排。市县预算安排有缺口，确需举借地方政府债务弥补的，可通过省级人民政府代发地方政府债券予以支持。

（二）尽快制定政府购买城市棚户区改造服务办法

按照国发〔2015〕37号文件规定，政府购买城市棚户区改造服务的范围，严格限定在政府应当承担的城市棚户区改造征地拆迁服务以及安置住房筹集、公益性基础设施建设等方面，不包括城市棚户区改造项目中配套建设的商品房以及经营性基础设施。市县财政部门应当尽快制定政府购买城市棚户区改造服务办法，对政府购买城市棚户区改造服务的具体范围、购买主体、承接主体、购买方式、购买程序、购买服务资金来源、购买服务资金预算管理、绩效评价等作出规定。市县政府有关主管部门应当根据本地区政府购买城市棚户区改造服务办法，公开择优选择政府购买城市棚户区改造服务的承接主体，并与承接主体签订购买城市棚户区改造服务协议。

（三）政府购买城市棚户区改造服务资金纳入年度财政预算管理

市县政府购买城市棚户区改造服务资金纳入年度财政预算。市县财政部门要及时跟踪和掌握城市棚户区改造工作进程，包括城市棚户区改造拆迁安置方案具体实施和进展情况，城市棚户区改造安置住房筹集进展情况等，按照政府购买城市棚户区改造服务协议要求和城市棚户区改造项目进度，在编制年度预算时做好购买服务资金安排，向提供城市棚户区改造服务的承接主体及时拨付资金，确保城市棚户区改造项目资金需要。同时，要按照财政部规定，做好政府购买城市棚户区改造服务信息公开工作。

五、落实城市棚户区改造涉及的税费优惠政策

（一）落实免收各项收费基金优惠政策

对城市棚户区改造项目，按照财政部规定免收防空地下室易地建设费、白蚁防治费、城市基础设施配套费、散装水泥专项资金、新型墙体材料专项基金、教育费附加、地方教育附加、城镇公用事业附加等各项行政事业性收费和政府性基金。同时，按规定免收省级出台的各项行政事业性收费。

（二）落实免收土地出让收入政策

对城市棚户区改造中的安置住房建设用地实行划拨方式供应，除依法支付土地补偿费、拆迁补偿费外，一律免缴土地出让收入。

（三）落实税收减免政策

对城市棚户区改造项目涉及的城镇土地使用税、印花税、土地增值税、契税、个人所得税等，按照《财政部 国家税务总局关于棚户区改造有关税收政策的通知》（财税〔2013〕101号）规定执行。

六、推广实施城市棚户区改造项目贷款贴息

为引导和鼓励社会资本参与城市棚户区改造工作，各地区要认真落实财政部印发的《城镇保障性安居工程贷款贴息办法》（财综〔2014〕76号），对符合条件的城市棚户区改造项目贷款予以一定比例和一定期限的利息补贴。贴息资金来源为各级财政预算安排用于城市棚户区改造的资金。贴息利率以中国人民银行公布的同期贷款基准利率为准，原则上不超过 2 个百分点。贴息期限按项目建设、收购周期内实际贷款期限确定。

七、管好用好城市棚户区改造专项资金

为使城市棚户区改造这一重大民生工程真正惠及广大人民群众，各地区要管好用好城市棚户区改造专项资金，确保资金专款专用。严禁各地区通过虚报城市棚户区改造任务或将城市道路拓展、重大工程建设等涉及的房屋拆迁纳入城市棚户区改造范围等方式，骗取套取中央和省级财政城市棚户区改造专项资金。各地区不得违规拨付或滞留城市棚户区改造专项资金，不得拖欠城市棚户区改造工程款；不得将应当用于城市棚户区改造的财政资金、银行贷款、企业债券收入等资金，挪用于园区开发、对外借款、投资经营、弥补工作经费等支出。对于违反规定的，将严格按照《财政违法行为处罚处分条例》等规定处理。

八、加强城市棚户区改造贷款管理

各地区应按照《国务院关于加强地方政府性债务管理的意见》（国发〔2014〕43号）、《国务院办公厅转发财政部 人民银行银监会关于解决地方政府融资平台公司在建项目后续融资问题意见的通知》（国办发〔2015〕40号）等规定，将符合条件的城市棚户区改造贷款纳入政府债务限额和预算管理，并加强对贷款用途的跟踪管理，不得挪用，切实防范地方政府债务风险。

九、开展城市棚户区改造财政资金绩效评价

各地区要按照财政部、住房城乡建设部联合印发的《城镇保障性安居工程财政资金绩效评价暂行办法》（财综〔2015〕6号），将2015年城市棚户区改造纳入城镇保障性安居工程财政资金绩效评价范

围，加强评价结果的应用。财政部将会同住房城乡建设部以适当形式向各地区反馈绩效评价结果，地方各级财政部门应当会同同级住房城乡建设部门向同级人民政府报告并以适当形式向社会公开本地区的绩效评价结果。绩效评价结果将作为分配以后年度城镇保障性安居工程资金、制定调整相关政策以及加强保障性安居工程建设和运营管理的重要参考依据。对于得分60分以下的地区，财政部将相应扣减分配该地区的中央财政城镇保障性安居工程专项资金数额，省级财政也要相应扣减分配该地区的省级补助资金数额。

中国人民银行　中国银行业监督管理委员会
关于进一步完善差别化住房信贷政策
有关问题的通知

2015年9月30日　　银发（2015）305号

中国人民银行各分行、营业管理部，各省会（首府）城市中心支行，各副省级城市中心支行；各省（自治区、直辖市）银监局；各国有商业银行、股份制商业银行，中国邮政储蓄银行：

为进一步改进住房金融服务，支持合理住房消费，经国务院同意，现就个人住房贷款政策有关事项通知如下：

一、在不实施“限购”措施的城市，对居民家庭首次购买普通住房的商业性个人住房贷款，最低首付款比例调整为不低于25%。

二、人民银行、银监会各派出机构应按照“分类指导，因地施策”的原则，加强与地方政府的沟通，根据辖内不同城市情况，在国家统一信贷政策的基础上，指导各省级市场利率定价自律机制结合当地实际情况自主确定辖内商业性个人住房贷款的最低首付款比例。

请人民银行各分行、营业管理部、省会（首府）城市中心支行、副省级城市中心支行，各省（自治区、直辖市）银监局将本通知转发至辖区内城市商业银行、农村商业银行、农村合作银行、城乡信用社、外资银行、村镇银行。

住房城乡建设部　财政部　中国人民银行
关于切实提高住房公积金使用效率的通知

2015年9月30日　　建金〔2015〕150号

各省、自治区、直辖市住房城乡建设厅（建委）、财政厅（局），新疆生产建设兵团建设局、财务局，中国人民银行各分行、营业管理部、各省会（首府）城市中心支行、副省级城市中心支行，直辖市、新疆生产建设兵团住房公积金管理委员会、住房公积金管理中心：

今年以来，各地贯彻落实全国加强住房公积金管理工作电视电话会议精神，按照《关于发展住房公积金个人住房贷款业务的通知》（建金〔2014〕148号）、《关于放宽提取住房公积金支付房租条件的通知》（建金〔2015〕19号）和《关于个人住房贷款政策有关问题的通知》（银发〔2015〕98号）要求，调整住房公积金使用政策，简化业务办理流程，资金使用效率有所提高。但部分地区住房公积金使用条件仍然偏紧，办理手续复杂，结余资金规模较大，制约了住房公积金作用的发挥。为切实提高住房公积金使用效率，按照国务院关于加快落实住房公积金使用政策的督查要求，现就有关事项通知如下：

一、提高实际贷款额度

2015年8月末住房公积金资金运用率低于85%的设区城市，要综合考虑当地房价水平、贷款需求和借款人还款能力，提高住房公积金个人住房贷款实际额度。在保证借款人基本生活费用的前提下，月还款额与月收入比上限控制在50%~60%。贷款偿还期限可延至借款人法定退休年龄后五年，最长贷款期限为三十年。推行按月划转住房公积金冲还贷款本息业务。

二、设区城市统筹使用资金

同一设区城市住房公积金管理中心和分中心应当统一住房公积金提取和贷款政策，统筹使用贷款资金。住房公积金管理中心或分中心贷款资金不足时，应允许缴存职工向同城住房公积金管理机构申请贷款。

三、拓宽贷款资金筹集渠道

有条件的城市要积极推行住房公积金个人住房贷款资产证券化业务，盘活住房公积金贷款资产。

四、全面推行异地贷款业务

缴存职工在缴存地以外地区购房，可按购房地住房公积金个人住房贷款政策向购房地住房公积金管理中心申请个人住房贷款。缴存地和购房地住房公积金管理中心应相互配合，及时出具、确认缴存证明等材料，办理贷款手续。具体办法由住房城乡建设部另行制定。

五、简化业务审批要件

缴存职工申请住房公积金个人住房贷款、同意根据本人住房公积金月缴存额推算其月收入的，不需单位出具职工收入证明。缴存职工租住商品住房申请提取住房公积金，除身份证明、本人及配偶无房证明外，不需提供其他证明材料。

六、提高管理效率和服务水平

各地住房公积金管理中心要优化内部人员配置，增加网点工作人员，工资待遇向网点工作人员倾斜。要充分利用受托银行业务网点优势，方便缴存职工就近办理住房公积金提取和贷款手续。

七、加快改造升级信息系统

各地住房公积金管理中心要根据政策调整和流程优化的需要，加快改造升级住房公积金管理信息系统，建立集12329服务热线、短信、微信、手机APP、网上业务大厅等功能于一体的综合服务平台，推进办理网上业务，为缴存职工提供高效便捷的服务。

八、建立考核问责制度

各级住房公积金监管部门要加强对城市住房公积金管理中心业务考核，将住房公积金资金运用率或住房公积金个人住房贷款市场占有率作为重要考核指标，考核结果要通报设区城市人民政府，并作为考核住房公积金管理中心负责人的重要参考。住房公积金资金运用率或住房公积金个人住房贷款市场占有率低的城市，要对住房公积金管理中心主要负责人进行约谈和问责。

本通知自2015年10月8日起执行。

中国人民银行决定下调存贷款基准利率并降低存款准备金率

中国人民银行决定，自2015年10月24日起，下调金融机构人民币贷款和存款基准利率，以进一步降低社会融资成本。其中，金融机构一年期贷款基准利率下调0.25个百分点至4.35%；一年期存款基准利率下调0.25个百分点至1.5%；其他各档次贷款及存款基准利率、人民银行对金融机构贷款利率相应调整；个人住房公积金贷款利率保持不变。同时，对商业银行和农村合作金融机构等不再设置存款利率浮动上限，并抓紧完善利率的市场化形成和调控机制，加强央行对利率体系的调控和监督指导，提高货币政策传导效率。

自同日起，下调金融机构人民币存款准备金率0.5个百分点，以保持银行体系流动性合理充裕，引导货币信贷平稳适度增长。同时，为加大金融支持“三农”和小微企业的正向激励，对符合标准的金融机构额外降低存款准备金率0.5个百分点。

金融机构人民币存贷款基准利率调整表

单位：%

	调整后利率
一、城乡居民和单位存款	
（一）活期存款	0.35
（二）整存整取定期存款	
三个月	1.10
半年	1.30
一年	1.50
二年	2.10
三年	2.75
二、各项贷款	
一年以内（含一年）	4.35
一至五年（含五年）	4.75
五年以上	4.90
三、个人住房公积金贷款	
五年以下（含五年）	2.75
五年以上	3.25